Engelhorns Lebensbilder

Samuel Edwards

Die göttliche Geliebte Voltaires

Das Leben der Émilie du Châtelet

Engelhorn Verlag · Stuttgart

Die amerikanische Ausgabe erschien unter dem Titel
The Divine Mistress, © 1970 by Samuel Edwards.
Aus dem Amerikanischen übertragen von Anne Uhde.

CIP-Titelaufnahme der Deutschen Bibliothek

Edwards, Samuel:
Die göttliche Geliebte Voltaires:
das Leben der Émilie du Châtelet/Samuel Edwards. –
[Aus dem Amerikanischen übertragen von Anne Uhde].
Stuttgart: Engelhorn Verlag, 1989.
(Engelhorns Lebensbilder)
Einheitssachtitel: The divine mistress ⟨dt.⟩
ISBN 3-87203-061-2

Gesamtherstellung: Clausen & Bosse, Leck
Printed in Germany

Wahrhaftig: Émilie ist die göttliche Geliebte — ausgestattet mit Schönheit, Witz, Mitgefühl und allen anderen weiblichen Tugenden. Doch wünsche ich oft, sie wäre weniger gelehrt, ihr Geist weniger scharf und ihr Verlangen nach Liebe weniger unmäßig; und vor allem wäre ich glücklich, wenn sie zuweilen den Wunsch und die Fähigkeit hätte, den Mund zu halten.

Voltaire

I

„Hassen Sie mich, wenn es denn sein muß", schrieb einmal Émilie, Marquise du Châtelet, an Friedrich den Großen. „Wenn Sie Freude an einem so primitiven Gefühl haben, möchte ich Sie dessen nicht berauben. Nur um eines bitte ich Sie: Seien Sie nicht gleichgültig, das könnte ich nicht ertragen. Sie dürfen lachen über meine naturwissenschaftlichen Arbeiten und meine Übertragungen der alten Klassiker, wenn es Ihnen Freude macht, mich mit Verachtung zu behandeln; doch ignorieren Sie mich nicht. Beurteilen Sie mich nach meinen Meriten oder nach dem Fehlen solcher Meriten; doch betrachten Sie mich nicht bloß als Gefolge etwa dieses großen Generals oder jenes verdienten Gelehrten, dieses Sterns am französischen Hofe oder jenes berühmten Dichters. Ich bin ein eigener Mensch und mir allein verantwortlich für alles, was ich bin, was ich sage und was ich tue. Es mag Metaphysiker und Philosophen geben, deren Wissen größer ist als das meine; ich habe sie noch nicht kennengelernt. Doch auch sie sind nur schwache, mit Fehlern behaftete Menschen, und wenn ich meine Gaben zusammenzähle, so darf ich wohl sagen, daß ich niemandem unterlegen bin."
Der Preußenkönig, obwohl einer der arrogantesten Männer des überheblich-intellektuellen achtzehnten Jahrhunderts, nahm der Marquise diesen Brief nicht übel — ihm war damals viel daran gelegen, sie und ihren Geliebten Voltaire, den Literaturpapst seiner Epoche, zu einem Besuch in Berlin zu bewegen. Dies war noch nicht die Zeit seiner heftigen Fehde mit Émilie, die auf beiden Seiten zu so ätzend scharfen Briefen führte. Vielleicht auch war er tatsächlich ein Bewunderer ihrer Arbeiten. Schließlich gab es damals nur wenige Frauen, die auch nur des Lesens und Schreibens kundig waren; Émilie hatte außerdem zahlreiche Experimente in Physik, Chemie und

Mathematik ausgeführt, sie hatte originelle Gedichte verfaßt, Aristoteles und Sophokles aus dem Griechischen, Virgil, Ovid und Horaz aus dem Lateinischen ins Französische übersetzt, und zwar in lesbaren und flüssigen Texten. Dazu galt sie — sogar bei ihren Gegnern — als eine der großen Schönheiten ihrer Zeit; sie hatte also gewiß Grund, sich für etwas Besonderes zu halten.

Das Antwortschreiben, das Friedrich der Große an Émilie und Voltaire sandte, war taktvoll gehalten — bei ihm eine Seltenheit. „Sie sind beide wahrhaft einzigartige und bewundernswerte Menschen", hieß es darin. „Die Wertschätzung Ihrer Umgebung für Sie wächst jeden Tag."

Nicht zufällig galt Gabrielle Émilie le Tonnelier de Breteuil du Châtelet als Naturphänomen — so Voltaire — der ersten Jahrhunderthälfte. Sie war, was damals niemand wußte, von Kindertagen an zu Außergewöhnlichem bestimmt und ließ sich oft zu Unmöglichkeiten steigern. Weder ihre Familie noch die Umgebung ihrer Kindheit erschienen zunächst als etwas irgendwie Besonderes; doch ihre Persönlichkeit und ihr Lebenslauf waren keineswegs alltäglich.

Wenn Émilie — zuweilen ihr eigener glühender Bewunderer — über ihre ungewöhnlichen Eigenschaften nachdachte, so führte sie vieles auf die mütterliche Urgroßmutter, Madame de Neuillant, zurück; das war die Erzieherin, Beraterin und lebenslange Freundin einer noch bemerkenswerteren Frau, Françoise d'Aubigné, der Witwe des Dichters Scarron und Lehrerin der illegitimen Kinder Ludwigs XIV., die unter dem Namen Madame de Maintenon in die Geschichte einging. Sie war eine seltsame Mischung aus Frömmigkeit und Sinnenfreude; es gelang ihr, das ausschweifende Leben am Hofe einzuschränken und durch eine heimliche Heirat mit dem König zur einflußreichsten Frau des Landes zu werden. Man darf wohl annehmen, daß Émilie als Kind davon träumte, es dem Schützling der Urgroßmutter gleichzutun; doch wußte sie nicht, daß ihr Einfluß, nachdem sie ihr Ziel erreicht hatte, auf ganz anderen Gebieten fühlbar werden sollte.

Nichts in ihrer Umgebung ließ die Höhen ahnen, die sie einmal erreichen sollte. Ihr Vater, Baron Louis-Nicolas de

Breteuil, war ein kleiner Edelmann am Hofe Ludwigs XIV., wo alle Belanglosigkeiten zu Wichtigkeiten aufgebauscht wurden, sofern sie sich am Hofe des Sonnenkönigs abspielten. Ihre Mutter war Alexandra-Elisabeth de Froulay, die verarmte jüngere Schwester der Geliebten des Barons, die man mit seinem Onkel verheiratet hatte. Als der Baron Alexandra kennenlernte, schwenkte er ohne Besinnen von der Älteren zu der süß-frivolen Kleinen über und ehelichte sie im Jahre 1699, genau ein Jahr nach der Geburt des ersten Kindes, René-Alexander. Ein gutes Omen, sagte er später gern.

Zwei Jahre danach, 1701, wurde dem Baron de Breteuil ein sehr verlockender Posten angeboten, das Amt des Protokollchefs am Hofe. Ihm oblag es nun, beim König, seiner Familie und den hauptsächlichen Würdenträgern des Hofes alle ausländischen Besucher einzuführen, die nach Versailles kamen. Für diesen Dienst wurde er von den Besuchern entlohnt, und zwar reichlich: Sein Einkommen belief sich damals auf einen Betrag, der heute einer halben Million Mark entspricht. Die Familie lebte im Überfluß, nichts wurde ihr versagt. Das jüngste der vier Kinder war Émilie, die 1706 geboren wurde; sie war ihres Vaters Liebling, und es ist daher nicht verwunderlich, daß sie schon früh einen außergewöhnlich teuren Geschmack entwickelte. Es kam ihr buchstäblich niemals in den Sinn, etwas anderes als nur das beste haben zu wollen.

„Émilie kennt keinerlei Rücksicht auf den Preis, wenn sie etwas wünscht", klagte einmal der Herzog von Richelieu, der eine Zeitlang ihr Liebhaber war. „Ihr genügt es, daß sie es haben will."

Ihre eigene Einstellung geht aus einer Antwort hervor, die sie an Richelieu richtete, als er sich über ihre Verschwendungssucht beklagte. „Geld langweilt mich fast ebensosehr wie Ihr ewiges Nörgeln", hieß es in ihrem Brief.

Als Émilie ein Jahr alt war, erhielt ihr Vater ein weiteres Hofamt, das des Ersten Sekretärs. Es brachte ihm noch mehr ein, verstärkte seinen Einfluß am Hof und machte ihn unerträglich. Viele der unermüdlichen Briefschreiber aus jener Zeit berichten, wie eingebildet, aufgeblasen und hohlköpfig Louis-Nicolas sei — alles Eigenschaften, die ihn für sein Amt geradezu prädestinierten. Über seine blonde grauäugige Frau fand man ebenfalls wenig Günstiges zu sagen, nur daß sie sehr schön war und von ihren Kindern tadellose Manieren verlangte.

Versailles war damals so überfüllt, daß für die große Familie eines niedrigen Adligen keine Wohnung zu finden war und Louis-Nicolas seine Frau und die Kinder deshalb in einem dreistöckigen Pariser Stadthaus gegenüber den Tuilerien-Gärten unterbrachte. Ein Stab von siebzehn Dienstboten stand ihnen zur Verfügung und machte es, wie Voltaire einmal bemerkte, völlig überflüssig, daß Émilie sich selber kratzte, wenn es sie juckte. Mit sechs Jahren beherrschte das kleine Mädchen acht korrekte Arten, gekochte Eier zu essen, sowie die Fertigkeit, den Gästen nach dem Diner Likör einzuschenken, ohne einen Tropfen zu vergießen; vor allem aber verstand sie es, Haltung, Sitten und Maßstäbe des Mittelstands eindeutig abzulehnen. Wer de Breteuil hieß, durfte nicht einen Augenblick vergessen, daß er oder sie ein Aristokrat war.

Als Émilie sieben oder acht war, stellte es sich heraus, daß von allen Kindern nur sie die Schönheit der Mutter nicht geerbt hatte. „Meine Jüngste", schrieb der Vater betrübt, „ist ein seltsames Geschöpf und wird zweifellos auch als Frau sehr unansehnlich bleiben. Hätte ich nicht eine recht geringe Meinung von mehreren Bischöfen, so würde ich sie im Religiösen unterweisen lassen und sie in einem Kloster verstecken. Sie ist so groß wie Mädchen, die doppelt so alt sind, hat Kräfte wie ein Holzfäller und ist unglaublich ungelenk. Ihre Füße sind sehr groß, doch man vergißt sie, sobald man die enormen Hände sieht. Die Haut ist rauh wie ein Reibeisen — kurz: sie ist häßlich wie ein Bauernrekrut aus der Gascogne im Königlichen Leibgarderegiment."

Vielleicht übertrieb der Baron, doch auch mehrere ihrer Vettern beschrieben Émilie in ihren Briefen als recht unansehnliches Kind. Sie selbst schrieb viel später über diese Zeit und gab zu verstehen, daß sie erst mit fünfzehn ein schönes Mädchen wurde und nicht mehr die Küchenräume betreten durfte, wenn sich dort Lieferanten aufhielten. Es mag sein, daß sie wegen ihrer Größe als reizlos galt; sie war etwa einen Meter siebzig groß — was damals ungewöhnlich war — und überragte fast jeden in ihrer Umgebung. Auf Richelieu mußte sie hinuntersehen, Voltaire war fast einen Kopf kleiner als sie, und nur für einen einzigen Mann mußte sie sich beim Küssen auf die Fußspitzen stellen: das war der Windhund Saint-Lambert, der — beträchtlich jünger als sie — ihr zum Schicksal wurde, als sie schon über vierzig war.

Ihre Mutter verbrachte täglich Stunden vor dem Spiegel und kümmerte sich nicht viel um Émilie, doch eine ältere Halbschwester, die Tochter ihres Vaters aus einer früheren Ehe, nahm sich ihrer an. Ann-Louise, die mit zweiundzwanzig an einer geheimnisvollen Krankheit starb, verwandte ebenfalls viel Interesse auf ihre reichhaltige Garderobe, und Émilie suchte es ihr gleichzutun. „Keine Königin besitzt einen größeren Kleiderschatz", schrieb Voltaire, „und niemand außer einer Königin kann sich so viele Gewänder, Schuhe, Perücken und anderen Tand leisten."

Offenbar war Louis-Nicolas der Ansicht, er müsse sein häßliches Entlein, das schöne Kleider so liebte, auf ein eheloses Dasein vorbereiten. Es galt als selbstverständlich, daß adlige junge Damen eines Tages Herren des gleichen Standes heirateten; doch es war unvorstellbar, daß sich irgendein Mann für ein so unansehnliches Wesen wie Émilie interessieren würde. Deshalb begann man, als das Kind sechs oder sieben war, es mit Erzieherinnen und Tutoren von außergewöhnlichen Gaben zu umgeben — Männer und Frauen, die das Lernen um der Sache willen betrieben und sich alle Mühe gaben, um in ihrem Schützling die gleiche Begeisterung zu entfachen.

Émilie sah, daß keiner ihrer Verwandten sie beachtete, ausgenommen Ann-Louise, mit der sie täglich mehrere Stunden verbrachte. Ihr lag deshalb viel an der Anerkennung ihrer Erzieher, und dafür mußte sie hart arbeiten. Als sie zehn war, hatte sie begriffen, daß Lernen Selbstdisziplin erforderte, und vollbrachte bereits erstaunliche Leistungen. Voltaire berichtete, daß sie das Lateinische beherrschte und lange Teile aus Virgil, Lukrez und Horaz auswendig wußte. Ebenso kannte sie die philosophischen Werke von Cicero und zeigte ernsthaftes

Interesse für Metaphysik und Mathematik. Ihre Fähigkeit zum Erlernen fremder Sprachen schien unbegrenzt. Als sie zwölf war, las, schrieb und sprach sie fließend Englisch, Italienisch, Spanisch und Deutsch. Sie übersetzte Aristoteles' *Politik* und *Aesthetik* aus dem Altgriechischen nur zur eigenen Unterhaltung und schrieb ihre erste Übersetzung der *Aeneis* aus dem Lateinischen, mit der sie, als sie sie Jahre später wiederholte, bleibenden Ruhm errang.

Doch war ihr Leben nicht auf die Bücherwelt beschränkt. In der Hoffnung, sie von ihrer Ungelenkheit zu befreien, ließ der Vater ihr Fecht- und Reitunterricht und auch Turnstunden geben. Mit vierzehn war sie eine vollendete Reiterin, den meisten Höflingen im Fechten überlegen und imstande, in Paris oder in den Wäldern von St. Denis jeden Baum zu erklettern.

Durch den Tod der Halbschwester wurde Émilie einsamer als je zuvor und konzentrierte sich jetzt auf ihre Studien, auf Reiten und Fechten mit einem Eifer, der spätere Kollegen in Erstaunen versetzte. Der Ursprung dieser Energie läßt sich schwer feststellen; von den Eltern kam er sicher nicht. Voltaire gab in seinen eindeutigen Briefen, die er nach ihrem Tode schrieb, zu verstehen, Émilie sei auf einer unaufhörlichen Suche nach Liebe gewesen, die ihr von den Eltern nicht zuteil wurde. Psychiater unserer Zeit würden vielleicht behaupten, diese Sucht nach Liebe sei die Quelle ihrer unerschöpflichen Energie gewesen. Doch haben solche Überlegungen wenig Zweck – Inspiration und Triebe eines Genies lassen sich weder heute noch damals analysieren.

Als das häßliche Entlein im Jahre 1720 vierzehn Jahre alt wurde, setzte die Verwandlung zum Schwan ein und wurde von den Eltern zunächst ungläubig und dann mit Entzücken begrüßt. Vor fünf Jahren war König Ludwig XIV. gestorben, und der Einfluß des Barons am Hofe nahm ständig ab. Ludwig XV., der Enkel des Sonnenkönigs, war noch ein Kind, und in Frankreich herrschte eine Regentschaft mit sehr geteilten Mächten. Einer der Regenten war ein ausschweifender Lüstling, der zweite ein Verschwender, und nur der dritte, Kardinal Fleury, der Erzieher des Kindes, besaß wirkliche

Fähigkeiten. Nur hatte er leider auch starke despotische Neigungen, die er so lange im Zaum zu halten gedachte, bis eines Tages alle Macht in seinen Händen lag. Zunächst entließ er eine Anzahl der unzähligen Hofbeamten, deren Gehälter schwer auf dem königlichen Portefeuille lasteten.

Zu den nun stellungslos Gewordenen zählte auch Louis-Nicolas de Breteuil. Er hatte nur einen ganz geringen Teil seines Einkommens zurückgelegt und hatte keine Ahnung, wie er jetzt die Ausgaben einschränken sollte. Auf seine beiden Söhne konnte er dabei nicht zählen; der ältere war am Hofe und der jüngere beim Militär. Das dritte Kind, Elisabeth, war ein Mädchen von fader Niedlichkeit, von der eine glänzende Heirat angesichts des Fehlens einer anständigen Aussteuer nicht zu erwarten war. So blieb nur die erwachende Schönheit, Émilie, die so reichbegabt war, daß vielleicht auch ein Mann von Stand über die sehr geringe Mitgift hinwegsehen würde.

Louis-Nicolas war gewitzt: er wartete, bis die Schönheit voll erblüht war, und brachte seine Tochter erst nach Versailles, als sie sechzehn war. Ihre Geschwister kannten den Hof schon seit Jahren: sein Glanz und Leichtsinn, seine Verschwendung und Korruption waren ihnen längst vertraut. Émilie besaß noch nicht die Erfahrung ihrer kosmopolitischen Verwandten und war entzückt von der heiteren Umgebung. Eine Sechzehnjährige wurde in jener Zeit bereits als Frau betrachtet; bei ihr jedoch waren alle Reaktionen noch die eines begeisterten und zuweilen unberechenbaren Kindes. Sie war bisher von ihren Studien und der sportlichen Betätigung so in Anspruch genommen worden, daß sich die weltliche Seite, die zu ihrem Stande gehörte, noch nicht entwickelt hatte. Diese unbekümmerte und zuweilen selbstgefällige Freude war ein Rest von Infantilismus, den sie ihr Leben lang beibehielt und in dem viele ihrer Freunde einen großen Reiz sahen.

Die Gegner waren weniger wohlwollend. Mme. du Deffand, die Émilie verachtete und viele recht häßliche Briefe über sie schrieb, berichtete einmal, daß Mme. du Châtelet „ihr Entzücken stets im falschen Augenblick zur Schau trägt. Es wirkt blödsinnig, wenn man sieht, wie eine erwachsene Frau und

Mutter einer heranwachsenden Tochter sich wie eine gleichaltrige Freundin der Tochter aufführt. Ich kann mir nicht vorstellen, daß das alles echt ist, was man da sieht."
Ludwig XV. war freundlicher und auch ein besserer Menschenkenner, als er sagte: „Mme. du Châtelets Freude an allem, ihr Entzücken an Kleinigkeiten macht sie sehr attraktiv. Damen, die ihre Langeweile nicht verbergen können, wirken selbst langweilig. In ihrer Gesellschaft langweilt sich niemand."
Zweifellos langweilte sich keiner der vielen Günstlinge und Verschwender am Hofe, als die junge Émilie in Versailles erschien. Sie war zwar ungewöhnlich groß, doch besaß sie die Figur einer Frau mit den Idealmaßen jener Epoche: ein voller Busen, schmale Taille und breite Hüften. Sie war immer noch linkisch, aber sie wirkte belebend wie ein frischer Luftzug. Bald wurden eine Menge schlechter Gedichte über sie geschrieben, die sie als moderne Juno darstellten. Ihr blondes Haar, das dem der Mutter glich, wurde mit den Jahren etwas dunkler; die Augen galten bei denen, die sie kannten, als grau, nur Voltaire, ein genauerer Beobachter, nannte sie haselnußfarben. Das ovale Gesicht war schmaler als das Schönheitsideal ihrer Zeit, doch die Lippen wirkten herausfordernd sinnlich und bildeten einen seltsamen Kontrast zu den unschuldigen Augen. Die ganz gerade Nase kam nicht aus der väterlichen Familie. Die Haut war jetzt weich und klar geworden.
Den Gerüchten nach schlossen ein Prinz und ein Marquis am Tage ihrer Ankunft in Versailles eine Wette ab, wer sie zuerst verführen werde. Auch andere Adlige, Offiziere und Hofbeamte, hatten ähnliche Pläne. Die Chancen, daß Émilie Jungfrau bleiben würde, waren gering.
Trotz der allgemeinen Zuchtlosigkeit in der Gesellschaft, in der jeder Mann neben seiner Frau eine offizielle Geliebte und jede Frau neben ihrem Ehemann einen offiziellen Liebhaber hatte, galten unverheiratete junge Mädchen seit langem als tabu, und zwar nicht etwa wegen moralischer Skrupel, sondern aus Gründen praktischer Notwendigkeit. Jeder Vater, jede Mutter wußte genau, wie stark die Heiratschancen einer Tochter sanken, wenn sie vor der Hochzeitsnacht ihre Jungfräulichkeit verloren hatte.

Louis-Nicolas hatte sich vorgenommen, alle die zahlreichen Lüstlinge von seiner jungen Tochter fernzuhalten, und das war sicher keine leichte Aufgabe. Doch sie besaß einen viel wirksameren Schutz, als ihr Vater oder auch sie selbst es ahnte. Ihre Naivität war eine Wand, die die Männer von Versailles nicht zu überwinden vermochten, und es gelang Émilie häufig, sie völlig zu verwirren. Etwa drei Monate nach ihrer Ankunft in Versailles erschien sie eines Nachmittags im Fechtanzug, um mit Oberst Jacques de Brun, dem Kommandeur der Königlichen Garde, einen Wettkampf auszutragen. Sie brauche das zum Training, behauptete sie; und in der großen Halle erschien der gesamte Hof, um das seltene Schauspiel zu genießen. Émilie war natürlich für den Berufssoldaten kein ernsthafter Gegner; immerhin hielt sie sich ausgezeichnet. Die nicht ganz Ehrenhaften ihrer Bewunderer zogen sich daraufhin etwas betreten zurück, und nur die hartnäckigsten blieben ihr treu. Das Risiko, sich auf ein echtes Duell mit der Dame des Herzens einlassen zu müssen, war denn doch zu groß, und ein Verwundeter mußte überdies mit dem Spott des ganzen Hofes rechnen.

„Sie ist eine fabelhafte Person", schrieb Richelieu Jahre später, als seine berühmte Affäre mit ihr zu Ende ging. „Niemand kann ihrer natürlichen Schönheit widerstehen; doch wird auch kaum ein Mann zugeben, daß sie sehr anstrengend ist. Sie reitet und schwingt den Degen wie ein Husar, und wenn ein Liebender sie reizt, kann sie so heftig werden, daß sie ihn ohne Zögern durchbohren würde. Hoffentlich gelingt es mir, unsere Verbindung so zu beenden, daß der Abschied von ihr, nicht von mir kommt. Ich habe keine Lust, mit ihr die Klingen zu kreuzen, denn die ihre wäre sicher ebenso tödlich wie ihre Zunge."

Richelieu war gewiß imstande, ihre duellistischen Gaben zu beurteilen: Er war nicht nur General und Oberster Feldherr der französischen Armeen, er hatte auch selbst schon bei drei Duellen zwei Gegner verwundet und einen getötet.

Offenbar stand die Zunge der jungen Émilie ihrem Degen an Schärfe nicht nach, und ihr ätzender Spott hielt die Verführer im Zaum. In späteren Jahren wurde zu Recht von ihr behauptet, sie risse jeden aufgeblasenen, langweiligen oder eingebildeten Mann einfach dadurch in Fetzen, daß sie mit brutaler Offenheit mit ihm redete. In den zahlreichen Briefen der Höflinge aus jener Zeit finden sich keine Beispiele für ihren Witz, doch wird ihr Name häufig erwähnt mit dem Zusatz, daß schon sehr bald nach ihrer Ankunft ihre Zunge in Versailles allgemein gefürchtet wurde. Sie selbst hatte noch nicht mit dem Briefeschreiben begonnen.

Wie dem auch sei: sie war sich selbst der allerbeste Schutz, und ihre Tugend blieb unangetastet. Doch der böse Einfluß von Versailles machte sich auf andere Weise bemerkbar, und auch Émilie nahm Gewohnheiten an, die ihr das Leben bis zum Ende ihrer Tage erschwerten.

Das schlimmste war ihre Verschwendungssucht. Sie war in einer Umgebung groß geworden, die über Gelddinge hoch erhaben war; beide Eltern gaben unbekümmert enorme Summen aus und legten so gut wie nichts zurück, obgleich der Vater viele Jahre lang über ein riesiges Einkommen verfügte. Jetzt am Hofe sah sich das naive junge Mädchen umgeben von Juwelen, Kleidern und Einrichtungsgegenständen, die an Kostbarkeit ihre kühnsten Träume übertrafen. Alles, alles wollte sie haben — alles, was das Leben zu bieten hatte, und zwar von allem nur das Beste, ohne Rücksicht darauf, ob sie sich den Schmuck, den Seidenstoff oder die eigene Kutsche mit dem Wappen auf der Tür überhaupt leisten konnte. „Émilie", schrieb Voltaire viele Jahre später, „hat einen tadellosen Geschmack — und ist so habgierig, daß auch der reichste König ihre Wünsche nicht erfüllen könnte. Was immer sie sieht, das will sie haben, und sie hat wirklich sehr gute Augen."

Auch für Glücksspiele hatte sie viel übrig, und bald hatte sie eine solche Kartenfertigkeit erreicht, daß sich andere junge Damen nur ungern mit ihr an den gleichen Tisch setzten. Das war Émilie nur recht; sie spielte viel lieber Vingt-et-un mit Männern und um höheren Einsatz. Ihre eigenen Mittel waren beschränkt· sie konnte sich kaum leisten, mit Fürsten aus der königlichen Familie und mit wohlhabenden Herzögen zu spielen, aber auf Vernunftgründe hörte sie nicht. Glück im Spiel und ein gewisser Instinkt für Karten ließen sie fast immer gewinnen. Das gewonnene Geld zerrann ihr unter den Händen.

„Meine Tochter ist wahnsinnig", schrieb Louis-Nicolas an seinen Onkel. „In der letzten Woche hat sie mehr als zweitausend Louisdor am Kartentisch gewonnen. Die eine Hälfte wurde für neue Kleider ausgegeben, die andere Hälfte für neue Bücher. Vergeblich trat ich ihr entgegen; sie wollte einfach nicht einsehen, daß kein Edelmann eine Frau heiraten wird, die man jeden Tag lesen sieht."

Doch Émilie machte sich nicht das geringste aus solchen Bedenken. Sie hatte soeben die Werke von Descartes, dem großen Philosophen und Mathematiker des siebzehnten Jahrhunderts, entdeckt, und wenn sie nicht gerade Karten spielte oder sich im Schmuck eleganter Kleider im Park sehen ließ, saß sie irgendwo in einer stillen Ecke und las. Descartes' Theorien der analytischen Geometrie faszinierten sie, und mehr noch seine komplexen Vorträge über die Beziehung von Geist und Materie, Körper und Seele.

Am leichtsinnigen Hofe des Königs war es nicht einfach, jemanden zu finden, mit dem sie sich über Descartes und seine Philosophie unterhalten konnte. Eines Tages hörte jedoch der Bischof Louis de Bourbon, ein Vetter des jungen Monarchen und einer der wenigen Gelehrten in der königlichen Familie, von ihren absonderlichen Interessen und lud sie zu einem Gespräch ein. Diese Diskussionen wurden bald so hitzig, daß man Gelehrte von der Sorbonne herbeirufen mußte zur Schlichtung der subtilen Fragen ihrer Unterhaltungen, die für gewöhnliche Sterbliche nicht mehr verständlich waren.

Émilies Mutter war verzweifelt. „Meine Jüngste prahlt mit ihren Geistesgaben und verschreckt damit die Bewerber, die von ihren übrigen Exzessen noch nicht verscheucht wurden. Wir werden sie vielleicht in ein Kloster geben müssen, doch keine Äbtissin würde sie nehmen. Wir wissen nicht mehr, was wir mit ihr anfangen sollen."

Eine von Émilies wenig angenehmen Eigenschaften war zweifellos ihre Selbstsicherheit. „Ich leugne Ihren Genius nicht", schrieb sie einmal an Voltaire bei einer ihrer zahlreichen Fehden mit ihm, „deshalb verstehe ich nicht, warum Sie den meinen niemals anerkennen wollen. Nun wohl: ich bin großzügig, eine Eigenschaft, die Ihnen leider Gottes fehlt, doch das macht nichts. Sie mögen die Augen noch so fest schließen: das Licht meines Genies wird durch Ihre Lider dringen und Sie blenden."

Ihre Eltern hätten sich nicht zu sorgen brauchen. Émilie wußte genau, daß ihre Mitgift geringfügig und eine glänzende Heirat ihr daher verwehrt war. Sie faßte also eigene Pläne. Sie wünschte sich einen Mann von höherem Stand als ihr Vater, einen Mann, der sich geschmeichelt fühlte durch die Verbindung mit einem ebenso klugen wie schönen Mädchen. Er sollte möglichst älter sein und ihr gestatten, ungehindert eigene Wege zu gehen, wofür sie ihm die gleichen Freiheiten einzuräumen bereit war. Am Hofe gab es nur wenige Junggesellen, die alle diese Bedingungen erfüllten, und sie begann sich daher auch außerhalb von Versailles umzusehen. Ihre Freunde und Verwandten lächelten, doch sie selbst bezweifelte nie, daß sie den Richtigen finden werde. Das ging aus ihrer späteren Korrespondenz hervor.

II

Der Marquis Florent-Claude du Châtelet-Lomont, Graf von Lomont und Seigneur de Cirey, war ein außerordentlich erfolgreicher Soldat. Er wurde im Jahre 1695 geboren und war daher zehn Jahre älter als Émilie. Mit siebzehn trat er als Kadett in das Regiment der Königlichen Musketiere ein; er zeichnete sich aus in den Landauer und Freiburger Feldzügen und machte sich einen Namen als Stellvertretender Kommandeur bei der Belagerung von Philippsburg. Als er 1725 einen Urlaub in Paris verbrachte, war er erst dreißig und bereits Generalmajor, dem man eine glänzende Zukunft voraussagte. Diese Prophezeiung sollte sich erfüllen: 1738 erhielt er den Marschallstab, und 1744 wurde er auf den höchsten Posten, den eines Generalleutnants der Armee, berufen.

Er kam aus einer sehr bekannten und alten lothringischen Familie, die seit mehreren hundert Jahren den Königen von Frankreich und Lothringen Soldaten und Diplomaten gestellt hatte. Er besaß eine Anzahl großer Güter und dazu in Paris einen Palast, das Hôtel du Châtelet, alle ein wenig ungepflegt, denn ihm fehlten die Mittel zur Erhaltung. Sein Vater und Großvater hatten von Geschäften nicht viel verstanden, der Reichtum war versiegt. Ihm war das egal. Was er liebte, das waren der Krieg und die jungen Feldliebchen, am liebsten brünette, die er mitnahm und eine Weile bei sich behielt. Am Wiederaufbau des Familienvermögens lag ihm nichts.

Er war ein schwerer Mann mit rötlichem Gesicht, lauter Stimme und großer Vorliebe für gutes Essen und Trinken. Im Frieden war die Jagd seine liebste Beschäftigung. Die leichtlebige gekünstelte Atmosphäre des Hofes war ihm so zuwider, daß er dort niemals mehr Zeit verbrachte, als es für seine Karriere notwendig war. Seine Liebesgeschichten mit kleinen Bürgermädchen blieben von den höfischen Klatschbasen unbeachtet;

alle, die ihn kannten, hielten ihn für einen durchaus respektablen Mann, einen zuverlässigen, soliden Soldaten ohne großen Charme und mit nur geringem Sinn für Humor. Wenn er wirklich jemals etwas anderes als die Militärgazetten las, so wurde es von keinem der Briefschreiber jener Epoche jemals erwähnt.

Der Marquis kam nach mehreren Jahren zum erstenmal im Januar oder Februar 1725 wieder nach Versailles und wurde sofort von zahlreichen Tanten und Cousinen unter Druck gesetzt, die um das Nachfolgerecht auf seine Titel und Güter in Streit geraten waren. Florent-Claude ärgerte sich über ihre Anmaßung und beschloß, selber für einen Erben zu sorgen. Dazu mußte er zunächst eine Frau finden, und der nächstliegende — vielleicht auch der einzige — Ort für eine solche Umschau war der Hof des Königs.

Émilie war damals fast zwanzig Jahre alt und ernsthaft auf der Suche nach einem Ehemann, denn in ein oder zwei Jahren würde sie als zu alt gelten für eine Heirat. Ihr zweiter Bruder, Charles-Auguste, war Hauptmann und hatte ein Jahr als persönlicher Adjutant des Marquis verbracht; es ist also wahrscheinlich, daß sie zu den ersten gehörte, die Florent-Claude in Versailles kennenlernte. Über ihr erstes Zusammentreffen liegen keinerlei Berichte vor, doch war es sehr bald niemandem am Hofe mehr verborgen, daß Émilie den Mann gefunden hatte, den sie suchte. Er erfüllte nicht nur alle ihre sehr präzisen Wünsche, sondern brachte noch etwas ganz Unerwartetes mit: Er war fast zwanzig Zentimeter größer als sie.

Der Marquis war ebenfalls sehr beeindruckt. Émilies Herkunft war einwandfrei, ihre Garderobe phantastisch, und die Vorstellung, daß eine so große Frau auch große Kinder zur Welt bringen würde, gefiel ihm. Behutsam, wie der Anführer eines Spähtrupps im Feindesland, begann er um sie zu werben.

Die Höflinge und Hofdamen beobachteten die beiden voll Eifer und mit viel Amüsement. Man erzählte sich, der Marquis rede von nichts anderem als von seinen Feldzügen und Émilie ausschließlich von der Entwicklung ihrer metaphysisch-philosophischen Konzepte, und keiner verstand auch nur ein Wort von dem, was der andere sagte. Wenn irgendwo ein physischer Unterton, ein leises Gefühl, ein romantischer Anklang im Spiele war, so verstanden es beide vollendet, solche Emotionen zu verbergen. Und die sehr geringe Mitgift, die Émilie in die Ehe brachte, war Florent-Claude vollkommen egal.

Er wandte sich also, wie es schicklich war, an ihren Vater, der sofort hocherfreut seinen Segen gab. Da er am Hofe nicht länger in Gunst stand, fand die Hochzeit am 12. Juni 1725 in der Kathedrale von Notre-Dame statt, wo der Bischof von Bourbon die Zeremonie vollzog. Die kleine Story, daß die Braut die Zeremonie unterbrach, um den Geistlichen auf einen Aussprachefehler in der lateinischen Traurede hinzuweisen, ist nicht verbürgt.

Die Ehe wurde in der folgenden Nacht im Hôtel du Châtelet vollzogen, wo Émilie ihr Geschick ohne Widerrede über sich ergehen ließ. Sie hat auch später das Ereignis in ihren Briefen niemals erwähnt; es war und blieb eine der wenigen Erfahrungen ihres Lebens, die sie nicht auseinandergenommen und analysiert hat. Vielleicht war es ihr zu wichtig, doch ihr Verhalten nachher deutete eher darauf hin, daß es ihr nur sehr wenig oder gar nichts bedeutete. Vermutlich nahm sie den Verlust ihrer Jungfräulichkeit gelassen hin und schob ihren Mann dann im Geist beiseite.

Schon bald nach ihrer Heirat zeigten sich bei Émilie Eigenschaften, die sich später noch verstärkten. Das Stadthaus der Familie du Châtelet lag nur wenige Schritte entfernt von dem herrlichen Palais Royal, das Henri Quatre hinter dem Louvre erbauen ließ, auf dem eleganten rechten Ufer der Seine. Die Möbel waren fast hundert Jahre alt, die Vorhänge zerschlissen und die Teppiche dünn. Manche Frau hätte sich gefreut über die antiken Sachen, doch Émilie fand das Haus unzumutbar.

Wie immer nahm sie auch hier keinerlei Rücksicht auf Geld und Preise, und das Haus wurde vom Boden bis zum Keller renoviert und dekoriert. Dem General fehlten dafür die Mittel, und Émilies Privatvermögen reichte knapp für ihre Garderobe. Das alles kümmerte sie nicht. Eine Woche nach der Hochzeit war das Haus erfüllt vom Lärm der Polsterer, Maurer, Möbeltischler, Schreiner und Näherinnen.

Der Marquis protestierte entsetzt gegen all diese Extravaganzen, erkannte aber bald, daß jedes Wort verschwendet war. Wenn er im Felde eine Order gab, so gehorchten ihm Tausende; seine Frau hingegen stellte sich taub und kümmerte sich nicht im geringsten um seine Vorhaltungen. Er sah sich gezwungen, eins seiner Güter in Lothringen zu verkaufen, um die Renovierung des Stadthauses zu bezahlen. Er mußte allerdings zugeben, daß Émilie ein Wunder vollbracht und das Haus in ein warmes und bequemes Heim verwandelt hatte.

Immerhin: er hatte seine Lektion gelernt. Jedesmal, wenn sie jetzt wieder danach drängte, Möbel zu kaufen, Dekorationen zu erneuern oder neue Gärten anzulegen, machte sich der General sofort daran, allen Lieferanten Bescheid zu geben, daß er für die Schulden seiner Frau nicht aufkomme – eine Maßnahme, die sie sehr aufbrachte, aber er geriet dadurch nicht in Bedrängnis und brauchte das Schuldnergefängnis nicht zu fürchten. Er schien ihr auch nicht weiter zu zürnen. Sie war eine Frau, und Frauen gaben nun einmal viel Geld aus, dagegen mußte sich eben ein Mann zu schützen wissen.

Etwa drei Monate nach der Hochzeit waren die Renovierungen beendet, und ungefähr zur gleichen Zeit wurde Émilie schwanger. Sie war ihrem Mann eine tadellose Ehefrau, und Florent-Claude kehrte zu seinen Truppen ins Feld zurück in dem angenehmen Bewußtsein, die Richtige geheiratet zu haben. In den nächsten anderthalb Jahren war er nur selten und kurze Zeit in Paris. Émilie blieb allein.

Sie nahm ihre Pflichten sehr ernst. Sie bewirtete die militärischen Vorgesetzten ihres Mannes, begleitete ihn auf seinen formellen Besuchen am Hofe und verhielt sich auch sonst so, wie es im achtzehnten Jahrhundert von einer französischen Edelfrau erwartet wurde. Vor allem schenkte sie ihrem Manne drei Kinder. Gabrielle-Pauline, ihrer Mutter Ebenbild und begabt mit einem sehr eigenen Intellekt, kam am 30. Juni 1726 zur Welt, ein Jahr nach der Hochzeit ihrer Eltern. Dann folgte am 20. November 1727 Florent-Louis-Marie, der Erbe der väterlichen Titel und Güter, der trotz fieberhafter Bemühungen seiner Mutter genauso simpel war und blieb wie sein Vater. Victor-Esprit wurde 1734 geboren und starb als Säugling –

vielleicht weil Émilie, aus Angst vor Korpulenz, mehr als ein Jahr lang strenge Diät gehalten und während der ganzen Schwangerschaft zu wenig gegessen hatte.
Gemessen an den Maßstäben der Aristokratie von damals war die Ehe gut. Mehrere legitime Kinder und auf seiten der Ehefrau höfliches Interesse an seinem Beruf. Mehr durfte kein Mann erwarten.
Für den Außenstehenden verbrachte Émilie ihre Tage wie jede andere Aristokratin. Sie schlief bis zum Vormittag, nahm das Frühstück im Bett ein und ging dann daran, sich stundenlang auf den Nachmittag vorzubereiten, der meist mit liebenswürdiger Konversation angefüllt war. Mindestens zwei Kamerzofen halfen ihr beim Ankleiden, reichten ihr die unzähligen Kosmetika, die sie verwendete, und hüllten sie in eine Parfümwolke. Am frühen Nachmittag war sie dann, mit reichlich Rouge und Puder versehen, fertig und empfing entweder Gäste im eigenen Salon oder machte Besuche in anderen Häusern.
Die meisten Edlen jener Zeit begnügten sich mit leichter Unterhaltung. Émilie nahm ihren Salon ernst und beharrte von Anfang an darauf, an diesen Nachmittagen philosophische Themen zu diskutieren, die sie mit langen, auswendig gelernten Zitaten von Descartes und Erasmus würzte. Die meisten Leute fanden sie recht seltsam, nahmen sie aber hin, da sie erstens schwanger und zweitens außergewöhnlich attraktiv war.
Erst im achten Monat ihrer ersten Schwangerschaft änderte Émilie diese Routine und zog sich auf den Rat der Ärzte ins Bett zurück, ohne jedoch das gesellschaftliche Leben ganz aufzugeben. Täglich empfing sie nun ihre Freunde in ihrem Schlafgemach zu Klatsch und kleinen Erfrischungen.
Kaum jemand in ihrer Umgebung erkannte, daß sie ein bemerkenswert reges geistiges Leben führte. Sie gehörte zu den Menschen, die mit sehr wenig Schlaf auskommen, und las oft bis spät in die Nacht. Als Kind hatte sie die Fertigkeit erworben, sehr schnell zu lesen und das Überflogene aufzunehmen, und davon machte sie reichlich Gebrauch. Alles auf der Welt interessierte sie; der Lesestoff war sorgfältig ausgewählt und reichte von griechischen und lateinischen Klassikern, die sie im

Original las, bis zu den französischen, englischen, deutschen und spanischen Zeitgenossen.
Voltaire hat ihr später, wenn er freundlicher Stimmung war, zuweilen gesagt, sie sei so vernarrt in das Leben, daß sie unbedingt jede Seite kennenlernen wolle. Wenn sie sich jedoch, wie es häufig vorkam, stritten, behauptete er, sie sei einfach gierig. Vielleicht traf beides zu. Ihre Intensität beim Lesen war die eines Scholaren, gleichzeitig jedoch spielte sie die Rolle der eleganten Dame von Welt bis zur Vollendung.
Die Geburt des ersten Kindes ging ohne Schwierigkeiten vonstatten. Sie übergab das Kleine sofort den Kinderfrauen und ließ es sich hinfort jeden Tag nur für wenige Augenblicke bringen. Ebenso verfuhr sie im nächsten Jahr bei der Geburt des Sohnes. Für die damalige Zeit war sie eine gute Mutter, gewiß nicht schlechter als andere Aristokratinnen.
Sobald Émilie nach der Geburt der Tochter ihre Figur wiedererlangt hatte, nahm sie ihr normales gesellschaftliches Leben wieder auf. Doch etwas an ihr war verändert und wurde bald allen Bekannten sichtbar. Vielleicht hatte sie einen narzistischeren Zug als andere verwöhnte Edelfrauen ihrer Zeit: jedenfalls zeigte sich ihre Eitelkeit auf besonders theatralische Weise. Ihr Interesse am Schauspiel und die Zeit ihrer Hauptrollen in Amateuraufführungen kam erst später, doch ihr Instinkt war schon jetzt ganz deutlich der einer Schauspielerin.
Ihre neuen Kleider waren eine Sensation. An tiefe Ausschnitte war man gewöhnt, doch Émilies Décolletés waren so kühn und zeigten ihre Brüste so freigebig, wie man es bisher nicht kannte. Sie ging dazu über, die Brustwarzen rot zu färben, eine Mode, die fast hundert Jahre anhalten sollte. Im Sommer 1726 ließ sie sich mehrere gold- und silberdurchwirkte Gewänder machen; das war eine Sitte, die bisher den Königlichen Hoheiten vorbehalten war. Niemand protestierte. Wo immer sie erschien, war sie der Mittelpunkt, und den Erfahrenen war es klar: sie war jetzt reif für eine Affäre.
Sie hatten recht. Bald nach der Abreise des Marquis hatte sie erfahren, daß er sich eine neue Geliebte genommen hatte, eine siebzehnjährige elsässische Schönheit vom Lande. Die Nachricht ließ sie vollkommen kalt. Wo die eigenen Gefühle im

Spiele waren, neigte sie zuweilen zu heftigen Eifersuchtsausbrüchen; dies jedoch machte ihr gar nichts aus. Wichtig war nur, daß ihr Mann durch diese offene Liebschaft ihr das Recht zu gleicher Freiheit eingeräumt hatte.
Es gab in der ersten Hälfte des achtzehnten Jahrhunderts in Frankreich nur wenige Aristokratinnen, die sich nicht offiziell einen Liebhaber nahmen, und die Vorschriften für das Verhalten beider Geschlechter in solchen Fällen waren sehr streng. Ein Mann hatte das Recht, sich so viele Damen ins Bett zu holen, wie er dazu überreden konnte. Das war eine alte Sitte, an der niemand rüttelte. Für eine Dame jedoch galten andere Maßstäbe: ihr war eine Affäre erst erlaubt, wenn sie verheiratet war. Danach durfte sie immer nur einen Liebhaber zur Zeit haben, der dann automatisch als ihr Beschützer angesehen wurde und sie nur mit ihrem Ehemann bei jenen seltenen Gelegenheiten zu teilen hatte, wo das Protokoll ihr vorschrieb, mit ihrem Manne zu schlafen. Unter keinen Umständen durfte sie sich gleichzeitig mehr als einen Liebhaber nehmen. Tat sie es doch, so galt sie als sittenwidrige Schlampe.
Émilie hatte bisher mit niemandem außer ihrem Manne geschlafen. Jetzt begann das Geraune. Sie sei dabei, hieß es, die Wahl unter mehreren Liebhabern zu treffen. Diese Gerüchte sind durch nichts belegt; es ist durchaus denkbar, daß Émilie sie durch ihre herausfordernd kühne Kleidung selbst ins Leben gerufen hat. Sie selber behauptete, andere eifersüchtige Frauen hätten sie in Umlauf gesetzt. Jedenfalls fand sie sie höchst amüsant, und ihr kokettes Verhalten in allen Salons bewies, daß sie tatsächlich auf der Suche war nach einem Mann, mit dem sie ein Leben der Sünde teilen wollte.
Sie fand ihn bald: Es war der Marquis Robert de Guébriant, ein eitler Hohlkopf, von dem man nur wußte, daß er gut aussah und sich außerordentlich teuer kleidete. Karten spielte er nur mittelmäßig; Émilie schlug ihn leicht beim Vingt-et-un. Wenn er irgendwelche Geistesgaben besaß, so verstand er es, sie vor seinen Zeitgenossen zu verbergen, und die wenigen Briefe, die er schrieb, bewiesen seine Halbbildung. Er war ein Neffe des Marschalls de Maillebois, den er sich gern zum Vorbild nahm, das heißt, daß er sich selbst als schweigsamen Realisten be-

trachtete. Damit täuschte er sowohl sich wie Émilie, die viel zu unerfahren war, um ihn zu durchschauen.

Man kann sich schwerlich einen Mann vorstellen, der weniger zu ihr gepaßt hätte. Sie fand sehr bald heraus, daß sie mit dem jungen Marquis nicht das geringste gemeinsam hatte, obwohl sie getreulich den ungeschriebenen Gesetzen folgte und ihn jeden Nachmittag in ihr Boudoir einlud. Wenn ein sexuelles Band zwischen ihnen bestand, so war es nicht sehr weitreichend, und Émilie ging bald dazu über, der Beziehung durch heftige Szenen etwas mehr Leben zu verleihen. Sie stellte fest, daß sie jederzeit auf Befehl weinen konnte und ein Talent für wilde, dramatische Auftritte besaß; sie ließ also ihren theatralichen Neigungen freien Lauf.

De Guébriant verabscheute jede Art von Szenen und hatte keinerlei Verlangen, die Beziehung fortzusetzen. Nach wenigen Wochen suchte er sich eine andere Geliebte. Émilie konnte natürlich, auch wenn sie insgeheim erleichtert war, nicht zulassen, daß ein Mann sie verließ, ohne daß darauf eine heftige Szene folgte. Was jetzt kam, erregte ganz Frankreich und verlieh ihr auch im Ausland bedenklichen Ruhm.

Das Ereignis wurde in verschiedenen Versionen wiedergegeben. Am meisten Glauben fand der Bericht des Abbé Raynal, der damals für seine Klatschereien berühmt war und nicht zu Émilies Bewunderern zählte; er verachtete sie wegen ihrer intellektuellen Freundschaft mit dem Bischof de Bourbon, schilderte sie als extrem in allen Dingen und machte sie lächerlich, wo er nur konnte. Nach seinem Bericht also hatte Émilie von de Guébriants neuer Freundin erfahren und bat ihn daraufhin zu sich, um, wie es schicklich war, von ihm Abschied zu nehmen.

De Guébriant folgte der Aufforderung nicht gerade gern; er war aber ein Gentleman und ging also hin, obwohl er wußte, daß ihm ein großer Auftritt bevorstand. So war es auch; er blieb jedoch fest und lehnte es ab, zu ihr zurückzukehren.

Émilie, erschöpft von ihren reichlichen Tränen, streckte sich auf einer Chaise aus und bat ihn, ihr ein Schüsselchen mit Suppe zu reichen, das auf einem Sideboard stand. Sie sagte, sie sei durstig und brauche die Erfrischung. Der junge Marquis brachte ihr das Gewünschte, und als er sich zum Gehen wandte, reichte sie ihm einen Abschiedsbrief, den sie vorher geschrieben hatte und den er neugierig öffnete, als er unten im Hause angekommen war. Sie schrieb darin, das Leben ohne ihn sei für sie nicht mehr lebenswert; sie habe Gift genommen und werde, wenn er diese Zeilen lese, schon tot sein.

Jetzt bewies der Marquis, daß er vielleicht phantasielos, aber nicht unpraktisch war. Er stürzte ins Küchenhaus, ließ sich von dem erschreckten Koch ein Gegenmittel geben und lief damit hinauf in Émilies Schlafzimmer. Dort fand er sie halb ohnmächtig — niemand weiß, ob das echt oder gespielt war — und zwang sie, das Gegenmittel zu schlucken, worauf sie sich heftig erbrach und das Gift aus ihrem Körper entfernt war. Nachdem er ihr so das Leben gerettet hatte, verließ der frühere Liebhaber zum zweitenmal das Haus.

Andere Berichte unterscheiden sich nur in Kleinigkeiten; bei einigen fehlte die Abschiedsszene. Danach erhielt de Guébriant von Émilie einen Brief und entnahm daraus zwischen den Zeilen, daß sie sich ein Leid angetan hatte. Er eilte in ihr Haus, fand sie halb betäubt von einem Opiat, das sie in ein Schüsselchen mit Erbsensuppe gegossen hatte und verabreichte ihr schleunigst das Gegenmittel, das sie ins Leben zurückrief.

Voltaire erzählte die Sache, als er später mit ihr liiert war, ganz anders. Mme. du Châtelet, sagte er, habe ihren langweiligen Geliebten so satt gehabt, daß sie ihm einen energischen Abschiedsbrief schrieb und ihm sagte, er solle sich in ihrem Hause nicht mehr blicken lassen. Danach habe sie, da ein solcher Abschluß immer recht unerfreulich ist, beschlossen, den Rest des Tages zu Hause zu verbringen, und habe dem Koch Anweisung gegeben, er möge ihr eins ihrer Lieblingsgerichte heraufschikken: Erbensuppe mit Würstchen. Das Würstchen war verdorben und rief eine Fleischvergiftung hervor, doch war sie noch stark und auch wach genug, um sich selbst ein Mittel zu verabreichen. Als sie danach auf ihrer Chaise ausruhte, sei de Guébriant ins Haus gestürzt und habe sich den Zugang zu ihrem Zimmer erzwungen. Sie habe ihn ohne Umschweife fortgeschickt, und aus Rache habe er sich daraufhin die Lügengeschichte mit ihrem Selbstmordversuch ausgedacht.

Egal, welche Version die richtige war: Émilies nicht ganz einwandfreier Ruf wurde über Nacht weiter ausgeschmückt, und es gab maliziöse Gastgeberinnen, die sich ein Vergnügen daraus machten, ihr Erbsensuppe mit Würstchen servieren zu lassen. Sie aß jedesmal reichlich und behauptete immer, es sei ihr Lieblingsgericht.

Von de Guébriant hatte sie sich also getrennt, und zahllose andere Herren warteten nur darauf, seine Stelle einzunehmen. Émilie zögerte nicht lange, bevor sie sich einem Partner zuwandte, der in jeder Beziehung das krasse Gegenteil des ersten war. Comte Pierre de Vincennes stand in mittlerem Alter; er war früher Abbé gewesen, bis ihm das Klosterleben zu eng wurde und er in die weitherzigere Gesellschaft der Laienwelt zurückkehrte. Alle Klatschbasen waren sich darin einig, daß — abgesehen von den Dirnen, die er zuweilen aufsuchte — Émilie die erste Frau war, zu der er sich hingezogen fühlte. Bis zu der Liaison mit ihr hatte er nur Interesse für Metaphysik und exquisites Essen gehabt.

Vincennes war klein, rundlich und fast kahl, und da Émilie während ihrer kurzen Liebschaft mit ihm häufig auch noch Perücken trug, erschien sie um so größer. Vor anderen machten sie durchaus nicht den Eindruck von Liebenden. Selbst als sie aus ihrer intimen Beziehung kein Hehl mehr machten und offen zugaben, daß sie miteinander schliefen, behielten sie in den Salons ihrer Freunde und bei allen Dinereinladungen eine starre formelle Höflichkeit bei. Wer sie zum erstenmal sah, mußte annehmen, daß sie oberflächliche Bekannte waren, die einander nicht sonderlich schätzten.

Es gab Witzbolde in Paris, die sich einen Spaß daraus machten, das Verhältnis mit großer Ausführlichkeit zu erläutern. „Mme. du Châtelet suchte einen Zwerg", hieß es, „und als sie keinen fand, der die Tafelkünste ihres Kochs zu würdigen verstand, verfiel sie auf Vincennes."

„Was sie wohl miteinander anfangen?" war eine häufige Frage in der Gesellschaft, und die lachend aufgenommene Antwort hieß: „Sie reden einander tot."

Ein Körnchen Wahrheit lag sicher in dem häßlichen Scherz. Émilie hatte aus ihrer vorherigen Affäre mit einem hübschen Laffen gelernt, daß sie aus der Romanze mit einem geistig

Unterlegenen keine Befriedigung zu erwarten hatte. Diesmal verfiel sie auf das andere Extrem und ließ sich auf eine Liebschaft mit einem Manne ein, der — obwohl in jeder Beziehung außerordentlich unansehnlich — auf einem für sie faszinierenden intellektuellen Gebiet eine Autorität war. Als ihr einmal die Anekdote von den beiden Sich-tot-Redenden zugetragen wurde, soll sie hoheitsvoll erwidert haben: „Der Graf und ich unterhalten uns über die Natur des Menschen und seine Beziehung zu sich selbst und zum Universum. Was können die Leute, die über uns spotten, schon reden, ohne daß ihre abgrundtiefe Ignoranz zutage tritt?"

Vincennes verhehlte nicht, daß ihm die Mahlzeiten im Hôtel du Châtelet sehr wohl zusagten. Schnepfen, wie sie der Chef de cuisine hier zubereitete, hatte man ihm sonst nirgends vorgesetzt, und ebenso superb war der gefüllte Hecht. Er rühmte diese Gerichte so laut und so häufig, daß mehrere Adlige versuchten, den Koch wegzuengagieren. Das erzürnte Émilie und führte zu einem lautstarken Streit mit dem Grafen anläßlich eines Diners, bei dem sie ihn unverhüllt zur Rede stellte. Danach hielt sich Vincennes etwas zurück und hütete seine Zunge. Sein Appetit blieb unersättlich.

Émilies Persönlichkeit war zu dieser Zeit fertig geformt und änderte sich später nur noch wenig. Sie schien ihre Schönheit jetzt als etwas Selbstverständliches zu betrachten und hatte auch eine sorglosere Art, ihre provozierenden Kleider zu tragen, fast als läge ihr nicht mehr viel daran. Zuweilen verlor sie einen wertvollen Ohrring oder ein kostbares Armband, das dann die Herren lange suchen mußten. Mancher Abend wurde dadurch gestört.

Sie brauchte Zuschauer. Die Bewunderung von Tölpeln, der Applaus von Dummköpfen waren ihr eine Notwendigkeit. Sie war offenbar nicht imstande, sich an einer menschlichen Beziehung um ihrer selbst willen zu freuen: sie suchte das Rampenlicht. Diese Neigung zum Theatralischen, die Voltaire und andere so lustig und attraktiv fanden, ging den meisten Leuten stark auf die Nerven; sie wirkte so intensiv, daß man sich in ihrer Gegenwart nicht mehr recht wohl fühlte.

Niemandem gefielen die emotionalen Exzesse, die ihr zur zweiten Natur geworden waren. Wenn ihr etwas mißfiel oder sie enttäuschte, wurde sie meist sehr ungeduldig und steigerte sich oft in heftige Wutanfälle hinein. Da sie auf Befehl weinen konnte, benutzte sie auch Tränen, wann immer es ihr gelegen erschien. Sie spielte solche Rollen mit einer Leidenschaft, die an Hysterie grenzte, und beruhigte sich erst, wenn sie völlig erschöpft war.

Kein Mensch, ihre größten Bewunderer nicht ausgenommen, konnte vom Émilie behaupten, sie sei praktisch. Bis zu ihrem Todestag ignorierte sie Geld und Geldwert ebenso wie in ihrer Jugend. Wenn sie etwas haben wollte, so kaufte sie es und überließ ihren Liebhabern die Geldsorgen. Auch beim Spiel zeigte sie diese völlige Unbekümmertheit, die schon ihren Vater zur Verzweiflung getrieben hatte. Doch behielt sie ihren guten Sinn für Karten, und das Glück war ihr meistens treu, so daß sie durch zu hohes Spiel nur selten in Verlegenheit geriet.

Sie war und blieb ein verwöhntes Kind des leichtsinnigen und luxushörigen Zeitalters und hatte keine Vorstellung davon, was Selbstdisziplin bedeutete, außer auf intellektuellem Gebiet. Ihre geistigen Neigungen und Fähigkeiten waren ganz echt; niemand durfte sie stören, wenn sie mit einem philosophischen Traktat oder einem Essay über die Gesetze physikalischer Phänomene beschäftigt war. Ihr Geist war offenbar so viel geschulter als der der meisten Zeitgenossen, daß sie allmählich nur Verachtung für weniger Kluge aufbrachte und das auch keineswegs verbarg. Das war der Grund, warum andere Frauen sie mieden und warum sie in ihrem Leben nur wenige Freundinnen fand. Ihr Interesse galt ausschließlich den Gleichgesinnten, also einer kleinen Anzahl Männer, denen sie ihre ungeteilte Aufmerksamkeit entgegenbrachte.

Es war erstaunlich zu sehen, wie vollkommen sie sich veränderte, sobald sie ein Buch aufschlug, einen Aufsatz schrieb oder ein Experiment ausführte. Sie arbeitete schwer und oft monatelang und konzentrierte sich ohne ein Wort der Klage viele Stunden lang auf ihr Thema.

Es ist kaum zu begreifen, daß der unstete Schmetterling der Versailler Gesellschaft und die intensiv arbeitende Gelehrte ein und dieselbe Person waren. Sie hat durch große Intelligenz und eisernen Fleiß viel erreicht; noch mehr aber verdankte sie dem Einfluß zweier Männer, und als Anfang 1727 ihre Affäre mit Vincennes zu Ende ging, war sie bereit, es mit dem wirklichen Leben aufzunehmen.

In diesem Jahr kehrte der Marquis nach Paris zurück, und Émilie folgte dem Gesetz der Zeit und blieb ihm treu, solange er in der Stadt war. Sie wurde von neuem schwanger, gebar gegen Ende des Jahres einen Sohn und wußte nun, daß sie ihre Pflicht getan hatte. Endlich war ihre Zeit reif für die großen Abenteuer des Lebens.

III

Louis François Armand du Plessis, Herzog von Richelieu, gehörte zu den großen Soldaten und Staatsmännern seines Zeitalters. Er war ein blendender Kavalier, der sich um kleinliche politische Querelen nicht viel kümmerte. Sein Erfolg stand schon bei der Geburt im Jahre 1696 fest; er war der Erbe eines einflußreichen Herzogtums und gehörte als Großneffe des berühmten Kardinals Richelieu, des Staatsmannes und Ersten Ministers unter Ludwig XIII., zu den großen Familien Frankreichs. Der Sonnenkönig Ludwig XIV. hatte ihn über die Taufe gehalten und dadurch mit der Tradition gebrochen, die den Monarchen nur als Paten naher Verwandter zuließ.

Ein langes und fruchtbares Leben war dem Herzog von Richelieu beschieden. Er starb 1788 im Alter von 92 Jahren und hatte weit mehr erreicht als die meisten seiner Zeitgenossen. Er wurde früh und gründlich auf seinen Beruf vorbereitet, bekam als Kind ausgezeichnete Tutoren, trat mit sechzehn als Kadett in ein Sonderregiment ein und bereitete sich sodann auf eine diplomatisch-militärische Laufbahn vor.

Die ersten Lorbeeren errang er 1725 als französischer Botschafter in Wien, wo er vier Jahre zubrachte und den schwierigen Friedensvertrag zwischen Frankreich und Österreich aushandelte, und zwar zu erheblich günstigeren Bedingungen, als man in Paris erwartet hatte. 1733 war er wieder in Uniform und kämpfte zuerst als Oberst, dann als Generalleutnant am Rhein. In zwei Schlachten — bei Fontenoy und bei Dettingen — zeichnete er sich aus durch großen persönlichen Mut und führte auch seine Truppen zum Sieg. Sein Ruhm, bereits gefestigt, wuchs noch, als er 1737 als Kommandant der Verteidigungstruppen in Genua die an Zahl weit überlegenen Belagerer zum Rückzug zwang.

Im Jahre 1756 war er Marschall von Frankreich und besiegte

auf der Insel Minorca eine starke britische Einheit, deren einzige Schwäche in der Verteidigung er herausgefunden und ausgenutzt hatte. Bald darauf führte der kampferprobte Offizier einen Feldzug in Deutschland und zog sich in Hannover den bitteren Haß der Bevölkerung zu, weil er seine Truppen nach Belieben plündern ließ.

Er kehrte als Staatsmann von hohen Graden nach Frankreich zurück, wurde der vertraute Berater Ludwigs XV. und auch Ludwigs XVI. während seiner kurzen Regierungszeit. Er war einer der wenigen hohen Adligen, die die Französische Revolution kommen sahen, doch war er nicht in der Lage, die Reformen durchzusetzen, die vielleicht das Bourbonenreich gerettet hätten. Ein Jahr vor dem Ausbruch des Umsturzes starb er.

In seiner frühen Jugend hatte man die große Karriere Richelieus nicht ahnen können. Als Junge bot er einmal seinem Stiefvater Trotz und wurde 1711 dafür in die Bastille eingesperrt. Diesmal blieb er nur für kurze Zeit dort, doch fünf Jahre später wurde er zum zweitenmal eingekerkert. Er hatte im Duell seinen Gegner getötet. Es ging um ein Mädchen: zum ersten-, aber nicht zum letztenmal, daß Richelieus Name in Verbindung mit dem einer Frau genannt wurde.

Zum drittenmal kam er 1719 unter einer schweren Anklage ins Gefängnis. Zusammen mit einigen Mitgliedern anderer berühmter Familien hatte er an einer Verschwörung teilgenommen mit dem Ziel, Frankreich von seinem Hauptregenten, dem Herzog von Orléans, zu befreien. Er gab die Schuld unumwunden zu. Wäre er älter und seine Familie weniger berühmt gewesen, so hätte er mit Verbannung oder Todesstrafe rechnen müssen; in diesem Falle ergab die Untersuchung, daß er und seine Gefährten die ganze Sache als Spaß betrachtet hatten.

Orléans jedoch sah sie nicht so an; er ließ den jungen Edelmann fast ein Jahr lang in der Bastille schmachten. Er war in einer kleinen Zelle mit sehr wenigen Bequemlichkeiten untergebracht und durfte keinen Besuch empfangen. Die elf Monate waren eine quälende Zeit und wurden zum Wendepunkt in seinem Leben.

Er verließ die Bastille als nüchterner und verantwortungsbewußter Untertan mit der Bereitschaft, den Rest seines Lebens Frankreich zu widmen: der beste Repräsentant des Zeitalters der Aufklärung oder der Vernunft, den man sich denken konnte. Er war ein ruhiger und leidenschaftsloser Mann, dem der Geist alles bedeutete. Emotionale Reaktionen verabscheute er. Niemals verlor er die Selbstbeherrschung. Er wurde ein weiser und gerechter Gelehrter.

Trotzdem versuchte er nicht etwa den Eindruck zu erwecken, als sei er fehlerlos — im Gegenteil, er gab ohne weiteres zu, daß er eine Achillesferse habe. Freunde und Neider wußten, daß er eine Schwäche für Frauen hatte, daß aber auch Frauen jeder Art und Klasse und jeden Alters ihm nicht widerstehen konnten.

Er erhielt Liebesbriefe aus königlichen Häusern, die Kammermädchen warfen sich ihm an den Hals, wenn er bei Freunden zu Gast war, und selbst gewerbliche Kurtisanen boten ihm an, gratis das Lager mit ihm zu teilen. Der mittelgroße Mann mit der kühnen Hakennase und den magnetischen Augen besaß für alle Frauen einen unwiderstehlichen Reiz.

Richelieu wußte das schon, als er noch nicht zwanzig war, und reagierte darauf mit dem Feuer des wahren Ritters. Unter vielen Don Juans galt er als der faszinierendste und tat auch alles, um diesen Ruf zu festigen, woran ihn seine beiden Ehen mit zwei bezaubernden Erbinnen aus ersten Familien nicht hinderten.

Er war ein Mann von großem Charme und Witz, dazu sehr wohlhabend und immer nach der letzten Mode gekleidet; den gleichen Stil erwartete er auch von seinen Freundinnen. Er verstand es, eine Frau spüren zu lassen, daß er ihr allein gehörte; und sie fühlten sich auch dann noch geschmeichelt, wenn sie wußten, daß er nicht aufrichtig war. Bei seinen Feinden galt er als Wüstling und Misanthrop, doch sie taten ihm Unrecht damit. Voltaire schrieb einmal einen gutfundierten Essay über Richelieu als Frauenheld und behauptete darin, er habe nie eine Jungfrau verführt, nie ein minderjähriges Mädchen ins Bett genommen und nie eine Affäre erzwungen mit einer Frau, die nicht wollte. Der Zynismus jener Zeit war so groß, daß viele Frauen völlig grundlos sich als seine Geliebten hinstellten

in der Hoffnung, ein Teilchen seines Ruhmes werde auch auf sie fallen.
Zwei der prominentesten Damen am Hofe, Mme. de Polignac und die Marquise de Nesle, gerieten einmal in heftigen Streit, weil jede beharrte, er habe sie lieber als die andere. Richelieu verhielt sich neutral und entzog dann beiden seine Gunst, worauf jede der beiden die andere für seinen Schritt verantwortlich machte und der Streit schließlich in einem Pistolenduell im Bois de Boulogne endete. Keine der Damen hatte eine Ahnung von Schußwaffen, es geschah also nichts Schlimmes, und Richelieus Bewunderer stellten fest, er habe etwas erreicht, das so leicht keinem anderen Mann gelingen werde.
Auf den ersten Blick erscheinen viele der Geschichten von den Eroberungen des Herzogs wie wilde Übertreibungen; doch Voltaire, sein langjähriger Freund schwor, daß die sensationellsten Berichte die reine Wahrheit wären. Zum Beispiel ging das Gerücht, eines der Zimmer in Richelieus Landhaus sei zum Bersten gefüllt mit Andenken an seine Eroberungen. Voltaire als Augenzeuge gab an, es gäbe zwei solcher Räume, einen im Château Richelieu und einen in seinem Stadthaus; in beiden gab es Berge von Miniaturporträts, Locken, Liebesbriefe, Ringe und andere Souvenirs. Sie waren so zahlreich, daß kein Mensch mehr als ganz wenige der Geberinnen im Kopf behalten konnte. Die meisten Briefe seien ungeöffnet und trügen über dem Siegel den Vermerk „Hatte keine Zeit zum Lesen" in Richelieus Handschrift.
Der neugierige Voltaire hatte von Richelieu die Erlaubnis erhalten, sämtliche versiegelten Mitteilungen zu öffnen und zu lesen, was er auch tat; aber es wurde ihm bald langweilig. Sie waren alle gleich: ausnahmslos alle Damen baten Richelieu um eine Liebesaffäre und gaben Tag und Ort für ein Rendezvous an. Voltaire bemerkte dazu: „Ein weniger geschickter Mann würde sein ganzes Leben mit der Kunst der Liebesabenteuer verbringen, doch der wirklich einmalige Richelieu hat dazu viel zuviel zu tun und vertändelt nur einen geringen Teil seiner Zeit. Er ist so gewandt, daß er damit vollkommen auskommt."
Da ihm alle Frauen zu Füßen lagen, war es ganz natürlich, daß Richelieu sich seine Freundinnen sehr sorgfältig aussuchte. Der

einzige Maßstab war Schönheit, und in sechs Jahrzehnten gewann er einige der schönsten Frauen in Europa. Eine Frau die ihm gefiel, rückte automatisch zum Rang einer Königin auf. Voltaire schrieb dazu:

„Das einzige, was er will, ist vollendete Schönheit des Gesichts und der Figur; ein noch so kleiner Fehler läßt ihn erkalten. Weiter sucht er nichts bei einer Geliebten. Braucht er geistige Ablenkung, so unterhält er sich mit Freunden oder liest ein Buch. Wünscht er Abenteuer, so führt er seine Truppen in einen neuen Feldzug; und wenn er einmal Trost braucht, so ist die Herzogin immer für ihn da und jederzeit bereit, alles, was sie gerade tut, beiseite zu legen. Venus liebt ihn, weil er so oft an ihrem Altar opfert."

Émilie du Châtelet hatte Richelieu fast ihr Leben lang gekannt, denn ihre Mutter war eine entfernte Verwandte seiner Frau, die viel zu beschäftigt war, sich um seine Romanzen zu kümmern. Anfang 1729 kamen der Herzog und die Herzogin nach Paris zurück, noch umgeben von der Gloriole des Friedensstifters und Botschafters in Wien, und in dieser Saison war Richelieu der unbestrittene Löwe aller Salons. Aus dem überreichen Damenangebot konnte er nur wenigen den Gefallen tun. Eine Gastgeberin, in deren Haus er zum Diner erschienen war, konnte den Rest des Jahres auf ihren Lorbeeren ausruhen. Auch Émilie hätte das gekonnt, denn Richelieu kam häufig zum Essen ins Hôtel du Châtelet.

Es gab von Anfang an ein Band zwischen ihm und Émilie, und zwar ein rein geistiges. Er war seit langem interessiert an Literatur und Philosophie, und Voltaire gehörte seit mehr als elf Jahren zu seinen nächsten Freunden. Émilie war ungefähr die einzige Frau in Paris, die jedes wichtige Buch las und regelmäßig ins Theater ging; sie gehörte zu den wenigen Menschen, die mit Richelieu eine Unterhaltung auf seinem Niveau führen konnte. Es war ein Beweis für ihre sichere Selbständigkeit, daß sie alle Theateraufführungen besuchte, denn von Damen erwartete man eigentlich, daß sie das Theater mieden; und Richelieu, der jetzt zwar kein Rebell mehr war, empfand noch immer Bewunderung für rebellische Tendenzen in anderen. So wurden die beiden gute Freunde.

Auch Voltaire kehrte nach einem langen Englandaufenthalt in diesem Jahr nach Paris zurück. Er und Richelieu besuchten sich oft und verbrachten viele lange Abende miteinander. Beide schätzten die Unterhaltungen, und allmählich lernte auch jeder die Freunde des anderen kennen. Es war nur dem Zufall zu verdanken, daß sich Émilie und Voltaire erst vier Jahre später kennenlernten. Voltaire gab später zu, der Herzog habe ihren Namen häufig erwähnt, doch habe er selbst nicht den Wunsch gehabt, sie kennenzulernen, weil er insgeheim der Ansicht war, daß der Freund übertreibe. Voltaire hielt nicht allzuviel von der Welt und den Menschen und konnte sich nicht vorstellen, daß so etwas wie eine intellektuelle Frau irgendwo auf der Welt existierte. Es gebe schon wenig genug intelligente Männer, meinte er.

Im Sommer 1729 traf Richelieu ein harter Schlag, denn seine Frau wurde innerhalb eines Tages von einem plötzlichen Fieber dahingerafft. Er hielt das Trauerjahr strikt ein und war in dieser Zeit ihrem Andenken treuer, als er es je ihr selbst gewesen war. Soviel man wußte, hatte er keinerlei Liebschaften, er lebte sehr zurückgezogen und nahm auch am Hof von Versailles oder sonstwo an keinen offiziellen Veranstaltungen teil. Bei nahen Freunden allerdings erschien er häufig zum Diner, vor allem bei Émilie, die dafür sorgte, daß das stets in kleinem Kreise geschah.

Viele Damen aus Adelskreisen sahen sich schon als die neue Herzogin, und mehrere suchten ihren Beichtvater auf, um zu erfahren, ob und auf welche Weise die Kirche ihre Ehe annullieren könnte. Émilie hielt sie alle für närrisch und machte daraus auch kein Hehl. Richelieu sei kein junger Windhund mehr, sagte sie, der jedes Jahr ein paar Monate in der Bastille zubrachte. Er sei heute ein Mann von Rang und Namen in Frankreich und in der Welt, dem es bestimmt sei, höher aufzusteigen. Bei einer neuen Ehe werde er daher eine Frau wählen, die seinem eigenen Stande entsprach — zumindest eine Herzogin, wahrscheinlich aber eine Prinzessin aus königlichem Geblüt.

Merkwürdigerweise hatte Voltaire die gleiche Ansicht und zögerte nicht, sie dem Herzog mitzuteilen. Er selbst war vertraut mit jeder Nuance in der Geschichte Frankreichs und sah

in dieser Gelegenheit eine blendende Chance für Richelieu, durch eine fürstliche Heirat den eigenen Status noch zu verbessern, wobei er selbst gern die Hand im Spiel haben wollte. Er schrieb und revidierte daher eine Liste nach der andern, in der die Namen und die Tugenden der verfügbaren Prinzessinnen in Frankreich und anderswo aufgeführt waren.
Richelieu tat ihm den Gefallen, das Spiel mitzumachen, halb um Voltaires und halb um des Spaßes willen, obwohl er gar nicht die Absicht hatte, so bald wieder zu heiraten. Er zweifelte keine Minute an seiner glänzenden Zukunft und wußte, daß er, wenn er Geduld hatte und warten konnte, zweifellos eine um so glänzendere Partie machen würde.
Aus den Legenden der Umgebung und aus Émilie du Châtelets Korrespondenz geht hervor, daß Richelieu genau ein Jahr wartete, bevor er das selbstauferlegte Zölibat beendete, und zwar mit einer unbekannten jungen Edlen, die er offenbar schon eine ganze Weile im Auge gehabt hatte. Sie sträubte sich auch keineswegs und bestätigte bereitwillig, daß er während seiner Abstinenz nichts an Fertigkeit eingebüßt hatte. Émilie schrieb ihrer Schwester einen einigermaßen unbeteiligten Brief und nannte das Mädchen bezaubernd.
Richelieu wollte anscheinend das Versäumte nachholen; er hatte in den nächsten drei Monaten drei Liebschaften mit drei sehr reizvollen jungen Damen — ein Beweis, daß seine Ansprüche die gleichen geblieben waren.
Und dann, im Herbst 1730, rieb sich eines Morgens die Aristokratie in Paris die Augen und stellte fest, daß nun die Marquise du Châtelet an der Reihe war. Sie war Richelieus neueste Geliebte. Am Hof und in den Adelskreisen außerhalb von Versailles war man konsterniert. Ausgerechnet diese herbe Intellektuelle, die in jeder Unterhaltung das große Wort führte und bei der geringsten Gelegenheit zu stürmischen Gefühlsausbrüchen neigte, hatte den Platz im Bett des empfindsamen und anspruchsvollen Herzogs von Richelieu gewonnen!
Immerhin: bei einigem Nachdenken mußte jeder, vom König bis zum geringsten Adligen, zugeben, daß Émilie schön war. Ja, sie war eine Amazone, das stimmte; nicht jedem gefiel es, wie sie manchmal ihr langes Haar offen im Rücken herunter-

hängen ließ; und es gab auch Stimmen, die sagten, wieviel Geld sie auch für Kleider ausgäbe, sie sei und bleibe eine Schlampe und zeige überdies viel zuviel Busen — der allerdings wert war, gezeigt zu werden. Auch das müsse man zugeben.

Nach dem ersten Schrecken war man allgemein der Ansicht, daß Richelieu keineswegs von seinen bisherigen Ansprüchen herabgestiegen sei, als er Émilie wählte.

Niemand aus dem Kreise der Zeitgenossen hatte eine Ahnung, welcher Art der zündende Funke gewesen war, und leider hat man bis heute darüber nichts erfahren. Es muß sehr plötzlich gekommen sein. Eines Abends im Herbst 1730 war Richelieu, wie schon so oft, zum Diner im Hôtel du Châtelet erschienen, und eine Woche später war Émilie seine Geliebte. Er war ein Mann, der immer wußte, was er wollte, und es sich ohne Umstände nahm; ihm kam die Entwicklung wahrscheinlich völlig einfach und natürlich vor.

Merkwürdig ist Émilies Schweigen über diesen Punkt. Sie neigte ja sonst dazu, jeden Aspekt ihres Lebens ausführlich und weitschweifig zu bereden; über ihre Affäre mit dem Herzog jedoch schwieg sie und bewahrte ihr Schweigen für den Rest ihres Lebens. Es wurde viel darüber gerätselt, was die beiden wohl veranlaßt haben könnte, den entscheidenden Schritt zu tun, doch in Émilies umfangreicher Korrespondenz findet sich darüber kein Wort. Auch in ihren Briefen an Richelieu selbst erwähnte sie nichts, obwohl sie ihm bis zu ihrem Tode mindestens einmal in der Woche schrieb.

Und darin liegt zweifellos der Schlüssel für ihr Schweigen. Sie und Richelieu waren nicht ein Mann und eine Frau, die einander geliebt und sich dann getrennt hatten, sondern sie waren Freunde, die eine Zeitlang zu Liebenden wurden und dann die Freundschaft wieder aufnahmen, nur war sie jetzt inniger und vertrauter als je zuvor. Émilie war jetzt auch gefühlsmäßig eine reife Frau geworden, und sie hatte wohl kaum den Wunsch, intimste Dinge mit dem Manne zu besprechen, von dem sie die Bedeutung emotioneller Selbstdisziplin gelernt hatte.

Es ist zu vermuten, daß Voltaire während der langen gemeinsamen Jahre später die Einzelheiten dieser Beziehung aus ihr herauszog. Wo er selbst beteiligt war, neigte er zuweilen zu heftigen Eifersuchtsanfällen; und obwohl er mit Richelieu bis zum Ende seines langen Lebens befreundet blieb, geriet er jedesmal in Zorn, wenn er die frühere Beziehung seiner Geliebten erwähnte.

Ganz anders reagierte der Marquis du Châtelet. Er war sich natürlich darüber klar, daß es das gute Recht seiner Frau war, sich einen Geliebten zu nehmen und daß er dagegen nichts einwenden konnte. Seine eigenen Mätressen waren fade kleine Dinger gewesen. Immerhin war er der Ansicht, die ersten beiden Liebhaber seiner Frau seien ihrer nicht würdig gewesen, und er neckte sie in seinen Briefen, die er aus dem Felde schrieb, häufig wegen ihres Mangels an Geschmack. Richelieu hingegen war ein Mann von anderem Kaliber, und mit ihm war Florent-Claude völlig einverstanden.

Richelieus Regiment war einige Monate lang während eines Manövers Châtelets Kommando unterstellt worden, und Florent-Claude fand in ihm einen offenbar Gleichgesinnten. Richelieu besaß die Eigenschaften eines Chamäleons; er konnte mit den Soldaten wie ihresgleichen sprechen, konnte kurz angebunden, herzlich und grob reden, er nahm es mit dem General auch im Trinken auf, erzählte zweifelhafte Geschichten und benahm sich im ganzen wie ein alter Feldjäger.

Florent-Claude war kein großer Briefschreiber; die meisten Briefe an seine Frau waren kurz, betrafen Alltagsdinge und ermahnten sie, nicht zuviel Geld auszugeben. Doch aus Briefen einiger seiner Offiziere erfuhr man in Paris, daß er Richelieu für einen „großartigen Kerl" hielt. Böse Zungen behaupteten, es habe ihm imponiert, daß seine Frau einen Liebhaber aus allerersten Kreisen gefunden habe; doch damit tat man dem Marquis Unrecht; er hatte Fehler, aber ein Snob war er nicht.

Émilie und Richelieu lebten auch weiterhin in getrennten Wohnungen, die nur wenige Schritte voneinander entfernt lagen, doch es wäre keinem von beiden je eingefallen, etwa zu Fuß zu gehen. Kam der Herzog ins Hôtel du Châtelet, so geschah das gewöhnlich zu Pferde, und wenn Émilie ins Hôtel de Richelieu ging, so legte sie den kurzen Weg in ihrem geschlossenen Wagen zurück. Es gab Standesvorschriften, die befolgt werden mußten.

Von Anfang an unterschied sich diese Liaison von den anderen, die Émilie vorher erlebt hatte. Richelieu war ein vielbeschäftigter Mann und dachte nicht daran, alle Stunden des Tages — und ebensowenig der Nacht — mit seiner Geliebten zu verbringen. Er aß auch öfter mit Freunden, darunter Voltaire, und pflegte besonders die Verbindung zu Kardinal Fleury, der die Macht in seinen schmalen und fähigen Händen hielt. Für einen ehrgeizigen Mann war es unerläßlich, mit Ministern und anderen einflußreichen Leuten gute Beziehungen zu unterhalten, und Richelieu war durchaus auf seine Karriere bedacht. Wieviel ihm daher eine Frau auch bedeutete, sie nahm stets den zweiten Platz ein, und er konnte unmöglich dauernd an ihrer Seite sein.

Émilie, die von ihren früheren Geliebten unzertrennlich gewesen war, nahm diese so völlig andere Lage mit erstaunlich guter Miene hin. Sie machte ihm keine Szenen, wenn Richelieu ohne sie irgendwohin ging, und sie bekam auch keine Zornesausbrüche, wenn er sie zu Hause ließ. Die großen pathetischen Auftritte waren vorbei. Richelieu war ein gelassener und außerordentlich vernünftiger Mann und erwartete von einer Frau, daß sie sich verhielt wie er: mit Ruhe und Würde.

Sehr bald verstand Émilie, daß er ihr damit einen großen Gefallen tat, denn sie war auf diese Weise gezwungen, sich völlig umzustellen, ein ganz neues Wesen anzunehmen. Sie wurde anziehender, und sie wurde auch produktiver. Immer noch hatte sie eine scharfe Zunge und zögerte auch nicht, sich im Salon oder beim Diner über bäuerische Sitten oder Banalitäten weidlich lustig zu machen. Doch ihr Wesen wurde sichtlich freundlicher, und da sie ihre Hysterie abgelegt hatte, wuchs ihre Energie zum Lernen und Studieren. Wer sie früher als „Kind der Natur" bezeichnet hatte, mußte jetzt umlernen.

Viel bedeutsamer jedoch war ihre Fähigkeit zu ernsthafter Arbeit. Sie begann, ohne fremde Hilfe mathematische Lehrsätze zu entwickeln, und beschäftigte sich, von Richelieu ermutigt, mit fortgeschrittenen physikalischen und mathematischen Studien. Jede Woche lud sie für einige Stunden der Unterweisung Professoren von der Sorbonne in ihr Haus. In diese Zeit fielen auch die ersten ernsthaften Versuche, klassische lateinische Lyrik ins Französische zu übersetzen; und obgleich sie — ganz zu Recht — diese Versuche als noch wenig gelungen betrachtete, so dienten sie doch als Fundament und gute Übung für spätere endgültige Übertragungen, die sie anstrebte und auch erreichte.

Émilie erkannte freudig an, daß erst ihr Geliebter etwas Ordnung in ihr chaotisches Leben gebracht und ihr vor allem einen Sinn für Ziel und Richtung gegeben hatte. Früher hatte sie das Lernen um seiner selbst willen betrieben und war so versessen darauf gewesen, daß sie zuviel hatte aufnehmen wollen. Richelieu brachte ihr bei, sich auf die Gebiete zu beschränken, die sie am meisten interessierten, und dort ihr Bestes zu leisten.

„Wenn Sie verstehen wollen, warum ein Gegenstand herunter- und nicht herauffällt", schrieb er ihr einmal von einer kurzen Reise, „so müssen Sie nicht nur mit dem Kopf, sondern mit Herz und Seele die physikalischen Grundgesetze so weit beherrschen, daß Sie die elementaren Zusammenhänge dieses Phänomens begreifen. Nehmen Sie sich einmal vor, einen Berg zu erklettern: wenn Sie nicht nachlassen, werden Sie den Gipfel erreichen."

Richelieus Erfolg bei den Frauen beruhte auf seiner Fähigkeit, eine Geliebte wirklich zu verstehen und ihr bei der Verwirklichung ihrer Ideale zu helfen. War mehr im Spiel als nur sexuelle Anziehung — und in der Liaison mit Émilie war es sehr viel mehr —, dann entwickelte er echtes Interesse an der Persönlichkeit und den Problemen der Gefährtin.

Émilie lag daran, ihm zu gefallen, und sie gab sich große Mühe — vor allem seinetwegen —, ihre Haltung zu ändern. Allmählich erkannte sie, wie wichtig das auch für sie selber war. Ihre Verbindung mit Richelieu war ein Markstein in ihrem Leben. Niemals war sie so ruhig, so vernünftig, so still entschlossen gewesen. Ein wenig davon verlor sich wieder, als sich die beiden getrennt hatten, doch so undiszipliniert und egozentrisch wie früher wurde sie nie wieder.

Das Leben, das sie gemeinsam und getrennt während ihrer einjährigen Verbindung führten, verlief nach System und Ordnung. Jede Woche erschienen sie einmal zusammen am Hof in Versailles. Den größeren Teil der Zeit im Palast verbrachten

sie jedoch getrennt. Der Herzog hatte dienstliche Gespräche mit verschiedenen Herren, wanderte durch Säle und Gemächer, traf sich mit Bekannten und hatte hunderterlei zu tun, wobei er Émilie nicht mitnehmen konnte.
Émilies Liebe zu auffallenden Kleidern war noch immer die gleiche. Sie schwatzte mit Freunden und Bekannten, notierte die neuesten Moden und merkte sich, was sie ihrer Schneiderin mitteilen wollte. Natürlich konnte sie niemals an einem Spieltisch vorübergehen, und oft fand Richelieu sie am Vingt-et-un-Tisch, wenn er nach Paris zurückkehren wollte. Doch auch ihre Spielgewohnheiten hatte sie geändert: sie spielte nicht mehr um hohe Einsätze, die sie sich nicht leisten konnte, sondern setzte vernünftig und riskierte nicht zuviel. Das Kartenglück hatte sie nicht verlassen, sie gewann immer noch. Es gab Edelleute, die nicht mit ihr am gleichen Tisch sitzen wollten, doch andere reizte ihr Ruf als dauernder Gewinner; Spielpartner fand sie also ohne Mühe.
Jede Woche dinierten beide zwei- oder dreimal in Paris, entweder im Hôtel du Châtelet oder im Hause von Freunden. Soweit man weiß, aßen sie niemals im Hôtel de Richelieu, weil dies als taktlos galt und der Herzog in Etikettefragen streng war.
Das betraf jedoch nicht die Nächte, denn sie schliefen auch zusammen in seinem Hause, häufiger jedoch bei ihr, weil sich eine Liaison eigentlich im Hause der Dame abzuspielen hatte. Blieb Richelieu dort über Nacht, so wahrte er äußerste Diskretion, und obgleich vom König bis zu den Kaminfegern jeder über die Affäre Bescheid wußte, kehrte er jedesmal bald nach Tagesanbruch nach Hause zurück. Unter keinen Umständen wollte er sich der peinlichen Möglichkeit aussetzen, am Vormittag in Émilies Schlafzimmer von Besuchern angetroffen zu werden.
Émilie erhob keine Einwendungen, wenn ihr Liebhaber sie so häufig allein ließ; es gab sogar Leute, die glaubten, sie fühle sich freier, wenn er nicht bei ihr war. Sie empfing weiterhin ihre Freunde und machte selber Besuche, doch sie dinierte allein, wenn es sich so ergab, und sie verwandte jetzt mehr Zeit auf ihre Arbeit. Sie schrieb sehr viel, das war allgemein bekannt. Ihre Finger hatten Tintenflecke wie die eines Buchhal-

ters. Diese Flecke, die mit den Jahren immer dunkler wurden, gehörten allmählich ebenso untrennbar zu Émilie wie ihr kluger Kopf, ihr reichlich gewagtes Décolleté und die gelegentlich linkischen Bewegungen, mit denen sie zuweilen Nippsachen oder Kunstgegenstände, die im Weg standen, zu Fall brachte.
Paris hatte der Affäre nur eine kurze Dauer prophezeit und staunte, als sie mehr als anderthalb Jahre dauerte. Daß Émilie die Treue hielt, fand man nicht weiter verwunderlich; sie hatte ja schon früher gezeigt, daß sie sich nicht für mehrere Männer gleichzeitig interessierte. Doch das anhaltende Interesse des Herzogs für sie ließ manche Klatschbasen die Augenbrauen hochziehen, und man begann schon ernsthaft darüber zu reden, ob sie, wenn ihre Ehe annulliert werden konnte, die nächste Herzogin von Richelieu werden würde.
Es gibt keinerlei Beweise dafür, daß Émilie selbst jemals von so ehrgeizigen Plänen träumte. Der Herzog jedenfalls gab kein Zeichen, daß er sie zu heiraten wünschte. Immerhin: er war nur selten einer Geliebten so lange treu gewesen, und man flüsterte sich zu, die sexuellen Bedürfnisse und Fähigkeiten der Marquise seien so außerordentlich, daß der Herzog sich nicht von ihr trennen könne. Auch diese Legenden sind durch nichts belegt. Keiner ihrer beiden vorhergehenden Liebhaber schrieb oder sagte etwas, das bei Émilie auf ungewöhnliche Wünsche oder Heißhunger schließen ließ. Und Voltaire, von dem man wußte, daß er zuweilen jeden Aspekt seiner Beziehung zu ihr nüchtern und eingehend durchleuchtete, hielt sie offenbar für eine recht befriedigende, doch völlig normale Bettgefährtin.
Eins erkannten anscheinend nur wenige damals: der Herzog von Richelieu hatte Émilie aufrichtig gern und genoß das Zusammensein mit ihr im Salon oder bei Tisch genauso wie im Bett. Er war ein ausgesprochen gebildeter Mann von feinem Geschmack, und ihre Intelligenz faszinierte ihn. Andere Männer fühlten sich zuweilen von ihr bedrückt, doch Richelieu war seiner selbst so sicher, daß er keinen Grund hatte, in ihr eine Konkurrenz zu sehen.
In vielen Briefen an Freunde und Verwandte sprach er von ihrem Talent für sachlich scharfe Debatten. In einer Diskussion über Philosophie und Metaphysik war er nicht imstande, sie

zu schlagen, nur auf literarischem Gebiet war er ihr überlegen.

Der bedeutsamste Aspekt ihrer Beziehung ist vielleicht die Tatsache, daß sich Richelieu und Émilie nicht trennten, als die Liaison zu Ende ging. Nach etwa einem Jahr begann der Herzog seiner Geliebten müde zu werden und sich nach einer anderen umzusehen, was gewiß nicht schwierig war. Émilie hatte gewußt, daß die Leidenschaft nicht von Dauer sein werde, und war daher weder beleidigt noch enttäuscht, als sie aufhörte — sie nahm es mit einem Gleichmut hin, den sie nicht immer aufgebracht hatte.

Bis zu ihrem Tode in der Jahrhundertmitte korrespondierten die beiden häufig und regelmäßig, selbst wenn sie einander ganz nahe waren und sich aussprechen konnten, was sie im übrigen ebenfalls taten. Die Briefe waren unendlich lang, wie alle literarischen Produkte jener Zeit. Als die Korrespondenz hundert Jahre später veröffentlicht wurde, füllte sie vier Bände. Jeder, der sich mit den Schriften des 18. Jahrhunderts beschäftigt hat, kennt das Erstaunen über die Briefeschreiber von damals, die keineswegs Müßiggänger waren und doch Zeit für Korrespondenzen fanden, mit deren Umfang es kein anderes Zeitalter aufnehmen kann. Briefeschreiben war damals viel mehr als ein Austausch von Nachrichten, Ansichten und Gefühlen — es war eine Lebensart und gehörte ganz selbstverständlich zum Dasein jedes gebildeten Menschen.

Émilie und Richelieu trieben allerdings diese Sitte extrem weit. Ihre Freundschaft war so intensiv und ihr Bedürfnis nach Mitteilung so stark — auch wenn sie zu dieser Zeit jemand anderen liebten —, daß keiner eine Woche vergehen ließ, ohne dem andern einen Brief zu schreiben, der gewiß Stunden in Anspruch nahm. Auf der Höhe der Romanze ihres Lebens, der Verbindung mit Voltaire, schrieb Émilie unbekümmert zwanzig Seiten lange Briefe an Richelieu, die er mit etwas kürzeren Episteln beantwortete, zumal wenn er gerade mit militärischen Operationen beschäftigt war, von denen das Schicksal Frankreichs abhing.

Émilie, Narziß par excellence, schrieb seitenlang über das Thema Freundschaft, was sie für sie bedeutete, warum sie dieses Gefühl hegte und wie weit es ihre Gedanken und Handlungen beeinflußte. Voltaire, angeblich hoch erhaben über so niedrige Regungen wie Eifersucht, war oft konsterniert beim Anblick der dickleibigen Briefpakete, die seine Geliebte an den gemeinsamen Freund auf den Weg brachte oder von ihm empfing; und er entwickelte – ausschließlich zum eigenen Schutz, wie er vorgab – umständliche Methoden zum Öffnen der Briefe unter Dampf. Er traute Richelieu so weit, wie er überhaupt einem Manne traute – ein nicht gerade lobendes Diktum –, aber Frauen glaubte er gar nichts. Das hartnäckige Spionieren nützte ihm jedoch nichts: er fand keinerlei Beweise für den Verdacht, daß seine Mätresse und sein alter Freund ihm Hörner aufzusetzen versuchten.

Die Sache war nämlich genau so, wie sie den Anschein hatte: zwei nahe Freunde führten eine ungewöhnlich umfangreiche Korrespondenz. Es mag sein, daß der Herzog für Émilie später so etwas wie ein Vater war. Der eigene Vater hatte sie vernachlässigt, wenn auch vielleicht nicht mehr als andere aristokratische Väter jener Zeit, die ihre Kinder den Gouvernanten und Erziehern überließen, und es war ihr klar, daß Richelieu ihr mehr als jeder andere zum Erwachsenwerden verholfen hatte.

Die Gründe für Richelieus anhaltendes Interesse an Émilie sind nicht ganz so leicht ersichtlich. Alle Frauen, die nach seiner Liaison mit ihr eine Weile teilhatten an seinem Leben, waren schön, und einige waren auch intelligent. Intellektuell war sie ihnen überlegen, doch ihren Briefen fehlte eine gewisse Rationalität, was darauf schließen läßt, daß nicht allein ihr Geist der Magnet war, der ihn immer noch zu ihr zog. Vielleicht hatte er sie besonders gern, weil er nie einen besseren Schüler gehabt hatte. Mehr als die andern nahm sie sich seine Ratschläge zu Herzen; sie veränderte sowohl ihr Wesen wie ihre Gewohnheiten und war schließlich eine der berühmtesten Frauen ihrer Zeit. Auch Galatea hat ja Pygmalion noch lange fasziniert, nachdem die Statue, die er geschaffen hatte, zum Leben erwacht war.

Ein Auszug aus einem Brief, den Émilie 1739 – zu einer Zeit also, als sie schon eng mit Voltaire verbunden war – an Richelieu schrieb, zeigt die Art ihrer Freundschaft. Man darf dabei nicht vergessen, daß damals die meisten Briefschreiber sich in extravaganten Wendungen ergingen und daß Émilie viele darin noch übertraf. Sie schrieb:

„Es ist eins der Vorrechte der Freundschaft, daß man jede Seelenregung des anderen wahrnimmt. Ich liebe Sie, mögen Sie frohgemut, traurig, heiter oder bedrückt sein; ich wünschte, meine Freundschaft könnte Ihre Freuden verstärken, Ihre Sorgen teilen und mindern. Dazu bedarf es keiner wirklichen Leiden oder großen Freuden. Keinerlei Ereignisse sind notwendig. Mich interessieren Ihre Launen und Neckereien gerade so, wie andere Leute am Glück und Leid derjenigen, die sie Freunde heißen, teilnehmen . . .

Ich weiß nicht, ob es Ihnen schmeichelt, wenn ich sage, Sie sind mir geradeso angenehm in der Ferne wie in der Nähe; doch es bedeutet sehr viel für eine einsame Frau, die wohl der Welt, nicht aber der Freundschaft entsagen möchte und der es wahrhaft schmerzlich wäre, wenn eine notwendige Abwesenheit einen Bruch zwischen Ihnen und ihr herbeiführen würde.

Ich entdecke in Ihrem Geist allen Reiz und in Ihrer Gesellschaft alle Freuden, welche die ganze Welt dort findet, doch gewiß hat niemand den Wert Ihrer Freundschaft mehr als ich zu schätzen gewußt. Ihr Herz hat das meine in Besitz genommen. Einst glaubte ich, außer mir wisse niemand so gut, was Freundschaft bedeute; und das Drängen, Ihnen mein Gefühl zu beweisen, erzürnte mich aus Angst oder Unsicherheit vor der Überwindung. Ich konnte nicht glauben, daß ein so freundlicher, so umworbener Mann Lust haben könnte, die Gefühle meines Herzens von allen meinen Fehlern zu scheiden. Ich glaubte, ich hätte Sie zu spät kennengelernt, um noch einen Platz in Ihrem Herzen zu gewinnen; ich glaubte ferner, ich gestehe es ein, Sie seien unfähig, jemanden länger zu lieben, der zu Ihrem Plaisir nicht notwendig war und Ihnen auch nicht nützen konnte. Sie, ein einmaliger und unvergleichlicher Mann, verstehen es, alles zu vereinen: köstliche Freundschaft, berauschende Liebe — das alles fühlen Sie, und es bereichert Ihr ganzes Leben.

Ich gestehe: wenn Sie, nachdem ich mich Ihrer Freundschaft ergeben habe, aufhören sollten — ich sage *nicht:* mich zu lieben,

doch mir davon zu sagen; wenn Sie einen solchen Bruch in Ihrer Freundschaft zuließen, wenn die Bemerkungen von Leuten, die mich heute angenehm und morgen vielleicht abscheulich finden, Ihnen den geringsten Eindruck machten, dann wäre ich untröstlich. Ich wäre der unglücklichste Mensch, wenn Sie mir nicht Ihre Freundschaft bewahrten und wenn Sie nicht fortführen, sie mir zu beweisen. Sie würden mich damit die Offenheit bereuen lassen, mit der ich spreche, und mein Herz darf von solcher Reue nichts wissen.
Leben Sie wohl, lieber Freund, leben Sie wohl, bis zu meinem nächsten Brief. Es gibt für mich kein vollkommenes Glück auf dieser Welt, wenn ich nicht die Wonnen Ihrer Freundschaft ebenso genießen darf wie die Seligkeit, den zu lieben, dem mein Leben gehört."
Das Bemerkenswerte an diesem Brief ist, daß Émilie in einem Zeitraum von etwas mehr als sechzehn Jahren buchstäblich hunderte solcher Schreiben verfaßte. Auch ihre ärgsten Feinde konnten nicht behaupten, daß Émilie du Châtelet ihre Freundschaften leicht nahm.

IV

François Marie Arouet, der unter dem Namen Voltaire zunächst nur schrieb und ihn aus juristischen Gründen schließlich auch im bürgerlichen Leben annahm, war der vielseitigste Autor in der Geschichte der französischen Literatur. In den eigenen Augen war er ein unvergleichlicher Genius; für die Zeitgenossen galt er darüber hinaus als der umstrittenste, widersprüchlichste und perverseste Prominente des achtzehnten Jahrhunderts.

Voltaire sah sich gern als Philosophen, Metaphysiker, Mathematiker und Physiker, und er hat auch zweifellos auf all diesen Gebieten etwas geleistet, wenn auch nichts Bleibendes oder unbedingt Originelles. Zum Kummer des französischen Außenministeriums hielt er sich außerdem noch für einen Diplomaten, und wenn er auf diesem Gebiet zuweilen Verwirrung in den Beziehungen zum Ausland anstiftete, so amüsierte ihn das. Immerhin: in den meisten Fällen war sein Einsatz gerechtfertigt. „Wenn Ludwig XV. mich zu seinem Außenminister gemacht hätte, so hätte ich seinen Ruhm verdoppelt", sagte er einmal, als er schon alt war. „Auch so habe ich ihn bedeutender erscheinen lassen, als er es jemals war." Ganz unrecht hatte er nicht mit dieser Bemerkung. Soweit Voltaire seinen Lebensunterhalt verdienen mußte, tat er das als Historiker, und seine eingehenden Studien der Regierungszeiten Ludwigs XIV. und Ludwigs XV. werden noch heute als Quellen zitiert. Zu den vielen kleineren Arbeiten zählen hervorragende Studien über Peter den Großen von Rußland und Karl XII. von Schweden, die er beide noch erlebt hatte; sie starben, als er ein junger Mann war, und es war erstaunlich, daß ein Zeitgenosse mit so objektiver Klarheit über sie schreiben konnte.

Voltaire hielt sich überdies noch für einen Dichter, worin ihm allgemein beigestimmt wurde, wenn er auch mit seinen Versen nicht viel Geld verdiente. Er schrieb jedenfalls enorme Mengen und sollte, so hieß es, oft sogar in Versen denken. Unmöglich ist das nicht, denn wenn er Eile hatte, schrieb er Briefe manchmal in Versen anstatt in Prosa. Den ganzen Umfang seiner Lyrik kennt bis heute niemand; man findet in den Bodenkammern oder Kellerräumen alter französischer Schlösser noch jetzt zuweilen Gedichte, die von Voltaire stammen.

Er hatte noch ein weiteres Tätigkeitsfeld: er schrieb etwas, das er Prosaromanzen nannte — nicht ganz zutreffend, denn sie waren keineswegs romantisch, sondern einfach ausgezeichnete Proben seines besten Stils. In beißender Ironie und satirischen Bemerkungen über menschliche Schwächen kam ihm niemand gleich. *Candide* gilt als das beste dieser Werke.

Darüber hinaus schrieb er viel und mit großem Erfolg für die Bühne. Etwa sechzig seiner Stücke, darunter mehrere Fragmente, haben ihn überlebt, und viele sollen verlorengegangen sein. Er selbst hielt die Komödien für seine besten Werke, worin ihm viele beistimmten, denn er war der unbestrittene Meister der Satire und hatte eine sehr scharfe Feder. Trotzdem war hier nicht er der letzte, der lachte, sondern das ironische Schicksal, denn bei der Nachwelt galten seine Tragödien, die er meistens schrieb, um Geld zu verdienen, als die besten Bühnenstücke.

Briefeschreiben war im achtzehnten Jahrhundert eine allgemein anerkannte Form der Literatur, und auf diesem Gebiet war kaum jemand Voltaire überlegen. Er besaß offenbar eine unerschöpfliche Energie: was immer ihn gerade beschäftigte, es verging kaum ein Tag in seinem Leben, ohne daß er mindestens ein Dutzend Briefe schrieb. Nahm er sich einen ganzen Tag Zeit zum Schreiben, so brachte er es auf hundert, die er alle mit eigener Feder schrieb. Es waren nicht etwa stereotype kurze Mitteilungen, sondern ausgewogene, sorgfältig bedachte und flüssig geschriebene Episteln von literarisch anerkannter Qualität.

Voltaires Leben war nicht weniger faszinierend als seine literarischen Arbeiten. Er verabscheute die Exzesse in der Hierarchie der römisch-katholischen Kirche; und er war ein überzeugter Deist, den man für ausgesprochen antikatholisch hielt. Er be-

hauptete stets, er opponiere gegen die Männer der Kirche, nicht gegen den Glauben; und die Franzosen, die für das Hergebrachte nicht viel übrig hatten und sich von jeher gegen Rom wandten, waren begeistert von seinen Attacken.
Kein Schriftsteller fand jemals so reiche und so mächtige Mäzene wie Voltaire, und kaum einer kann sich so häufig mit ihnen überworfen haben wie er. Es gab kurze Zeitspannen, während der er zu den nahen Freunden Ludwigs XV. zählte und einer der wenigen war, die jederzeit zu ihm Zutritt hatten. Doch es gab ebenso häufig längere Zeiträume, da erging sich Voltaire in beißenden Angriffen auf die Monarchie und das Haus Bourbon im allgemeinen und auf die Unfähigkeit und moralische Heuchelei des Königs und seiner nahen Vorfahren im besonderen. Dann mußte er schleunigst die Flucht ergreifen, bevor ihn des Königs geheime Polizei ins Gefängnis werfen konnte. Fast alle seine Freunde unter den Adligen bekamen irgendwann einmal seine spitze Feder zu spüren; auch vor Friedrich dem Großen machte er nicht halt. Nur die Engländer blieben ungeschoren; Königin Caroline und die führenden Politiker und Literaten in London bekamen nur Schmeichelhaftes von ihm zu hören. Für König George II. hatte er insgeheim nur Verachtung, die er jedoch nicht laut werden ließ. Er liebte die Engländer, und sie erwiderten seine Neigung.
Voltaires Verhältnis zu anderen Schriftstellern seiner Zeit war einigermaßen turbulent. Was er von ihnen hielt, geht aus seinem Ausspruch hervor: „Wenn es in unserem Lande einen Autor gibt, mit dem ich noch nicht gestritten habe, so ist sein Werk nicht lesenswert."
Obgleich er die anderen Schriftsteller weit überragte, war er so häufig in häßlichen Zank und Streit verwickelt, daß er in die Académie Française erst mehrere Jahrzehnte später, als es eigentlich hätte sein sollen, berufen wurde. Als er endlich im Frühjahr 1746 gewählt wurde, dachte er zuerst daran, die Aufnahme abzulehnen, was vor ihm noch keiner getan hatte. Doch dann siegte seine Neigung zum Unfug und das Verlangen, über die ganze Welt zu lachen; er nahm die Wahl an und verspottete danach systematisch einen Kollegen nach dem anderen in einer Anzahl brillanter Satiren.

Nur ein Zeitgenosse, Rousseau, galt als ebenso bedeutend wie Voltaire, und in ihm fand Voltaire die ideale Zielscheibe für seine ironischen Angriffe. Jean-Jacques Rousseau war ein unverbesserlicher Romantiker; immer wieder schrieb er von der Überzivilisation, von primitiven Gemeinschaften, die der modernen Gesellschaft weit überlegen wären, und von dem wahren Glück, das nur durch die Rückkehr zur Natur zu erringen sei. Voltaire genoß sämtliche zivilisatorischen Errungenschaften seiner Zeit und griff ihn gnadenlos in seinen Schriften immer wieder an. Rousseau dachte nicht daran, sich mit dem Meister des Jahrhunderts in ein Wortgefecht einzulassen. Er schwieg. Nur ein Mensch brachte es fertig, es jemals mit dem großen Manne aufzunehmen — und Émilie du Châtelet verließ sich dabei nicht auf ihre Feder.

Voltaire verschonte auch sich selber nicht. „Ich war vom Tage meiner Geburt, am 21. November 1694, zur Unsterblichkeit ausersehen", schrieb er, „denn meine Vorfahren haben es mir unmöglich gemacht, etwas anderes als ein Genie zu sein. Mein Vater, der geschätzte François Arouet, verdiente sein kärgliches Brot als Notar — ein Beruf, für den es keines Könnens bedurfte, vielleicht wurde er sogar überbezahlt. Ich war das jüngste von fünf Kindern, alle deutlich unbegabt; und meine Mutter Marie Marguerite Daumart — oder vielmehr d'Aumard, wie die Familie sich zu nennen begann — war ganz verzweifelt, als ich genauso unbedeutend wurde. Sie starb früh; ich war noch nicht alt genug um festzustellen, was für eine Art Frau sie vielleicht hätte werden können. An Leistungen hat sie nur zwei vollbracht: sie hat mich geboren und sie hat von ihrem Vater geerbt, der von Beruf Kaufmann war. Ich glaube, bin aber nicht sicher, daß er westindische Stoffe verkaufte. Die Familie jedenfalls schämte sich seines Standes viel zu sehr, um ihn jemals zu erwähnen; nur sein Geld gab sie gern aus."

Als Voltaire sieben Jahre alt war, übernahm ein Freund seiner Mutter, der Abbé de Châteauneuf, die Verantwortung für seine weitere Erziehung, und der Junge meinte Grund für die Annahme zu haben, daß er ein illegitimer Sohn des Abbé sei. Sein Leben lang litt er unter diesem Zweifel. Ob es nun stimmte oder nicht: der Abbé übernahm den Unterricht, und nach einem

Jahr konnte das Kind lange Essays lesen und Verse schreiben. Von Anfang an bewies er eine besondere Fertigkeit im Verfassen lyrischer Gedichte.
Mit zehn Jahren kam der Knabe auf das Kollegium Louis-le-Grand, eine Jesuitenschule, wo er die zu dieser Zeit in Europa bestmögliche Erziehung erhielt. In der Schule ging es erstaunlich liberal zu, und der intellektuellen Atmosphäre verdankte er zumindest teilweise den eigenen Liberalismus. Er erhielt Unterricht in Geschichte und in den Klassikern, in Literatur und Mathematik und Naturwissenschaften. Kein Gedanke war zu neu oder zu fortgeschritten: es wurde alles analysiert. Niemand in Europa verstand es so gut wie die Jesuiten, über philosophische Themen zu diskutieren, und diese Fertigkeit lernte Voltaire von ihnen.
Der Schule verdankte er auch seine lebenslange Liebe zum Theater. Man führte dort seit langem jedes Jahr eine Anzahl Stücke auf — oft von Studenten geschrieben —, und Voltaire war bald überzeugt, er sei zum Dramatiker bestimmt. Da er große Fähigkeiten bewies, förderten ihn die Jesuiten.
Bald nach seinem Eintritt machte sein Mentor den Jungen bekannt mit der berühmten Ninon de Lenclos, der intellektuellen Salondame und führenden Kurtisane von Paris. Die Begegnung beeindruckte Voltaire so tief, daß er immer wieder und immer überschwenglicher darüber schrieb. Ninon war damals zwar schon älter, doch noch immer sehr reizend; sie wurde für ihn zum Maßstab jeder Schönheit. Auch ihr Geist fesselte ihn. Vermutlich war sie die erste gebildete Frau, die er je kennengelernt hatte. Als Erwachsener interessierte er sich ausschließlich für Frauen, die klar und selbständig zu denken vermochten.
Auch als kleiner Junge war Voltaire nicht schüchtern; er war so fröhlich und voller Eifer, sein Können zu zeigen, daß Ninon staunte. Als sie 1705 starb, hinterließ sie dem Kinde die enorme Summe von zweitausend Francs „zum Kauf von Büchern“. Voltaire war schon damals gewitzt und kaufte die meisten Bücher antiquarisch, und bald rühmte er sich, kein Junge seines Alters in Frankreich besitze eine bessere Bibliothek.
Als er mit siebzehn Jahren das Kollegium verließ, war er vielleicht der Jüngling mit der besten Schulbildung in Frankreich.

Da seine Lernfähigkeit sich als fast unbegrenzt erwiesen hatte, war der Unterricht von den Jesuiten so weit vertieft worden, daß er es mit jedem Dozenten an der Sorbonne hätte aufnehmen können. Die Priester hatten ihn gründlich kennengelernt, und vor seinem Abschied warnten sie ihn und sagten, er sei sich selbst der ärgste Feind. Er nehme alles so leicht auf, daß er, um sich nicht zu zersplittern, unbedingt seine Studien auf ein Gebiet beschränken solle. Sie rieten ihm ferner, seine Streitsucht im Zaum zu halten; er werde sich nur schaden, wenn er mit jedem kämpfen wolle, der in irgendeiner Sache nicht mit ihm übereinstimme. Diese Ratschläge hat Voltaire sein Leben lang in den Wind geschlagen.

Der Notar Arouet wünschte, daß sein Sohn Rechtsanwalt werde. Von seinen Plänen, Bühnenschriftsteller zu werden, wollte er überhaupt nichts hören — das Theater galt als viel zu leichtfertig für einen Sohn aus anständiger Familie. Der Abbé, Voltaires Mentor, war gestorben, der Junge war also machtlos, als der Vater ihn im Gefolge des neuen Französischen Botschafters du Châteauneuf, eines Bruders des Abbés, nach Den Haag schickte. Der junge Mann war vom Ausland begeistert und fand dort sehr bald seine erste Liebe, der jedoch die Familie prompt ein Ende machte. Der Sohn war reichlich jung, fand man; vor allem aber war das Mädchen protestantisch.

Voltaire kam nach Paris zurück und gab vor, sich in der Kanzlei eines Anwalts, der mit seinem Vater befreundet war, auf die Gerichtspraxis vorzubereiten; in Wahrheit jedoch verbrachte er seine Tage damit, Gedichte zu schreiben. Sie behandelten fast durchweg politische Themen; er attackierte darin — mit Namen — die überall herrschende Bestechlichkeit und den Sumpf der Korruption. Was er schrieb, mußte als Verleumdung gelten, und die Angegriffenen waren oft so hohe Regierungsbeamte, daß er ständig in Gefahr schwebte, verhaftet zu werden.

Im Jahre 1714 schickte ihn daher der besorgte Vater für ein Jahr aufs Land zu einem alten Freund der Familie, Louis de Caumartin, Marquis de St.Ange, einem Zyniker par excellence, der dem jungen Mann zahllose Geschichten von Korruption, Betrug und Doppelspiel in den höchsten Kreisen erzählte und

auf diese Weise sein Wissen vervollständigte. Als Voltaire nach Paris zurückfuhr, gab ihm St.Ange eine Empfehlung an eine der schönsten, ehrgeizigsten und rücksichtslosesten Frauen des Landes mit: an Anne-Louise, Herzogin von Maine, in deren Adern das Blut der Bourbonen und des Hauses Condé floß.
Voltaire war hingerissen von der Herzogin, und sie erkannte die großen Gaben des Jünglings und wurde sein Mäzen. Sie verabscheute den Regenten, den Herzog von Orléans; und bald begann Voltaire, der ihre Gefühle teilte, giftige Satiren über den Regenten zu schreiben. Die bösen Verse machten schnell die Runde, und die Geheimpolizei brauchte nicht lange, um den Urheber zu finden. 1716 wurde Voltaire aus Paris verbannt und mußte mehrere Monate auf dem Lande verbringen — ein Ereignis, das sich unzählige Male wiederholte und zur Routine seines ganzen Lebens wurde.
Er dachte nicht daran, seine Haltung zu ändern. Als daher zwei weitere bösartige Schriftstücke von ihm veröffentlicht wurden, schickte man ihn auf die Bastille, wo er jedoch mehr als ein Ehrengast denn als Gefangener behandelt wurde. Die Haftzeit gab ihm jedenfalls Gelegenheit zum Nachholen ernsthafter Arbeiten; er schrieb ein Stück um, mit dem er nicht zufrieden gewesen war, seine Version der Ödipus-Legende, und begann mit einer sehr großen Arbeit, der Geschichte Heinrichs IV., eines der wenigen französischen Monarchen, die er aufrichtig bewunderte.
In der Bastille blieb er elf Monate und sollte dann erneut verbannt werden, doch bat er um ein Interview mit dem Regenten, das ihm auch gewährt wurde. Orléans empfing ihn mit liebenswürdiger Höflichkeit, die er gewiß nicht verdient hatte, und nahm ihn nach außen hin in Gnaden wieder auf, nur traute er ihm nicht mehr. Am 18. November 1718 fand im Théatre Français die Premiere des *Ödipus* statt und wurde ein sehr großer Erfolg. Voltaire war über Nacht zum prominentesten Autor Frankreichs geworden. Ein zweites Schauspiel — *Artémire* — wurde sehr abfällig kritisiert, war aber trotzdem ein Kassenerfolg, ebenso wie eine lange Satire in Versen, *Philippiques*, deren Urheberschaft Voltaire stets ableugnete. Der Stil war einzigartig, doch der Inhalt wieder verleumderisch, und

Voltaire verließ Paris diesmal lieber freiwillig und hielt sich längere Zeit bei einem der großen Soldaten Ludwigs XIV., dem Marschall de Villars, auf, dessen Erinnerungen er später in einer Geschichte der Ära verwendete.
Um diese Zeit, 1721, starb sein Vater, auf den er mit so viel Verachtung herabgesehen hatte, und hinterließ ihm ein Einkommen von viertausend Louisdor pro Jahr. Bald darauf traf Voltaire ein Abkommen mit dem Regenten. Für eine lebenslange Jahrespension von zweitausend Louisdor unternahm er in Brüssel und im Haag eine geheime diplomatische Mission, für die schriftstellerische Gaben notwendig waren. Er hat darüber niemals nähere Angaben gemacht, und man nahm an, daß es sich um Spionage für Orléans handelte.
Die Jahre 1724 und 1725 waren für Voltaire, dessen Feder niemals ruhte, besonders arbeitsreich. Er beendete die Geschichte Heinrichs IV., die *Henriade*, die dann veröffentlicht wurde. Er begann seine enge Freundschaft mit Richelieu, erlebte den großen Erfolg seiner dritten Tragödie – *Mariamne* – und schrieb dann eine Komödie – *L'Indiscret* –, die ebenfalls sofort ein Erfolg wurde.
Schlimme Folgen – aber auch gute, die man allerdings nicht voraussehen konnte – hatte ein Streit mit dem heißblütigen Chevalier de Rohan, den Voltaire wie üblich mit beißender Schärfe behandelte. Als er bald darauf eines Abends mit dem Herzog von Sully dinierte, nahm Rohan die Gelegenheit zur Rache wahr und ließ Voltaire von mehreren gedungenen Rohlingen zusammenschlagen. Den Herzog amüsierte das anscheinend, jedenfalls rührte er keinen Finger, um seinem Gast beizustehen. Voltaire forderte Rohan zum Duell, was gegen das Gesetz verstieß, und am Tage, als der Kampf stattfinden sollte, wurde er verhaftet und erneut in die Bastille gebracht.
Er rächte sich auf seine Weise. Jahrelang machte er Rohan in Versen, Prosa und dramatischen Schriften lächerlich und kam, da er sich oft nicht die Mühe gab, seine Urheberschaft zu verbergen, dadurch wieder mit dem Gesetz in Konflikt. Ganz Paris lachte, und Rohan konnte dem Spott nicht entrinnen. Den Herzog von Sully nahm sich Voltaire auf andere Weise vor: Er entfernte dessen berühmten Vorfahren, den Finanzminister

Heinrichs IV., aus der Neuauflage der *Henriade* — durchaus eine Tat, denn der erste Herzog von Sully war einer der engsten Berater des Königs gewesen.

„Ein Schriftsteller hat immer das letzte Wort – das Wort, an das sich die Nachwelt erinnert", verkündete Voltaire mit heiterer Gelassenheit.

Da er keine Lust hatte, von neuem verhaftet zu werden, machte er den Vorschlag, freiwillig nach England ins Exil zu gehen, was gern akzeptiert wurde. Nach knapp vierzehn Tagen hatte er das Land verlassen. Er blieb länger als drei Jahre fort; erst im Spätfrühling 1729 kehrte er zurück. Der Aufenthalt in England war die froheste Zeit in seinem Leben. Er liebte das Land, er bewunderte alles Englische, vor allem die Rede- und Gedankenfreiheit, und die Engländer erwiderten seine Gefühle; für sie war er bei weitem der begabteste Europäer seiner Zeit. Königin Caroline schenkte ihm ihre Freundschaft, und er widmete ihr die englische Ausgabe der *Henriade*, was zu dem enormen Erfolg des Buches zweifellos beitrug. Der Bühnenautor Congreve und der Dichter Pope gehörten in England zu seinen nächsten Gefährten, Kabinettsminister und Mitglieder der ersten Gesellschaft waren seine Freunde, darunter auch Sarah, die großartige erste Herzogin von Marlborough.

Es war ein außerordentliches Exilleben, das Voltaire führte. Er war der gesellschaftliche und literarische Mittelpunkt der Londoner Salons. Überdies machte er häufig kurze Reisen nach Paris, um sich dort um seine geschäftlichen Angelegenheiten zu kümmern. Das geschah nicht etwa heimlich; die Behörden waren sehr wohl im Bilde, bemühten sich jedoch, nichts zu sehen. Die nach außen hin strikte Haltung der Regierung gegenüber einem Manne, der in England schon als der größte zeitgenössische Franzose gefeiert wurde, entbehrte nicht einer gewissen Peinlichkeit, und Voltaire hatte Grund genug, spöttische Bemerkungen über sein „flexibles Exil" zu machen.

1729 wurde dieser Zustand offiziell beendet, und Voltaire kehrte aus dem Exil nach Paris zurück, wo er sich sofort mit fieberhaftem Eifer in die literarische Arbeit stürzte. Er schrieb drei Stücke: *Brutus, Eriphile* und die große Tragödie *Zaire* und brachte sie auch selbst auf die Bühne. Der Erfolg wuchs mit

jedem Stück. Dann kam sein *Charles XII.* heraus, obgleich er vom Zensor noch nicht die Lizenz erhalten hatte, und auch dieses Schauspiel brachte Erfolg und gute Kritiken.
Voltaire war nun aus eigener Kraft ein reicher Mann geworden, doch lebte er weiterhin bescheiden – zumindest wenn er die Rechnung selbst zu begleichen hatte. Das war nicht allzuoft nötig, denn er war nun auch zum Löwen der französischen Gesellschaft geworden. Jeder Palast in Paris stand ihm offen, und er war auch in Versailles willkommen, obgleich sein Besuch dort den Großen und Halbgroßen zuweilen noch leise Angst einjagte. Doch sie alle huldigten ihm und hofften dabei, er werde sie im Druck verschonen.
Ihre Angst war sehr wohl begründet, obgleich sie das zunächst gar nicht wußten. Voltaire hatte insgeheim mit der Arbeit an einem neuen Werk begonnen, dem satirischen Epos *Pucelle.* Die Schrift war eine Verhöhnung jedes großen französischen Namens der Vergangenheit und Gegenwart. Sie wurde zu einer Arbeit, von der er nicht mehr lassen konnte. Jahrelang arbeitete er daran, änderte, korrigierte und aktualisierte sie. Hätte niemand davon gewußt, so wäre nichts geschehen. Doch Voltaire konnte es nicht lassen, besonders bissige Passagen seinen Freunden vorzulesen, und so wurde die Arbeit zunächst bekannt und dann auch so häufig zitiert, daß die Geheimpolizei davon erfuhr und mehrfach nach dem Manuskript suchen ließ, und es kostete Voltaire viel Mühe und endlose Tricks, das Dokument immer wieder zu verbergen.
Aus emotionellen, intellektuellen und auch physischen Gründen war Voltaire einfach nicht imstande, die Wahrheit, wie er sie sah, für sich zu behalten. Immer wieder trieb es ihn, die Ballons aus Falschheit, Eigenliebe und tückischem Doppelspiel zum Platzen zu bringen, ohne Rücksicht auf die Folgen. Er hätte die Unannehmlichkeiten gern vermieden, wenn das möglich gewesen wäre, doch nahm er bereitwillig jedes Risiko auf sich, um seine Überzeugung darzulegen.
Der gleiche Drang, der ihn zum Schreiben der *Pucelle* trieb, war auch der Urheber von zwei weiteren Werken, die 1733 veröffentlicht wurden. Das erste, *Temple du goût,* war ein langes Gedicht, in dem die berühmtesten literarischen Zeitgenos-

sen jener Zeit in Frankreich verhöhnt wurden. Die meisten gehörten zur Académie Française, die auch ihren Anteil an dem Spott erhielt. Die recht geschmacklosen Verse brachten Voltaire neue Feinde ein. Sie sorgten außerdem dafür, daß ihm die Académie auch für die kommenden Jahre verschlossen blieb.

Das zweite Werk war sehr viel schwerwiegender. Es hieß *Lettres philosophiques sur les Anglais* und war angeblich eine Prosastudie der englischen Gegenwartsliteratur. Tatsächlich jedoch war es ein gezielt scharfer Angriff auf die französische Zensur der letzten fünfzig Jahre, der auch die Regierung und die französische Kirchenhierarchie nicht verschonte. Verse und ganze Kapitel wurden in dieser flammenden Schmähschrift aufgezählt, die Namen der verbotenen Werke und ihre Autoren, die man verfolgt hatte, wurden genannt. Er setzte sich über das Verbot hinweg und zitierte wörtlich aus verschiedenen verbotenen — auch den eigenen — Werken, um die absurde Haltung der Laienzensoren und der katholischen Bischöfe zu demonstrieren.

Die Behörden waren es überdrüssig geworden, mit dem ewig streitbaren Voltaire wieder einen Disput anzufangen, und hatten auch zu einem neuen Gerichtsverfahren keine Lust mehr, da sie wohl wußten, daß die Sympathien vieler prominenter Franzosen und zahlreicher Ausländer auf seiten Voltaires lagen. Kronprinz Friedrich von Preußen, der spätere Friedrich der Große, hatte erst kürzlich seiner Bewunderung für ihn Ausdruck gegeben und offen seinen Neid eingestanden, weil der große Mann nicht einer seiner Untertanen war. Doch die flagrante Herausforderung des Gesetzes konnte man nicht hinnehmen, ohne die Fundamente der französischen Zensur zu gefährden. Die *Lettres philosophiques* wurden also verboten. Voltaire hatte das erwartet, und das Buch verschwand von der Bildfläche, wurde jedoch munter weiter verkauft. Viele freiheitsliebenden Pariser, von denen manche bisher mit Büchern und Buchverkauf überhaupt nichts zu tun gehabt hatten, nahmen die Gefahr der Verhaftung auf sich und verkauften Exemplare der Schrift.

Die Behörde, nun zweifach verhöhnt, erließ einen Haftbefehl gegen Voltaire, beeilte sich jedoch nicht mit der Suche nach ihm.

Man hoffte zweifellos, er werde den Wink verstehen und Frankreich den Rücken kehren, bis sich der Zorn gelegt habe. Voltaire jedoch wollte erst gehen, wenn er keine andere Wahl mehr hatte. Er war zwar nicht mehr in Paris, aber durchaus noch in Frankreich; er hatte nämlich ein bemerkenswertes Abkommen getroffen, das ihm, wie dem Protagonisten seiner Candide, die beste aller Welten sicherte.
Kurz: Voltaire stand am Beginn seiner langen Liaison mit Émilie du Châtelet, und die beiden hatten sich einen narrensicheren Plan ausgedacht, nach dem Voltaires persönliche Freiheit gesichert schien.

V

Bei den ersten Begegnungen Voltaires mit Émilie du Châtelet, im Stadium der kurzen Freundschaft und beim plötzlichen Übergang in eine „Affäre“, spielten zwei Faktoren eine wichtige Rolle: die Türkische Botschaft und das sogenannte Café, eine Art von Lokal, wo man aß und trank. Das Café war hierbei mehr als nur Hintergrund, es war notwendig für die Beziehung der beiden.
Gegen 1710, als die Regierung Ludwigs XIV. zu Ende ging, brachte der Türkische Botschafter den ersten Kaffee nach Paris und Versailles. Er kostete damals achtzig Francs das Pfund, was einem heutigen Preis von etwa tausend Mark entspricht, daher konnten sich nur die Schwerreichen diesen Luxus leisten. Es gab auch noch nicht viele, die Wert auf das Zeug legten. Gourmets fanden den Geschmack abscheulich, die Eleganzia rührte das Gebräu nicht an, weil es keinen Alkohol enthielt, und es gab Ärzte, die hartnäckig behaupteten, es sei giftig und werde den stärksten Mann in wenigen Monaten ins Grab bringen, wenn er täglich auch nur eine Tasse trank.
Inzwischen wuchs die Produktion immer mehr an, denn in Wien war Kaffee schnell beliebt geworden, und andere mitteleuropäische Städte folgten. Der Preis sank sehr bald, und schon 1719 eröffnete ein Armenier namens Pascal in Paris, nahe der alten Abtei von St.Germain des Près, ein öffentliches Café, wo nur Kaffee serviert wurde. Er konnte es, da es ihm an Weitsicht fehlte, nicht lange halten; doch zwei andere Männer nahmen die Idee auf und bauten sie aus.
Ein Syrier namens d'Alep eröffnete ein Café auf dem rechten Seine-Ufer, und das gleiche tat Procope, ein Sizilianer, nicht weit davon entfernt. Procopes Lokal war größer und vornehmer; er hatte zwar mit Kaffee angefangen, doch es gab bei ihm auch Wein, Brot, Wurst und Käse. d'Alep machte es ebenso;

beide Lokale gediehen gut, und 1720 gab es in Paris dreihundert weitere solcher Cafés. Das war erst der Anfang; Voltaire bezeugte, daß im folgenden Jahr die Innenstadt ein einziges großes Café geworden war. Jeder Ladeninhaber hielt Kaffee bereit für seine Kunden. Jeder Apotheker kochte Kaffee und servierte ihn an Ort und Stelle, so wie es heute jeder Drugstore in Amerika macht. Selbst in den Klöstern gab es Cafés für die Besucher.

Die Konkurrenz wuchs, und die Cafés wurden immer großartiger. d'Alep führte Marmortische ein, die bald überall Mode wurden, und servierte auch Eis, das als kulinarischer Höhepunkt galt. Anfang 1730 war aus dem Café Procope ein elegantes Diner-Restaurant geworden, wo italienische Musiker die Gäste unterhielten. Es gab auch einen Flügel, wo die Gäste heiße parfümierte Bäder nehmen konnten.

Als Voltaire und Émilie sich 1733 trafen, war das Procope bei weitem das berühmteste Café. Man kannte es in ganz Europa. Es lag gegenüber der Comédie Française, die Stammkundschaft bestand aus Schauspielern, Bühnenautoren, Regisseuren und Kritikern, aber auch die wohlhabenden Theaterbesucher waren dort zu finden.

Gleich um die Ecke lag das Café Gradot, ein zwangloser Treffpunkt für Naturwissenschaftler, Mathematiker und Philosophierende, und gelegentlich traf man auch Mitglieder der Académie dort an. Der Star unter den Gästen war Moreau de Maupertuis, ein etwas aufgeblasener Forscher, Astronom und Physiker, dessen Ruhm so schnell anwuchs, wie er nachher erlosch.

In derselben Gegend lag das Café Veuve Laurent, das dritte der großen Cafés, wo hauptsächlich Dichter, Musiker und Maler verkehrten. Ein kleineres Lokal war das Café de la Régence, dort konnten die Stammkunden Schach spielen. Es lag gegenüber dem Palais Royal in einem Hause, wo heute das Grand Vefour, eins der berühmten französischen Restaurants, seine Räume hat. Im Régence verkehrte der ganz hohe Adel, zum Beispiel der Herzog von Richelieu und der Marschall de Saxe, der große Held Ludwig XV. Auch Voltaire ging dort ein und aus.

Voltaire konnte man im übrigen irgendwann in jedem Café von Rang antreffen. Er war gut Freund mit den Theaterleuten im Procope, mit den Wissenschaftlern und Philosophen im Gradot, mit den Dichtern des Laurent, und ebenso im Buci, wo Journalisten verkehrten und die Gäste Zeitungen gratis erhielten. Nur im Bordeaux, wo konservative Geistliche und ihr Gefolge sich trafen, wurde er kühl aufgenommen.

Die Pariser Cafés des achtzehnten Jahrhunderts waren typische Produkte des Aufklärungszeitalters. In gewissem Sinne waren sie auch die Vorläufer der Herrenklubs, die etwas später in London aufkamen. Jedes hatte seinen speziellen Gästekreis mit der ihm eigenen sozialen und beruflichen Färbung, und diese „Klubmitglieder" trafen sich ganz regelmäßig. Jedes Café hatte auch seine eigene unverwechselbare Atmosphäre, und jedes wurde zum Schauplatz von Streitigkeiten, die oft in Duelle oder langanhaltende Fehden ausarteten.

Auch hatte jedes seine eigenen Exzentriker, vor allem das Procope, in dem ein Gast verkehrte, den später Voltaire unsterblich machte. Oberst Gilbert des St.Foix war ein außergewöhnlicher und recht schwieriger Mann, der sich auf zwei Gebieten bewährt hatte. Er hatte als Offizier ein Musketierregiment befehligt und auf dem Schlachtfeld großen Ruhm erworben, was ihm eine nicht unbeträchtliche Pension von seiten der Krone einbrachte. Als er den Dienst quittierte, begann er sich für das Theater zu interessieren. Er behauptete, ein Theaterstück könne jeder schreiben und verfaßte eine Tragödie, die zum Erstaunen der Fachleute ein Erfolg wurde. Daß dies kein Zufallstreffer war, bewies St.Foix damit, daß er zwei weitere Stücke schrieb, die ebenfalls gut aufgenommen wurden.

Er war ein leicht aufbrausender Mann von aggressivem Temperament. Cognac konnte er in unbeschränkten Mengen vertragen. An jedem Streit hatte er seinen Spaß, und noch mehr freute ihn ein Duell. Die meisten Leute gingen ihm aus dem Wege, nur Voltaire hatte den Mut, ihn in einem satirischen Gedicht zu verreißen. St.Foix erkannte ein großes Talent jedoch neidlos an; das Gedicht amüsierte ihn, er nannte Voltaire seinen Freund und kam ihm jederzeit rücksichtsvoll entgegen.

Eines Tages saßen die beiden zusammen beim Diner — Voltaire

aß, St.Foix trank —, als ein Hauptmann der Königlichen Garde hereinstolzierte. Er drängte sich rücksichtslos zwischen den besetzten Tischen hindurch und stieß dabei einige Stühle um, dann nahm er in der Nähe Voltaires Platz, der sich mit St.Foix über andere Schriftsteller unterhielt, und bestellte mit lauter Stimme eine Tasse Kaffee und ein Brötchen.
Als das Bestellte nicht gleich kam, rief er mit Stentorstimme; „Verdammt — ich wünsche mein Diner!"
Das grob-unhöfliche Auftreten hatte St.Foix vom ersten Augenblick an geärgert. Jetzt konnte er nicht mehr ruhig bleiben. Er wandte sich ostentativ an Voltaire und sagte mit einer Stimme, die in den letzten Winkel des Lokals drang: „Eine klägliche Mahlzeit! Welcher Mann würde wohl so eine Bestellung aufgeben und dann von seinem Diner sprechen? Ich werde es Ihnen sagen: nur ein Idiot."
Der Hauptmann merkte, daß das gegen ihn gerichtet war und war klug genug, den Mund zu halten. In St.Foix stieg eine kalte Wut hoch, und er wiederholte: „Eine klägliche Mahlzeit, wirklich. Nie habe ich etwas Ärmlicheres gesehen. Nein, was für ein karges Mahl."
Vergeblich suchte Voltaire ihn zum Schweigen zu bringen. Endlich hatte der Hauptmann genug von dem ironischen Gehänsel, er stand auf und verlangte eine Entschuldigung. St.Foix erhob sich ebenfalls und verkündete so laut, daß jeder es hören konnte, es sei jetzt an der Zeit, einen jungen Idioten zwei Dinge zu lehren, erstens Benehmen und zweitens die Art, wie ein Diner zu bestellen sei. Alle stürzten nach draußen, wo Voltaire als Sekundant für St.Foix agierte. Die beiden Streitenden zogen ihre Schwerter und fochten das „Kaffee-und-Brötchen-Duell" aus, und zwar in tödlichem Ernst. Jeder brachte dem Gegner ungefähr zur gleichen Zeit eine geringfügige Wunde bei, und als auf diese Weise Blut geflossen war, hätte die Sache beendet sein müssen. Der Hauptmann verhielt sich korrekt und erklärte, er sei zufriedengestellt.
St.Foix jedoch hatte das letzte Wort. „Hätten Sie mich getötet", sagte er, „so wäre ich mit völlig unveränderter Meinung in den Tod gegangen. Auch als ich noch ein unerfahrener Soldat war, kannte mein Gaumen den Unterschied zwischen einer Mahl-

zeit für einen Gentleman und einem Fraß. Ich bleibe dabei: ein Brötchen und eine Tasse Kaffee, das ist in der Tat ein klägliches Diner."

Der Streit war im Begriff neu zu entbrennen, als glücklicherweise ein Gardeoberst, ein alter Freund von St.Foix und der Vorgesetzte des Hauptmanns, das Lokal betrat, fast gleichzeitig mit dem Herzog von Richelieu und mehreren seiner Freunde. Dem Gesetze nach hätte der Oberst die beiden Kombattanten festnehmen müssen, doch Richelieu, den inzwischen Voltaire ins Bild gesetzt hatte, legte sich als stellvertretender Gouverneur von Paris ins Mittel. Er nahm zusammen mit dem Oberst und den beiden Duellanten an einem Ecktisch Platz, wo sie sich nach längerer Beratung und reichlichem Weingenuß dahin einigten, daß St.Foix den Hauptmann zu einer angemessenen Mahlzeit einladen solle, die an Ort und Stelle zu verzehren sei. Danach sollten beide das Lokal frei verlassen dürfen.

Das Ereignis wurde von Voltaire in einem seiner seltenen journalistischen Berichte zu Papier gebracht. Er sah mit Entzücken zu, wie die beiden ein Diner von neun Gängen — darunter mehrere Spezialitäten des Hauses — verzehrten und auch den Wein nicht vergaßen, wobei ihnen der Herzog, seine Freunde und mehrere andere Gäste Gesellschaft leisteten. Am Ende waren alle außer Voltaire, der nur wenig Alkohol trank, stockbetrunken. In Voltaires Bericht hieß es:

„Dieser Fall beweist die Bedeutung des Cafés als erzieherische Institution. Der Barbar, der zwischen einem Brötchen und einem Epikuräermahl nicht zu unterscheiden vermochte, wird jetzt wissen, was er zu bestellen hat, wenn er das nächstemal mit seiner Mätresse in der Öffentlichkeit diniert. Das Militär, wir wissen es, wird jämmerlich schlecht bezahlt; eine Erhöhung des Salärs würde es ihm gestatten, sich ein gutes Diner zu leisten, und würde den zivilisatorischen Einfluß des Cafés zweifellos beschleunigen."

Voltaire setzte bei diesem Bericht ebenso wie seine Leser voraus, daß die Mätresse des Hauptmanns keine Dame von Rang war, denn über die Zulassung weiblicher Personen in den Cafés herrschten damals strenge Vorschriften, die allerdings weniger vom Gesetz als von den Sitten bestimmt waren. Die Cafébesitzer achteten jedoch sehr auf die Einhaltung dieser Regeln — nicht aus moralischen, sondern aus geschäftlichen Gründen. Es gab einige wenige Cafés, die Frauen zum Diner in einem gesonderten Raum zuließen, wenn sie in männlicher Begleitung kamen. Die Mehrzahl verwehrte allen Frauen den Zutritt; sie wären dort nicht bedient worden. Natürlich war ein Ort, wo Männer in großer Zahl zusammenkamen, für die Berufsdirnen von Paris von starkem Interesse, und sie versuchten immer wieder, sich Zutritt zu verschaffen. Die meisten Cafés entschlossen sich nach einiger Zeit zu einem Kompromiß und richteten eine Art Séparée ein, wo Straßenmädchen Platz nehmen und Wein bestellen durften, niemals jedoch Kognak, Gin oder andere „harte" Getränke, denn sie neigten zu Lärm und lauten Streitigkeiten. Jeder Mann, der eine Prostituierte suchte, kannte in seinem Lieblingscafé den Raum, wo sie zu finden war.

Die besseren Cafés, wo Adlige und Intellektuelle verkehrten, machten keinerlei Ausnahmen; hier wurden nach strengem, wenngleich ungeschriebenem Gesetz Frauen unter keinen Umständen zugelassen. Damen — so verlangte es die Vorschrift — trafen ihre Bekannten in Salons, besuchten Theater und Oper, fuhren im Wagen durch den Bois de Boulogne und glänzten im übrigen auf Diner- und Soupergesellschaften in Privathäusern.

Die Pariser Damen lebten zwar inmitten der sogenannten Männerwelt und gaben sich den Anschein, als akzeptierten sie ihr Geschick; im stillen jedoch begannen sie heimlich das Fundament zu unterhöhlen. Es fing an mit einer hübschen Geste: die Damen fuhren im Wagen vor einem Café vor, hielten dort an und bestellten sich Kaffee, der ihnen gebracht wurde. Es dauerte nicht lange, und aus der gelegentlichen Tasse Kaffee wurde eine elaborate Angewohnheit; die führenden Cafés machten ein blühendes Geschäft und servierten den Damen im Wagen ihren Kaffee in zartesten Porzellantassen auf silbernen Untertassen. Diese silbernen Untertassen wurden zum Kennzeichen für den Rang eines Cafés; es gab Damen, die den Kaffee ablehnten, wenn er ihnen nicht auf dem kleinen silbernen Tellerchen serviert wurde.

Herren, die sich gerade zum Drink oder zum Diner im Café aufhielten, kamen stets hinaus, um die Damen im Wagen zu begrüßen. Natürlich brachte so etwas den Verkehr in den engen kopfsteingepflasterten Straßen ins Stocken, und einige Cafébesitzer protestierten, doch vergeblich. Wenn Frauen die heiligen Hallen schon nicht betreten durften, so blieben sie eben draußen, und kein Mensch konnte sie daran hindern.
Es gab in Paris eine Dame, eine einzige, die laut verkündete, sie halte das Caféverbot für Frauen für absurd und habe auch nicht die Absicht, sich danach zu richten. Émilie du Châtelet, die nach ihrer Affäre mit dem Herzog von Richelieu noch keinen neuen Partner gefunden hatte, wurde auf intellektuellem Gebiet noch aktiver. Ihre Freundschaft mit dem Wissenschaftler Maupertuis hatte sich vertieft; alle seine Freunde und Kollegen erkannten sie als ebenbürtig an, und sie sah nicht ein, warum sie im Café Gradot von den anregenden Gesprächen ausgeschlossen sein sollte.
Zu Anfang des Jahres 1733 machte sie sich also auf – elegant gekleidet und parfümiert – und erschien im Gradot, wo ihr Auftreten eine Sensation hervorrief. Maupertuis und einige andere Wissenschaftler waren peinlich berührt, als der Geschäftsführer ihr freundlich, doch fest mitteilte, sie könne hier nicht bedient werden. Wenn dem so sei, erwiderte sie, so habe sie auch nicht den Wunsch bedient zu werden, sondern werde sich mit einem Stuhl begnügen, damit sie sich mit ihren Freunden unterhalten könne. Bedauernd entgegnete der Geschäftsführer, auch das sei leider nicht möglich.
Mit hocherhobenem Kopf verließ Émilie das Café, und heimlich lachte ganz Paris.
Wer jedoch Émilie du Châtelet kannte, der wußte, daß sie sich damit nicht bescheiden, sondern ganz gewiß einen Ausweg finden werde. So war es auch, und die letzten Lacher waren auf ihrer Seite. Etwa eine Woche nach dem Vorfall im Gradot kehrte sie in das Café zurück – diesmal in Männerkleidung, die sie inzwischen hatte anfertigen lassen. Sie erschien als Mann, tadellos vom Zweispitz bis zu den Schnallenschuhen, und die weißseidenen Strümpfe umschlossen ein Paar Beine, die Voltaire später „die Wunder von Frankreich" nannte. Na-

türlich hatte sie Rouge und Puder aufgelegt und auch die Augen schwarz umrandet, denn ohne Make-up wäre sie nie in der Öffentlichkeit erschienen. Doch der erste Eindruck, jedenfalls aus einiger Entfernung, genügte, um ihr Eintritt zu verschaffen.

Das war für das Gradot ein Dilemma. Émilies Freunde, allen voran Maupertuis, applaudierten, als sie an den Tisch trat, und andere Gäste folgten dem Beispiel. Alle waren der Ansicht, daß Émilie einen großen Sieg errungen habe, und man bestellte ihr sofort das Symbol des Sieges, eine Tasse Kaffee.

Die Inhaber des Café Gradot, Nachkommen des Gründers, wußten, wie empfindlich die Pariser waren; beleidigte man sie, so würden sie ein anderes Lokal zu ihrem Stammplatz erwählen. Das war zwar noch nicht der Ruin des Cafés, doch mit dem Verschwinden der Wissenschaftler und Philosophen wäre der Glanz dahin. Man entschloß sich also spontan, die Augen zu schließen und zu tun, als sei Émilie ein Mann; sie wurde bedient wie jeder andere männliche Gast.

Von nun an gehörte Émilie du Châtelet zu den regelmäßigen Gästen des Gradot. Täglich erschien sie an Maupertuis' Tisch.

Voltaire kannte den Gelehrten und seine Freunde ebenfalls recht gut und respektierte – wenn auch etwas widerwillig – seine Arbeit. Ihn selbst hielt er für einen Poseur. Doch etwas verband die beiden, und zwar das gemeinsame Interesse an den Entdeckungen Newtons, dessen Theorien häufig denen von Descartes widersprachen, und die meisten Franzosen hielten damals Descartes für die absolute Autorität. Beide, Voltaire und Maupertuis neigten in ihren Anschauungen eher zu Newton, doch fehlten ihnen noch die letzten Beweise für seine Theorien. Ein paar Jahre später unternahm dann Maupertuis eine von Ludwig XV. finanzierte Expedition nach Lappland, um einige Thesen des berühmten Engländers auf die Probe zu stellen.

Es ist unwahrscheinlich, daß Voltaire, der ewige Wanderer durch die Pariser Cafés, gerade das Gardot ausgelassen haben sollte, wo Émilie täglich am Tisch der Freunde zu finden war, und noch unwahrscheinlicher, daß er dann nicht an den Tisch getreten wäre, um ein paar Worte zu wechseln.

Allerdings muß man sich vor Augen halten, daß der große Zyniker trotz seiner zur Schau getragenen ironischen Haltung sehr scheu war; es ist also denkbar, daß er nicht den Mut aufbrachte, sich der kleinen Tischrunde und vor allem der auffallenden Dame aufzudrängen, von der ganz Paris sprach. Jedenfalls trafen sie sich nicht im Café Gradot, was um so merkwürdiger war, als Voltaire Émilie ja schon als Kind gesehen hatte. Er hatte ihren Vater, Louis-Nicolas de Breteuil, gut gekannt und ihn mehrfach in dem Hause besucht, in dem sie aufgewachsen war. Auch Émilie kannte Voltaire zumindest dem Namen nach, wenn nicht vom Sehen. Sie hatte mehrere seiner Stücke auf der Bühne gesehen und den größten Teil seiner Prosa gelesen. Auch die Verse waren ihr nicht neu, denn 1732 hatte er „der reizenden und edlen Émilie", von der ihm Richelieu viel erzählt hatte und deren Intelligenz er bewunderte, ein Gedicht gewidmet, die *Ode an den Fanatismus*, eine Attacke auf mehrere seiner Kollegen. Die Widmung hieß:

Schön seid Ihr, Émilie, drum werd't Ihr leiden,
Gar manche werden Euch die Schönheit neiden.
Sie werden Eurer spotten, Euch verschrei'n,
Haß wird die Wurzel ihrer Fehden sein.
Ihr habt das Feuer des Genies in Eurer Brust,
Daß Furcht es zündet, habt Ihr nicht gewußt.
Ihr glaubt den Menschen, denn Ihr könnt nicht lügen,
Sie jedoch werden immer Euch betrügen.
Der Tugend spottet Ihr und Heuchelei,
Eu'r Blick ist offen, Eure Rede frei.
Hütet Euch vor verleumderischen Freunden —
Sie werden allzu schnell zu bitt'ren Feinden.

Émilie hatte sich durch diese Huldigung des größten zeitgenössischen französischen Schriftstellers zwar geschmeichelt gefühlt, sie aber doch als durchaus angemessen hingenommen. Bescheidenheit gehörte nicht zu ihren Tugenden, und sie wurde in dieser Haltung noch von anderen bestärkt, die sie für ein Genie hielten. Doch über ein solches Gedicht hätte sich wohl auch eine weniger eitle Frau gefreut. Sie hatte jetzt den Wunsch, Voltaire persönlich ihren Dank auszusprechen. Vielleicht sah sie ihn irgendwo, im Gradot oder in einem anderen Café, und war nicht sehr beeindruckt, als er ihr gezeigt wurde. Ihr romantischer Typ war der hochgewachsene Beau, und so sah Voltaire gewiß nicht aus. Er war kaum größer als sie und fast ausgemergelt dünn; er kleidete sich zwar nach der letzten Mode, doch sah die Perücke immer aus, als werde sie ihm gleich vom Kopf rutschen. Das Gesicht war schmal, die Nase lang und dünn; das einzig Schöne waren die Augen, die jedoch niemals seine Verachtung für die Umwelt verbargen. Man konnte ihn also mit dem besten Willen nicht für einen physisch anziehenden Mann halten.

Émilie hatte ihm einen kurzen höflichen Brief gesandt und ihm für die Widmung gedankt, und weiteren Kontakt hatte es zunächst nicht gegeben. Man darf jedoch wohl annehmen, daß beide ein Treffen wünschten, das dann im Frühjahr 1733 mit Hilfe eines gewandten literaturbeflissenen Mannes namens Dumas d'Aigueberre zustande kam. Das ist später bekanntgeworden, denn in einem Brief, den Voltaire nach Émilies Tod im Jahre 1749 an seinen Freund schrieb, erinnert er ihn daran, daß ihm „die Erneuerung meiner Bekanntschaft mit jener bedauernswerten Dame" zu verdanken sei. Über die Einzelheiten – ob das Treffen in Paris oder auf dem Lande stattfand – ist nichts bekannt.

Voltaire war daran gewöhnt, daß jeder viel Aufhebens um ihn machte, und das gleiche war auch für Émilie zur Selbstverständlichkeit geworden. Es wäre interessant zu erfahren, wie die beiden Berühmtheiten beim erstenmal aufeinander reagierten. Fest steht jedenfalls, daß jeder den anderen anziehend fand.

Es gehörte damals zum guten Ton, daß ein Herr, nachdem er einer Dame vorgestellt worden war, ihr zur vorgeschriebenen Zeit einen Besuch abstattete. Voltaire hatte jedoch das Pech, daß er sich innerhalb achtundvierzig Stunden nach dem Treffen mit einer seiner häufigen Magenkoliken zu Bett legen mußte. Émilie hörte durch Bekannte von seiner Krankheit, und da Mohammed nicht zum Berge kommen konnte, machte sich der Berg unverzüglich auf den Weg zum Propheten. Émilie ließ durch ihren Koch mehrere Hühner zubereiten und zusammen mit einigen Weinflaschen und einer Schüssel italienischem Salat

in einen Korb packen; dann begab sie sich — schicklich begleitet von gemeinsamen Freunden — an das Bett des Kranken.
Voltaire war damals gerade umgezogen in das, wie er selbst sagte, schlimmste Viertel von Paris. Die Wohnung lag in einem verwahrlosten alten Gebäude an der Rue de Long-Pont, und zwar direkt gegenüber der Kirche von St.Gervais. Die Kirchenglocken läuteten jede Viertelstunde ausführlich und so laut, daß eine Unterhaltung unmöglich war. Beim Schreiben brachte Voltaire es fertig, sich völlig abzuschalten; und da er niemals bei sich zu Hause Besucher empfing, hatten ihn die Glocken bisher nicht gestört.
Er und Émilie stellten jedoch sehr bald fest, daß sie sich nur durch Schreien verständigen konnten, was sie so lächerlich fanden, daß ihnen die Tränen kamen. Ihre Freunde, die Herzogin von St.Pierre und ihr Liebhaber, Monsieur de Fourqualquiers, waren weniger amüsiert. Sie blieben steif und in eisigem Schweigen sitzen und weigerten sich, durch würdeloses Geschrei den Lärm der Glocken zu übertönen. Dadurch wurde die Situation noch absurder; Voltaire und Émilie lachten immer lauter, denn beide waren durchaus bereit, Würde und Etikette beiseite zu lassen, wenn sie gerade Lust hatten.
Voltaire amüsierte sich so großartig, daß er plötzlich verkündete: „Ich bin wieder gesund." Die mitgebrachten Hühner, Salat und Wein wurden zurückgelassen, und er lud die drei Freunde zum Diner ins Café ein, wo sie ein reichhaltiges Mahl zu sich nahmen. Voltaire, der im Essen und Trinken sehr wählerisch war, bestellte die besten Weine, und das Diner wurde ein großer Erfolg. Émilie und Voltaire konnten nicht aufhören mit Reden, nur sprachen sie ausschließlich zueinander und ignorierten die beiden anderen, die dann schließlich aufbrachen und das wortgewandte Paar sich selbst überließen. Émilie und Voltaire bemerkten das vermutlich gar nicht, sie blieben am Tisch sitzen, bis das Lokal abends geschlossen wurde. Sie wußten beide: sie hatten sich verliebt.
„Alles an ihr ist edel", schrieb Voltaire etwas später, „ihre Haltung, ihr Geschmack, ihr Briefstil, ihre Reden, ihre Höflichkeit. Sie wählt ihre Worte ohne Affektiertheit, ihre Konversation ist angenehm und interessant. Nichts hat sie vergessen, und sie

hat viel gesehen. Doch stets bemißt sie die Länge ihrer Rede nach den Wünschen anderer. Sie läßt nichts Wesentliches aus, und doch bedauert man die Kürze ihrer Rede. Wären Bücher so gut geschrieben, wie sie spricht, so würde man in der ganzen Welt mit Freude lesen. Ihre Freunde wählt sie mit bewundernswert feinem Geschmack, und ihre Freundschaft ist mutig und festgefügt. Kurz: sie ist ein Mensch, zum Glanz geboren in einer Welt, in der wenige flimmern."

Seit Jahren hatte Voltaire mit jeder Frau geschlafen, die ihm entgegenkam, und das waren nicht wenige gewesen. Doch sein Herz war stumm geblieben seit jener Romanze mit dem jungen Mädchen in Den Haag, als er ein Knabe war. Jetzt war der große Spötter plötzlich wieder zum Schuljungen geworden.

Und ebenso plötzlich, wenn auch vorübergehend, stellte Émilie ihre Besuche im Gradot ein. „Warum haben Sie mir niemals gesagt, daß M. de Voltaire der Inbegriff des idealen Mannes ist?" beschwerte sie sich in einem Brief an den Herzog von Richelieu. Sie hatte die *grande passion* ihres Lebens gefunden, und auch ihrem Ehrgeiz stand jetzt nichts mehr im Wege.

VI

Der Tag, an dem Voltaire und Émilie du Châtelet zum erstenmal miteinander schliefen, ist nirgends festgehalten worden und hat als Detail auch keine Bedeutung. Im Hochsommer des Jahres 1733 stand ihre Liaison in voller Blüte; sie wurde nur getrübt durch die schwere Krankheit von Émilies drittem Kind, das bald darauf starb. Voltaire, damals fast vierzig, war ein hart arbeitender Zyniker, besorgt um die offizielle Reaktion auf zwei kürzlich veröffentlichte Essays und in steter Unruhe wegen anderer größerer Schriften, die er vorhatte. Überdies litt er an schweren Magenstörungen und brauchte, wie er sehr wohl wußte, Ruhe, Entspannung und sorgfältig überwachte Diät.

Émilie hingegen war von strahlender Gesundheit, konnte — wenn sie von Zeit zu Zeit Diät einlegte — essen und trinken, was ihr schmeckte, und besaß eine so unermüdliche Energie, daß sie jeden erschöpfte, der eine Weile mit ihr zusammen war. Ihr Zustand war geradezu manisch; angeblich — jedenfalls behauptete sie das selber — brauchte sie noch weniger als die zwei bis vier Stunden Schlaf, die sie sonst für normal hielt. Sie konnte auf Befehl lange Prosa- und Lyrikstücke auswendig lernen und erzählte Voltaire, sie habe in einer schlaflosen Nacht einen Band — also etwa ein Drittel — der Newtonschen *Principia* nicht nur gelesen, sondern wirklich aufgenommen. Und trotz ihrer Geistesgaben und der bisherigen Erfahrungen stürzte sie sich in diese Liebesaffäre mit der Vehemenz einer Siebzehnjährigen. Jeden anderen hätte sie mit ihrer Leidenschaft erstickt, und selbst Voltaire hatte manchmal Mühe, sich zu behaupten.

Die erfahrene französische Aristokratie war stolz auf ihre Weltklugheit und ließ sich so leicht von keiner romantischen Affäre verblüffen, doch von der Verbindung des großen Schriftstellers mit der überaus klugen und doch oft kindlichen Émilie du Châtelet war man konsterniert. Alle staunten, und der junge König Ludwig XV., dem sie erzählt wurde, wollte sie nicht glauben.

Émilie hatte sich bisher kaum für antikonventionell gehalten, doch jetzt wurde ihr klar, daß sie ebenso wie Voltaire die Meinungen der Gesellschaft verachtete. Beide kümmerten sich nicht um das, was die Umwelt dachte; doch das war noch nicht alles: sie hatten unverhüllt Freude daran, die Welt zu schockieren. Skandal machte ihnen Spaß.

Von Anfang an schlugen sie alle Vorschriften für Damen und Herren der besseren Stände in den Wind. Ein Mann durfte seine Mätresse wohl mitnehmen in ein Café, in dem weibliche Gäste zugelassen waren, nicht jedoch in eins der älteren, sehr viel konventionelleren Gasthäuser. Im Theater konnten sie zusammen erscheinen, niemals jedoch in der Oper. Sie konnten miteinander nach Versailles fahren und dort, wenn sie wollten, dauernd zusammen sein, doch in den Audienzsaal zum König hatte man getrennt zu gehen. Und auch wenn sie zusammen lebten, verlangte die Tradition, daß sie so taten, als lebten sie getrennt.

Wenn Voltaire die Nacht im Hôtel du Châtelier verbrachte, oder wenn Émilie zu ihm in seine Wohnung in der Rue de Long-Pont kam, so wußten das am nächsten Tage alle ihre Freunde. Sie dinierten gemeinsam im elegantesten Lokal und gingen dann zusammen in die Oper, und sie machten sich ein Vergnügen daraus, gemeinsam vor dem König zu erscheinen. Kaum jemals hatte ein Paar so unbekümmert gegen jede Konvention verstoßen.

Sie benahmen sich so auffallend, daß selbst bei mildester Beurteilung die Umwelt sich allmählich fragen mußte, ob der Marquis du Câtelet hier nicht einschreiten solle. In Wahrheit war ihre Lage so prekär, daß größte Diskretion am Platze gewesen wäre. Voltaires *Temple du goût* war gerade erschienen und hatte viel unliebsames Aufsehen erregt. Noch hatte man keinen Grund zu disziplinarischen Maßnahmen gegen den Autor, doch war er wieder einmal in Ungnade gefallen. Viel bedeutsamer noch war das Aufsehen, daß die *Lettres philosophiques* hervorriefen. Das Werk wandte sich an eine intellektuelle Leserschaft, bei Hofe war man noch nicht darauf aufmerksam geworden, doch sollte das nicht mehr lange dauern. Die Unruhe wuchs: im August 1733 las der Kardinal Fleury, der im Namen des Königs regierte, das Werk und sandte daraufhin Voltaire unauffällig Bescheid, daß er in Versailles nicht länger willkommen sei.

Die Schrift an der Wand war nicht mehr zu übersehen, doch Voltaire und Émilie kümmerten sich nicht darum. Ihre Liebesaffäre nahm sie vollauf in Anspruch, und darüber hinaus waren sie emsig damit beschäftigt, eine Heirat zustande zu bringen zwischen dem Herzog von Richelieu und der blutjungen reizenden Prinzessin Marie Elisabeth Sophie von Guise aus dem Hause Lothringen, das in der französischen Geschichte eine große Rolle gespielt hatte. Voltaire übernahm die Rolle des Mittlers, die Hochzeit wurde festgesetzt und fand in Montjeu in Lothringen statt, wo der Vater der Braut ein Schloß besaß.

Aus komplizierten staatspolitischen Gründen hielt man in Frankreich noch immer an der Fiktion fest, Lothringen sei ein autonomer und selbständiger Staat mit einem eigenen Monarchen, Stanislaus Leczinski, dem früheren König von Polen, der den Titel eines Großherzogs von Lothringen trug. Stanislaus hielt einen eigenen Hof, und obwohl sein Land im Krieg wie im Frieden Frankreich Gefolgschaft leistete, ihm Steuern entrichtete und verwaltet wurde wie ein größerer Provinzstaat, galt Lothringen doch als „Ausland", und wenn Franzosen dort einreisten, so brauchten sie einen Paß.

Anfang September nahmen also auch Émilie und Voltaire ihre Pässe mit, als sie sich auf die Reise nach Montjeu machten. Bei dieser Hochzeit trafen Voltaire und Émilies Mann zum erstenmal zusammen. Der General stand damals mit seinen Truppen in Deutschland, wo ein neuer Krieg ausgebrochen war, er nahm sich jedoch einige Tage Urlaub und erschien auf der Hochzeit in Begleitung seiner neuen Mätresse, Mademoiselle d'Anjou, von der man nur weiß, daß sie blond, jung und sehr reizend war.

Um das Dekorum zu wahren, bewohnten die Marquise und ihr

Liebhaber eine Suite zusammen mit dem Marquis und seiner Freundin, doch Émilie trat überall zusammen mit Voltaire auf, und Mademoiselle d'Anjou wich nicht von Florent-Claudes Seite. Voltaire und der Marquis fanden sofort Gefallen aneinander und legten hier das Fundament zu einer Freundschaft, die viele Jahre anhielt. Voltaire widmete Mademoiselle d'Anjou ein kleines Gedicht, in dem er ihre großen Brüste und die schmale Taille besang, und der General, der sich darüber freute, revanchierte sich und verriet Voltaire das Rezept für ein Elixier gegen den Husten, an dem Émilie in jedem Herbst litt.

Jedermann auf der Hochzeit, auch der Bräutigam, beobachtete interessiert das Entstehen der Freundschaft zwischen Voltaire und dem Marquis du Châtelet, und Émilie genoß es deutlich, so sichtbar im Rampenlicht zu stehen. Voltaire war sich selbstverständlich völlig darüber klar, was er tat; er kannte nicht nur den militärischen Geist, ihm war auch daran gelegen, jeden Zwist mit einem Berufssoldaten zu vermeiden, der als einer der besten Fechter Europas galt. Was der Marquis im Sinne hatte, läßt sich schwer vermuten. Er war zu allererst ein Pragmatiker, und da seine Frau keine Einwendung gegen seine Affären erhob, sah er keinen Grund, gegen die ihren zu protestieren. Darüber hinaus wußte er sicher, daß Voltaire sehr wohlhabend war und — unter anderem — soeben Richelieu eine stattliche Summe geliehen hatte. Voltaire bezog nicht nur beträchtliche Einkünfte aus praktisch allem, was er schrieb, sondern war auch geschäftlich sehr versiert und wäre ein glänzender Financier geworden, auch ohne eine Zeile zu schreiben. Er hatte nichts dagegen, Mitgliedern der Aristokratie, die ihm zuverlässig erschienen, Darlehen zur Verfügung zu stellen, wenn sie Sicherheiten zu bieten hatten, und seine Bedingungen waren meist günstiger als die der Pariser Bankiers. Florent-Claude vergaß keinen Augenblick, daß er kein reicher Mann war, daß seine Frau zu den extravagantesten Damen der Gesellschaft gehörte und daß seine reizende Geliebte Juwelen zu schätzen wußte.

Die Hochzeit fand statt wie erwartet, und nach dem üblichen Ritus folgte die ganze Gesellschaft der Braut und dem Bräutigam bis zu ihrem Ehebett. Dazu bemerkte Voltaire: „Achtzig

Meilen bin ich in einem ungefederten Wagen gereist, um hier einen Mann und eine Frau zusammen im Bett zu betrachten."

Die Festlichkeiten dauerten zweiundsiebzig Stunden. Als sie vorüber waren, kehrten alle Militärs, auch der junge Ehemann und der Marquis du Châtelet, zu ihren Truppen zurück, die damals Philippsburg belagerten. Die anderen blieben in Montjeu, feierten weiterhin und genossen die festliche Unterbrechung des Alltags, vor allem Voltaire und Émilie. Am Tage nach der Hochzeit war Voltaire durch Sonderkurier aus Paris ein Brief mit sehr ernsten Nachrichten zugestellt worden. Die Geheimpolizei war dabei, jedes aufzutreibende Exemplar der *Lettres philosophiques* zu konfiszieren, und sobald der Autor nach Frankreich zurückkehrte, sollte er auf lange Zeit in der Bastille verschwinden.

Daraufhin befand Voltaire, das Klima in Frankreich sei seiner Gesundheit nicht zuträglich, und er begann Reisepläne zu schmieden. Er wollte die Truppen in Deutschland besuchen und dann in die Schweiz und nach Holland weiterfahren, vielleicht auch noch in andere Länder. Émilie sah sich von seiner Seite gerissen und fuhr mit der neuen Herzogin von Richelieu nach Paris zurück.

Hier nahm sie ihr altes Leben wieder auf und traf sich täglich mit Maupertuis und anderen Wissenschaftlern. Doch eins kam dazu: sie schrieb jeden Tag lange Briefe an Voltaire und vertraute sie Freunden und Bekannten an, die ins Ausland reisten, damit sie außerhalb Frankreichs auf die Post gegeben und nicht von der Geheimpolizei abgefangen wurden. Auch Voltaire schrieb ihr jeden Tag und gab seine Briefe anderen Freunden im Ausland mit auf die Reise nach Paris. Zuweilen hatte es den Anschein, als habe sich die gesamte Aristokratie des Landes dazu verschworen, der Geheimpolizei des Königs ein Schnippchen zu schlagen.

Unglücklicherweise ist diese gesamte Korrespondenz verlorengegangen oder vielleicht auch vernichtet worden, vermutlich von Voltaire selbst nach Émilies Tod. Man weiß, daß sie sich im Laufe von anderthalb Jahrzehnten viele Hunderte, vielleicht Tausende von Briefen schrieben, doch bis auf ganz wenige ist nichts erhalten geblieben. Voltaire führte eine so umfangreiche

Korrespondenz mit so vielen Leuten, daß noch lange nach seinem Tode und bis auf den heutigen Tag lange und wichtige Briefe von ihm gefunden wurden, doch seine Briefe an Émilie und die ihren an ihn blieben verschwunden. Kein Mensch kann mit Sicherheit sagen, was damit geschah. Literarische Spürhunde vermuten, daß Voltaire, vielleicht im Einvernehmen mit dem Marquis du Châtelet, sie alle verbrannt hat.

Aus diesem Grunde weiß man auch nichts Näheres über die bedeutsamste Entscheidung, die Émilie und Voltaire jemals trafen. Auch wer von beiden auf die Idee kam, ist nicht bekannt. Nur eine Tatsache bleibt bestehen: Anfang Oktober erschien Voltaire in einem alten Landhaus, das seit fast neunhundert Jahren im Besitz der Familie du Châtelet war. Dort wohnte er, abgesehen von den Arbeitern, bis Weihnachten ganz allein. In Paris wußten nur Émilie und einige vertraute Freunde von seinem Aufenthaltsort. Er hätte auch mit allem Aufwand von Phantasie kein besseres Versteck finden können.

Das Schloß Cirey war ein mächtiges und weitläufiges Gebäude, das nach einigen Umbauten heute noch existiert. Es liegt inmitten großer Wälder am östlichen Rande der Champagne, nicht weit von der lothringischen Grenze und auch in der Nähe der besten Landstraße, die damals, im achtzehnten Jahrhundert, direkt nach Holland führte. Von dort aus konnte ein Mann kurzfristig und sehr schnell Frankreich auf zwei Wegen verlassen.

Der Wald war an vielen Stellen undurchdringlich, und zu dem alten Herrenhaus führte nur ein schmaler holpriger Pfad. Es war zudem gefährlich, durch den Wald zu gehen, denn unter dem Boden lagen noch alte römische Erzbergwerke, dünn mit Unterholz überwachsen; ein unvorsichtiger Wanderer konnte zehn Meter tief in eine Grube fallen. Die Kellergewölbe stammten aus dem zehnten Jahrhundert, doch das Haus selbst war einigermaßen modern. Der reiche Urgroßvater des Marquis hatte es im sechzehnten Jahrhundert erbaut, nachdem das ursprüngliche Bauwerk in den Religionskriegen durch Partisanen Heinrichs IV. — Voltaires Idealkönig — verbrannt worden war.

Émilie hatte das Schloß nur ein einziges Mal besucht und sich keine vierundzwanzig Stunden darin aufgehalten; sie wußte, was Voltaire erwartete, als er in dem kargen einsamen Hause Wohnung bezog. Ein Teil der Mauern war noch fest und solide, nur das Dach leckte hier und da, aber etwa zwei Fünftel waren niemals vollendet worden, und die Gerüste hatte man den Elementen preisgegeben. Die primitive Küche, die außerhalb des Haupthauses lag und mit ihm durch einen gedeckten Gang verbunden war, ließ sich benutzen, das war aber auch alles. Zwei große steinerne Herde funktionierten noch, ebenso ein Holzkohlenofen.

Das Haus selbst war wüst und verwahrlost. Im Zimmer des Hausherrn stand ein uraltes Bett mit verrotteter Matratze; das erste, was Voltaire noch am Tage seiner Ankunft erstehen mußte, war ein neues Bett. Dazu hatte er bis zum nächsten Dorf elf Meilen zurückzulegen. Es gab nicht ein einziges Möbelstück im Hause, er mußte also auch ein paar einfache Tische und Stühle zum täglichen Gebrauch bestellen, bis er Sofas und andere Sachen kommen lassen konnte, die seinem Geschmack entsprachen.

Das Haus war feucht und schon jetzt im Oktober bitter kalt. Zum Glück hatten die meisten Räume offene Kamine, die noch gut brannten, und Feuerholz gab es reichlich in den Wäldern. Noch am Tage seiner Ankunft beauftragte er mehrere Arbeiter mit dem Zerkleinern von gefällten Baumstämmen.

In den nächsten drei Monaten, bevor Émilie zu ihm kam, arbeitete Voltaire mit verbissenem Eifer und vollbrachte nahezu Wunder an dem Haus. In ständiger Sorge und Angst vor der Geheimpolizei sandte er einen Agenten aus Lothringen zum Kauf von Möbeln, Wäsche, Geschirr und anderen Haushaltsgegenständen. Freunde in Den Haag, Genf und Basel kauften Bilder, Teppiche und Wandbehänge, die sie nach Cirey auf den Weg brachten. Ein Heer von Arbeitern war damit beschäftigt, die Maurerarbeiten zu vollenden, die Wände zu streichen und Glas in die Fensteröffnungen zu setzen. Voltaire begann mit seiner Arbeit in einem leeren, hohlen Gelaß, und es spricht für seine Konzentrationsfähigkeit, daß er in dieser Zeit das Schauspiel *Alzire* vollendete, das ein großer Erfolg wurde, und außerdem die Arbeit an der *Pucelle* fortsetzte.

Wie Émilie bedurfte auch Voltaire des Publikums, und es machte ihn fast rasend, daß er nichts als primitive Arbeiter um sich hatte. In seiner freien Zeit amüsierte er sich mit der Zeichnung großer Pläne für neue Räume, ebenso entwarf er Skizzen für Parks und Küchengärten. Die meisten seiner Einfälle wurden von den Architekten und Landschaftsgärtnern verwendet. Außerdem machte er natürlich Besuche bei den beiden aristokratischen Damen, die in der Nachbarschaft wohnten und ihn auch bald zum Diner einluden, was er dankbar annahm.

Doch ihm fehlte die Geliebte, deren Heim er renovierte und neu einrichtete. Er sehnte sich nach ihr und wünschte sie herbei. Seine Briefe aus dieser Zeit sind zwar verschwunden, doch geht aus der Korrespondenz mit mehreren nahen Freunden in Paris hervor, daß seine Geduld bis zum Reißen gespannt war.

Es ist nicht ganz verständlich, warum eigentlich Émilie noch elf oder zwölf Wochen in Paris zurückblieb. Sie verbrachte ihre Tage nach der alten Routine, lernte und übersetzte, arbeitete mit den Tutoren und ließ sich von Maupertuis und anderen Wissenschaftlern im Gradot weiterhin belehren. Sie besuchte Freunde, spielte Karten, und wenn sie nichts Besseres zu tun wußte, so ließ sie sich ihre Kinder bringen, die sie sehr vernachlässigt hatte. Man darf allerdings nicht vergessen, daß ihr Verhalten nicht besser und nicht schlechter war als das anderer Aristokraten ihres Zeitalters. Die Kinder wurden hauptsächlich den Gouvernanten und Erziehern überlassen, und die Marquise du Châtelet, die das gleiche in ihrer Kindheit erfahren hatte, kannte kein anderes System.

Émilie war in diesen Monaten gefühlsmäßig in einem Zustand, der ihr jeden Tag der Trennung von Voltaire zur Qual machte. Ihre neue Freundin, die junge Herzogin von Richelieu, mußte unablässig die Tiraden über ihn anhören, und aus einigen Briefen der jungen Frau an den Herzog ging andeutungsweise hervor, daß sie der vielen Klageseufzer allmählich müde wurde.

Als pflichtgetreue Ehefrau versäumte es Émilie auch nicht, ihren Mann von den Veränderungen seines väterlichen Hauses in Kenntnis zu setzen. Sie gab ihm die von Voltaire erhaltenen Mitteilungen über den Umbau weiter und berichtete voller Freude von den Möbeln, die ihr Liebhaber für das Haus erstanden hatte. Trotzdem war sie zuweilen besorgt, daß sein Geschmack vielleicht dem ihren nicht entsprechen werde — es war immerhin riskant, einen Mann das Haus allein, ohne weibliche Oberaufsicht, einrichten zu lassen. „Seine Räume in der Stadtwohnung waren recht trübe“, schrieb sie ihrem Mann besorgt. „Ich kann nur hoffen, daß die Umgebung von Cirey ihn inspiriert, bis ich selbst hinkomme.“

Florent-Claude teilte ihre Ängste nicht; es kümmerte ihn auch wenig, daß ein Fremder von dem Schloß sozusagen Besitz ergriffen hatte. Für ihn war es wertlos, unbewohnbar und ohne Nutzen gewesen; jetzt profitierte er von der Renovierung, ohne in die eigene Tasche greifen zu müssen. De jure, wenn vielleicht auch nicht de facto, gehörte ihm das Grundstück ja immer noch. Er setzte also unbekümmert seine Kämpfe gegen die Deutschen fort. Er besaß nun außer dem Haus in Paris ein Heim, das er nach Kriegsende aufsuchen konnte. Er liebte das Stadtleben nicht, und in einem Brief an seine Frau erinnerte er sie an ein Versprechen, das sie ihm vor einiger Zeit gegeben hatte: sie wollte Voltaire ermahnen, einen Teil der Wälder östlich vom Schloß einzäunen zu lassen, denn dort gab es viel Wild. Nichts liebte Florent-Claude mehr als eine gute Jagd, und er wollte sicher gehen, daß der Liebhaber seiner Frau dieses Stück Land nicht vernachlässigte.

Es ist denkbar, daß Émilie so lange in Paris blieb, weil die Geheimpolizei anscheinend ernsthaft versuchte, Voltaire festnehmen zu lassen, und zu diesem Zweck die Post seiner Freunde und Bekannten beobachtete. Émilie und Voltaire verwandten viel Mühe auf die Geheimhaltung ihrer Briefe, die den Behörden nicht in die Hände fallen durften; vielleicht also fürchteten sie, man werde Émilie beschatten, wenn sie die Stadt verließ. Sie hatte keineswegs die Absicht, den Jägern das Versteck des Gejagten zu enthüllen; soviel geht aus Andeutungen in den Briefen der Herzogin von Richelieu hervor.

Kardinal Fleury befand sich in einer peinlichen Lage. Seine Position und Würde standen auf dem Spiel, denn er war in den *Lettres philosophiques* nicht verschont worden. Andererseits hatte er auch keine Lust, sich der Kritik des Auslands auszusetzen, denn er hätte sich ohne Zweifel lächerlich gemacht durch die Verhaftung des Mannes, der überall als Genie und Prototyp der besten französischen Kultur galt. Der Kardinal war ein kluger Mann; er wußte, Voltaires Attacken waren satirische Schmähschriften, die die Leute zum Lachen reizten, die aber die Autorität des Kardinals in keiner Weise minderten. Er hat also vermutlich die Geheimpolizei angewiesen, die Suche nach dem verschwundenen Schriftsteller mit etwas weniger Eifer zu betreiben. Die Mühlen der Bürokratie mahlen stets langsam, und Wochen vergingen, bevor die Geheimpolizei durch verminderten Eifer Émilie zu überzeugen vermochte, daß sie Paris jetzt einigermaßen sicher verlassen und sich auf die Reise nach Cirey begeben konnte. Ihre Art zu reisen war so auffällig, daß jeder junge Gendarm ihr ohne Mühe hätte folgen können. Die Karawane der Marquise bestand aus fünf großen Wagen; zu ihrem Gefolge gehörten ihre Kinder, ihre Kammerfrauen, der erste Koch und mehrere andere Diener.

Ein Wagen war angefüllt mit ihrer Garderobe, und bevor sie aus Paris abreiste, traf sie Anordnungen, daß weitere Wagen mit noch mehr Kleidern in der nächsten Woche folgen sollten. Ein Wagen war vollgestopft mit Büchern. An Töpfe oder Küchengeschirr und erst recht an ihre Lieblingsbilder und Nippsachen verschwendete sie keinen Gedanken.

Ihre Ankunft hat Voltaire in einem humorvollen Brief an Mme. de Champbonin vom Dezember beschrieben:

„Gestern abend ist Mme. du Châtelet aus Paris hier angekommen. Im gleichen Augenblick erhielt ich einen Brief von ihr, in dem sie mir mitteilte, sie könne so bald nicht kommen; sie drückte größtes Bedauern aus und bat mich um Geduld bis zum Wiedersehen. Ihre Reise ist keineswegs die Frucht eines spontanen Einfalls. Sie ist von zweihundert Paketen umgeben, die am gleichen Tage ankamen, die sie aber gesondert geschickt hat, damit alles durcheinandergeriet. Als sie abreiste, hat sie alles zurückgelassen, was sie brauchte, und hat dann Boten zurückgesandt, die auch noch einiges kaufen sollten. Die stille Insel hier ist zum Tollhaus geworden: Betten ohne Vorhänge, Zimmer ohne Fenster, viele Geschirrschränke, doch keine Stühle, und hübsche Kutschwagen ohne Pferde.

Mitten in dieser Unordnung sitzt Mme. du Châtelet, lacht und ist bezaubernd. Sie kam auf einer Art Munitionswagen, heftig hin und her gestoßen, und hatte nicht geschlafen, doch geht es ihr sehr gut. Ich habe noch nicht erfahren können, was mit dem Wagen geschehen ist, in dem sie Paris verlassen hat; sie hat so viel zu sagen und zu erzählen, daß ich es vermutlich niemals hören werde. Ich soll Ihnen tausend Grüße von ihr sagen. Wir werden die alten Wandbehänge ausbessern. Vorhänge wollen wir ‚in den Läden' erstehen, nur kenne ich hier in der Gegend keine Läden. Die Türen wollen wir selber machen, weil die Schreiner ihr zu langsam sind, und es macht ihr gar nichts aus, daß keiner von uns je eine Säge oder einen Meißel in der Hand gehabt hat. Sie sehen also, wir bereiten alles vor zu Ihrem Empfang. Aber Scherz beiseite: ich schwöre Ihnen, es wird alles fertig sein, wenn Sie uns bald besuchen, und Sie werden sich hier sehr wohl fühlen."

Zwei sehr eigenwillige Menschen, jeder von sich und seinem Tun überzeugt, machten sich jetzt zum erstenmal daran, ein gemeinsames Haus zu führen. Kein Wunder, daß die chaotischen Zustände und die durch lange Trennung entstandenen Spannungen anfangs zu Schwierigkeiten führten. In einem Brief an Mme. de la Neuville berichtete Voltaire: „Mme. du Châtelet will da Fenster einsetzen, wo ich Türen gesetzt habe. Sie macht aus Treppen Schornsteine und aus Schornsteinen Treppen. Wo ich die Zimmerleute angewiesen habe, die Bibliothek einzurichten, läßt sie einen Salon erstehen. Mein Salon wird zum Badezimmer. Limonen will sie pflanzen, wo ich Ulmen vorgesehen habe, und wo ich Kräuter und Gemüse gepflanzt habe (mein eigener Küchengarten, endlich!!, auf den ich schon so stolz war!), da muß unbedingt ein Blumenbeet gesetzt werden."

Doch Voltaire war ein Mann, der zum erstenmal im Leben tief und aufrichtig liebte; aus Zärtlichkeit erwuchs ihm ungewohnte Geduld, die den Ärger milderte. „Und trotzdem versichere ich Ihnen", fuhr er fort, „sie ist einfach eine Zauberin, die Wunder vollbringt in diesem schrecklich unfertigen Haus. Aus Lumpen macht sie Gobelins und aus Holzklötzen Stühle, die selbst ein Mann mit schmerzenden Beinen wie Kardinal F. bequem finden würde — sie gefallen auch denen, die an nichts als der Mode des Augenblicks Freude haben. Kurz, es gelingt ihr, das Haus aus dem Nichts heraus wohnlich zu machen."

Émilie hatte sich mit Feuereifer in die Umbau- und Einrichtungsarbeiten gestürzt. Ihre Energie schien unerschöpflich. Ein Auslandsgeschäft, bei dem Voltaire beteiligt war, brachte ihm einen weit größeren Gewinn, als er erwartet hatte, und eine Anzahl in der Neuen Welt erstandener Pelze wurde in Paris für einen Preis verkauft, wie ihn die Händler seit Jahren nicht erzielt hatten. Voltaire fand sich plötzlich im Besitz einer Summe, die heute einem Betrag von hunderttausend Mark entsprechen würde. Normalerweise hätte er das Geld sofort wieder in anderen Unternehmungen angelegt; jetzt jedoch war er leichtsinnig genug, Émilie davon zu erzählen, und sie hatte andere Ideen.

„Aus dem Nichts heraus macht sie es wohnlich" — das sollte Voltaire nie wieder von seiner klugen Geliebten behaupten. Émilie hatte einen Mann gefunden, der bereit und in der Lage war, auf ihre extravaganten Wünsche einzugehen. Jetzt ließ sie die Zügel schießen und kaufte, kaufte; sie bat auch Freunde in Paris, bei Möbeltischlern, Kunsthändlern, Wäschegeschäften und vielen anderen, Käufe für sie zu tätigen. Ihre Listen nahmen kein Ende; sie schien entschlossen, Voltaires prallgefüllte Taschen restlos zu leeren.

Je mehr er ihren unersättlichen Wünschen nachgab, desto mehr verlangte sie, doch beide waren sehr glücklich dabei. Voltaire hatte es satt, in gemieteten Räumen und anderer Leute Häusern zu wohnen, und für Émilie war dies die erste Gelegenheit, ein Haus genau nach ihren Ideen herzustellen. Sie richteten sich beide auf ein langes gemeinsames Leben ein, und beide wollten sich nur mit dem Besten zufriedengeben.

Die Tatsache, daß sie das Schloß eines anderen renovierten, schien ihnen überhaupt nicht in den Sinn zu kommen. Voltaire, der mit eigenen Geldern immer sparsam umgegangen war, öffnete seine Taschen und ließ das Geld in die Hände der Geliebten fließen. Daß jeder Sessel und jeder Teppich in Cirey dem Gesetz nach das Eigentum des Marquis du Châtelet war, kümmerte ihn nicht im mindesten.

Émilie sah, wieviel sie Voltaire schuldete, doch über ethische Fragen dachte sie nicht weiter nach. Ihr Liebhaber war sowohl reich wie glänzend, sowohl großzügig wie berühmt, und die Zimmerer und Polsterer schufen ein Traumhaus, ihr Traumhaus, nach Maß für sie gemacht. Im Augenblick war sie so beschäftigt, daß sie selbst zum Lesen keine Zeit fand, was noch nie vorgekommen war, doch die langfristigen Ziele ließ sie dabei nicht aus den Augen. Täglich gingen Bestellungen hinaus an Buchhändler in Paris und London, Den Haag und Genf. Auch Voltaire wünschte viele Bücher: einige zum Nachschlagen, andere aus intellektueller Neugier, und einige wenige, die er zum Vergnügen lesen wollte.

Bei diesen Bücherkäufen gingen sie so gründlich vor, daß die große Bibliothek in Cirey im Spätfrühling des nächsten Jahres mehr als zehntausend Bände aufwies und damit eine der größten im Frankreich jener Zeit geworden war. Darüber hinaus standen weitere fünftausend in Voltaires Arbeitsräumen. Émilie hatte zwei Arbeitszimmer, von denen jedes schließlich weitere drei- bis viertausend Bände beherbergte. Schloß Cirey, mitten in der Wildnis gelegen, hatte mehr Bücher als die meisten europäischen Universitäten.

Bevor Émilie sich jedoch zu lesen erlaubte, sollte das Schloß im allerletzten Detail vollendet sein. Niemals war sie unermüdlicher oder energischer gewesen. Sie erwachte in der ersten Morgenfrühe und machte — wie aus Voltaires Briefen hervorging — die erste Tagesrunde, bevor die Arbeiter antraten. Am Essen lag ihr damals gar nichts, sie aß eilig und wußte kaum, was auf ihrem Teller lag. Und lange nachdem der Zwölfstundentag der Arbeiter beendet war, stand sie noch an den Fenstern, nahm Maß für Gardinen, wählte Möbelstoffe für verschiedene Räume aus und überlegte, welche Teppiche am besten zu den Parkettfußböden paßten, die überall gelegt wurden. Sie war wie besessen, aber sie blühte dabei.

Voltaire war physisch außerstande, das gleiche Tempo einzuhalten. Sein Interesse an Architektur und Innendekoration ließ nach. Das Haus wurde zunehmend hübscher und bequemer, mit Émilies Geschmack und Auswahl war er vollkommen einverstanden. Er war zufrieden. Andere Dinge beschäftigten ihn jetzt, er nahm das Schreiben wieder auf und zog sich zu diesem Zweck in die provisorischen Arbeitszimmer zurück, die im

Haupthaus für ihn eingerichtet worden waren. Der erste Zwist entstand aus dieser Rückkehr zu seiner Arbeit.
Am Ende eines langen Tages, den er mit der Arbeit an seinem Manuskript verbracht hatte, freute sich Voltaire stets — gesellig und gesprächsbedürftig, wie er war — auf einen Abend der Entspannung, mit gutem Essen und Trinken, interessanter Gesellschaft und anregender Unterhaltung. Émilie hingegen hatte nichts im Kopf als Farbschemen und Tapeten, Stoffe, Materialien und ihr jüngstes Projekt, den Bau eines kleinen Theaters im Schloß, in dem ihr Liebhaber seine Stücke ausprobieren konnte. Ihrem eigenen narzistischen Verlangen nach Publikum wollte sie erst nachgeben, wenn Cirey zum Spiegel ihrer Persönlichkeit geworden war. Sie lehnte es ab, jetzt Gäste zu empfangen, und weigerte sich auch, wenigstens die Einladungen der beiden Damen zu erwidern, die sich Voltaires während der Monate der Einsamkeit so freundlich angenommen hatten. Sie wollte von allem nichts hören. Aus seiner Korrespondenz mit Pariser Freunden geht hervor, daß sie keine Gäste in Cirey zu sehen wünschte, bis das Schloß in allen Einzelheiten fertig war.
Erstaunt mußte Voltaire feststellen, daß nicht er der Herr in dem riesigen Hause war, das ihm nicht ganz gehörte. Er tobte, er wurde sarkastisch, er drohte, doch es nützte ihm nichts. Émilie war so beschäftigt, daß sie seine Ironie kaum spürte. Um den Zorn und die Drohungen kümmerte sie sich nicht. Sie schrieb an Richelieu, sie habe zu Voltaire gesagt, die ganze Verwandlung des Hauses in ein Paradies auf Erden habe sie doch nur seinetwegen unternommen, und sie sei untröstlich, daß er das nicht anerkennen wolle.
Wie viele Ehemänner vor und nach ihm sah sich der große Schriftsteller in einer Falle gefangen. Er war zwar nicht mit Émilie verheiratet, doch durch die Gemeinsamkeit des Wohnens hatten sie ein Band geschaffen, das weniger leicht löslich schien als ein Ehebündnis. Émilie setzte ihren Wirbel fort, und Voltaire blieb nichts übrig, als an seinen Schreibtisch zurückzukehren. Zu seiner Überraschung war der Hader nicht von langer Dauer. Viel stärker war die Liebe, über die er sich in Prosa und Versform so oft mokiert hatte, und geduldig nahm er sich vor, auf das Paradies auf Erden noch ein wenig zu warten.

VII

In Voltaires *Mémoirs,* die er viele Jahre später, lange nach Émilies Tod, schrieb und häufig änderte, findet sich eine ruhige und auffallend objektive Beschreibung des „idealen Lebens", wie es beide nannten und wie sie es anderthalb Jahrzehnte lang miteinander teilten. Natürlich sagte er darin nicht alles, das war sein gutes Recht, doch was er sagte, war zutreffend, auch wenn er nichts von Turbulenz, Exzentrizitäten und Zwiespalt erwähnte. Er schrieb:

„Ich hatte das träge, von Streit erfüllte Leben in Paris wirklich satt und ebenso die zahllosen „kleinen Genies", die schlechten, mit Genehmigung der Zensoren und des Königs gedruckten Bücher, die Gesellschaften und ständigen Kabalen der Gebildeten und die billigen Künste, Plagiate und Bücher, die die Literatur entehren.

Im Jahre 1733 lernte ich eine junge Dame kennen, die ähnlich dachte wie ich und die den Entschluß faßte, mit mir zu kommen und einige Jahre auf dem Lande zu verbringen, um dort ihren Geist weiterzuentwickeln, fern von den lärmenden Geschäften der Welt und von den Vergnügungen, die ihrem Geschlecht und Alter angemessen waren. Sie war entschlossen, das alles aufzugeben, fortzugehen und sich in einer alten Schloßruine zu vergraben, an der Grenze der Champagne und Lothringens, auf kargem, ungesundem Boden. Das alte Schloß schmückte sie aus und verschönte es mit recht hübschen Gärten; ich erbaute eine Galerie mit guten naturwissenschaftlichen Sammlungen; dazu hatten wir eine nicht schlecht ausgestattete Bibliothek.

Viele Gelehrte suchten uns auf, um in unserer Abgeschiedenheit zu philosophieren; unter anderen war der berühmte Koenig zwei ganze Jahre bei uns, der inzwischen gestorben ist, nachdem er Professor in Den Haag und Bibliothekar der Prinzessin von Oranien gewesen war. Auch Maupertuis kam, zusammen mit Jean Bernoulli, und eben dort schloß Maupertuis, sonst der eifersüchtigste Mensch unter der Sonne, mit mir eine Geistesfreundschaft, die ihm seither außerordentlich teuer ist.

Ich lehrte Mme. du Châtelet Englisch; nach drei Monaten verstand sie es so gut wie ich und las Newton, Locke und Pope mit der gleichen Leichtigkeit. Italienisch lernte sie ebenso schnell und leicht. Wir lasen zusammen die Werke von Tasso und Ariost, und als dann Algarotti nach Cirey kam und dort seine Schrift *Newtonianismo per le Dame* vollendete, verstand sie genügend von seiner Sprache und war außerdem vertraut mit den Werken Newtons, so daß sie ihm einige wichtige Informationen geben konnte, die ihm von Nutzen waren.

In dieser köstlichen Abgeschiedenheit wollten wir nichts als lernen, und wir kümmerten uns nicht um Dinge, die die übrige Welt angingen. Alle Gedanken und Aufmerksamkeit verwandten wir auf Leibniz und Newton. Mme. du Châtelet wandte sich zunächst Leibniz zu; sie erläuterte einen Teil seines wissenschaftlich-philosophischen Systems in einem hervorragend geschriebenen Buch mit dem Titel *Institutions de Physique*. Dieses Buch gilt bis auf den heutigen Tag als der beste Essay über Leibniz in unserer Sprache. Mme. du Châtelet versuchte nicht, die Philosophie mit Ornamenten zu beladen, die ihr fremd sind; solche Affektiertheiten entsprachen niemals ihrem gerechten und männlichen Charakter. Ihr Stil war klar, präzise und elegant. Wenn es überhaupt möglich ist, den Ideen von Leibniz den Anschein der Wahrheit zu verleihen, so ist es in diesem Buch geschehen. Ich bedaure es tief, daß bis jetzt nur wenigen Menschen daran liegt zu erfahren, was oder wie Leibniz dachte.

Von jeher hat Mme. du Châtelet die Wahrheit geliebt. So verließ sie auch jetzt bald die starre systematische Philosophie und wandte sich den Entdeckungen des großen Newton zu. Sie hat sein gesamtes Werk über die Prinzipien der Mathematik ins Französische übersetzt — ein so gewaltiges Unterfangen, daß es keine zwei Menschen gibt oder in Zukunft geben wird, die das nachmachen könnten. Später, als sie ihr Wissen noch vergrößert hatte, fügte sie diesem Werk (das zu lesen nur wenige gebildet und intelligent genug sind) einen *Algebraischen Kommentar* hinzu, den ebenfalls kaum ein Durchschnittsleser verstehen wird. Alexis Claude Clairault, vielleicht der größte Geometriker unseres Jahrhunderts, hat diesen Kommentar sorgfältig durchgelesen und fand ihn in jeder Hinsicht fundiert und zuverlässig; die Denkweise der Autorin sei überdies so fortgeschritten, daß sie dem Mathematikbeflissenen neue experimentelle und philosophische Wege öffne.

Wir pflegten in Cirey alle Künste; ich schrieb dort *Alzire, Mérope, l'Enfant Prodigue* und *Mohammed.* Zu Mme. du Châtelets Erbauung und Belehrung schrieb ich ferner meinen *Essay über die Universalgeschichte,* von der Zeit Karls des Großen bis zur Gegenwart. Dieses Werk wurde später, etwas erweitert, auf meine Anweisung in Druck gegeben und der Allgemeinheit zugänglich gemacht. Es war zwar ursprünglich nicht für diesen Zweck bestimmt, doch hätte es mich geschmerzt, wenn ein Werk von diesem Ausmaß nicht publiziert worden wäre."

Was Voltaire in den *Mémoirs* nicht erwähnte — und solche Zurückhaltung war selten bei ihm —, war, daß er zusammen mit Émilie außerdem noch eine andere große Arbeit vollendet hatte, eine lange ausführliche Studie über die Werke Sir Isaac Newtons, die das gesamte Spektrum Newtons auf philosophischem, wissenschaftlichem und mathematischem Gebiet erfaßte. Der Titel hieß einfach *Newton.*

Als man 1736 in Paris von der geplanten Arbeit hörte, wurde das Projekt zunächst von allen Zeitungen und jedem Witzbold in der Stadt verlacht. Es erschien ihnen allzu absurd, daß der große Voltaire eine für den Laien so schwer zu erfassende Arbeit, wie es das philosophische Werk Newtons war, zusammen mit einer Frau, die noch dazu seine Mätresse war, unternahm; und daß diese Frau auch noch die schöne, exzentrische und extravagante Marquise du Châtelet sein sollte, machte die Sache noch viel komischer. Sie trat zwar immer sehr großartig auf und tat, als sei sie den Koryphäen Frankreichs — Voltaire, Maupertuis, Clairault — durchaus ebenbürtig, aber Paris konnte sich einfach nicht vorstellen, daß eine Frau, die ihren Busen so freigebig zur Schau stellte wie Émilie, die so waghalsig spielte und die, sobald sie in der Stadt war, auf jedem großen Fest und Ball zu sehen war, eine wirkliche Intellektuelle sein konnte.

Voltaire steckte zu dieser Zeit tief in der Arbeit an einer großen Geschichte aus der Zeit Ludwigs XIV. und kümmerte sich nicht um die Sticheleien. Auch dies sah ihm wenig ähnlich; in diesem Falle hatte ihn jedoch Émilie gebeten, nichts zu sagen und *Newton* für sich selbst sprechen zu lassen. Sie sollte recht behalten, was ihr eine tiefe Genugtuung war. Jeder Wissenschaftler von Rang, sowohl in Frankreich wie im Ausland, nannte die Arbeit ein Meisterwerk, und da Voltaires Stil und Diktion deutlich hervortraten, war Émilies Anteil an dem Projekt leicht zu erkennen. Philosophen, Akademiemitglieder und Wissenschaftler in Westeuropa, vor allem in England, betrachteten die Marquise du Châtelet als selbständigen Denker, als eine Frau von hervorragendem Intellekt, und erwiesen ihr ausnahmslos den schuldigen Respekt.

Im nächsten Jahr ließ Émilie diesem Werk eine andere, ebenso eindrucksvolle Arbeit folgen. In Paris wurde ihre Übersetzung von Virgils *Aeneis* veröffentlicht, das Ergebnis einer jahrelangen, oft unterbrochenen, aber sehr harten Arbeit. Auch dieses Buch wurde in den einschlägigen Kreisen sehr gepriesen. Man nannte die Übersetzerin den weiblichen Genius ihrer Zeit. Die Übersetzung blieb viele Jahre gültig und wurde in fast allen französischen Schulen noch in unserem Jahrhundert benutzt. Dies allein hätte genügt, um Émilie du Châtelet einen Platz in der Elite des Landes zu sichern.

Ihre aristokratischen Freunde jedoch lehnten sie rundum ab, obgleich nur wenige mit den Klassikern wirklich vertraut waren und noch wenigere die *Aeneis* im originalen Lateinisch zu lesen vermochten. Von der Qualität der Übersetzung hatten sie selbstverständlich keine Ahnung. Ihnen genügte es, daß die berüchtigte kokette Marquise, die Juwelen so liebte, diese Arbeit geschrieben hatte. Sie wolle sich mal wieder hervortun, hieß es, und man verlachte sowohl sie wie die *Aeneis* als törichtes Zeug.

Seltsamerweise machte sich Émilie nichts aus dem Urteil der Aristokratie über ihre Arbeit. Im persönlichen Verkehr reagierte sie äußerst empfindlich auf jede Miene und jeden Ton in der Unterhaltung; doch bei allem, was Wissenschaft, Mathematik und Übersetzungen betraf, wußte sie, was sie geleistet hatte, und war glücklich über die Anerkennung derer, die ihre Arbeit zu würdigen wußten. Sie hatte immer den Drang gehabt, auf allen Gebieten mitzumachen, sie wollte von den Intellektuellen als eine der ihren anerkannt und von der Aristokratie als ein Mitglied der Gesellschaft gewürdigt werden. Sie war jedoch vernünftig genug, die beiden Welten nicht durcheinanderzubringen; von einem Philosophen oder Physiker erwartete sie keine Bewunderung für eine neue Robe, und ebensowenig rechnete sie mit dem Lob der Salonlöwen und -löwinnen, wenn sie ein neues Buch veröffentlicht hatte. Es gab eine Zeit für Champagner und eine Zeit für Brot — beides gleichzeitig verzehren zu wollen, wäre von Übel gewesen.

Eins jedoch machte ihr Kummer, und das war die Reaktion aller gebildeten Männer und Frauen Frankreichs auf die Ménage in Cirey. Das achtzehnte war ein moralisch sehr weitherziges Jahrhundert; die Kardinäle und Bischöfe mögen Heuchler gewesen sein und hatten ganz gewiß Übung darin, die Augen zu schließen gegenüber den romantischen Episoden ihrer prominenteren Schäfchen; doch eine Herausforderung, wie Voltaire und Émilie sie sich geleistet hatten, war nicht einfach zu ignorieren. Erst nachdem die beiden offen und unbekümmert ihr Verhältnis eine ganze Reihe von Jahren fortgesetzt hatten, entschloß sich die höhere Geistlichkeit endlich zu einem Besuch in Cirey.

Im Jahre 1734 fuhr Émilie mehrmals nach Paris, jedesmal für einige Wochen, und war nicht allzu überrascht, als sie feststellte, daß sie von mehreren prominenten Damen der Gesellschaft in der Öffentlichkeit geschnitten wurde. Die meisten dieser Damen unterhielten zwar selbst ehebrecherische Beziehungen mit Herren von Rang und Namen, doch ging das durchaus diskret vor sich. Das ungeschriebene Gesetz, nach dem man so tat, als lebe man nach Code A, während man sich in Wirklichkeit nach Code B verhielt, war vielleicht ebenso lächerlich wie empörend; wer es jedoch mißachtete, mußte bitter dafür büßen.

Voltaire hatte seine Freude daran, Konventionen zu verletzen, und Émilie war stets an der Spitze derer, die alle möglichen Tabus niederrissen. Was sie erheblich beunruhigte, war nur die Möglichkeit, daß ihr Mann sich eines Tages durch den Druck der Gesellschaft zu einer unerwünschten Reaktion gezwungen sah. Der Marquis war konventionell, ohne viel nachzudenken, und wenn er merkte, daß die Umwelt nicht nur über ihn redete, sondern hämisch über ihn lachte, so war es denkbar, daß er das nicht mehr hinnahm. Schlimmer noch wäre es allerdings, wenn er auf die Idee käme, seine Ehre stehe auf dem Spiel. Der Ehrenkodex war immer noch geheiligt, jeder Gentleman richtete sich danach, und ein Soldat mit beschränktem Vorstellungsvermögen mochte besonders anfällig sein.

Der Marquis hatte schon durch sein Verhalten bei der Richelieu-Hochzeit zu erkennen gegeben, daß er gegen die Affäre seiner Frau mit Voltaire nichts einzuwenden habe; es war so gut wie ausgeschlossen, daß er Voltaire zu einem Duell fordern würde, in dem er als Soldat unbedingt gesiegt hätte. Voltaire hatte also nichts zu befürchten. Émilie selbst war jedoch in ernsthafter Gefahr. Ein Mann, den seine Frau öffentlich blamiert und gedemütigt hatte, besaß das Recht, sie fortschaffen zu lassen, wozu ihm nicht nur die Gesellschaft, sondern auch die Gerichte jederzeit das Placet gaben. Die Frau wurde dann in ein Kloster gebracht, meistens auf dem Lande und weit entfernt von Paris. Dort blieb sie, einsam und verfemt, bis es ihrem Manne endlich gefiel, sie freizulassen. Gab er nicht nach, so blieb sie in der Verbannung, bis er starb. Es gab keine Gnade und keinen Ausweg, und Émilie hatte nicht die mindeste Lust, den Rest ihres Lebens hinter Klostermauern zu verbringen.

Sie hatte selbstverständlich gewußt, was sie riskierte, als sie den Plan des gemeinsamen Lebens mit Voltaire in Cirey faßte, und sie war immer noch der Ansicht, das Risiko lohne sich. Offenbar glaubte sie, sie werde mit dem Marquis schon fertig werden. Voltaire war viel weniger leicht zu behandeln. Er war ein Geselligkeitslöwe, nach dem sich alle rissen, und außerdem langweilten ihn Menschen und Umgebungen sehr schnell. Émilie war deshalb überzeugt, ihr Verhältnis werde länger dauern, wenn es ihr gelang, ihn in Cirey zu isolieren und dort festzuhalten, fern von dem anregenden Leben in Paris und dem gefährlichen Charme anderer schöner Frauen.

Ende 1734 sandte sie einen Brief an den Herzog von Richelieu, in dem sie die Lage offen schilderte.

„Ich möchte Ihnen etwas anvertrauen, über das ich noch nie gesprochen habe, weder zu Ihnen noch zu sonst jemandem, am wenigsten zu Voltaire. Es ist vielleicht heroisch, vielleicht aber auch nur irrsinnig von mir, mich mit ihm unter unverhüllt intimen Umständen zu isolieren. Doch die Entscheidung ist gefallen. Ich glaube immer noch, es wird mir leichter gelingen, einen vielleicht bösen Zorn meines Mannes zu meistern und zu besiegen, als die Phantasie Voltaires in Schach zu halten. In Paris würde ich ihn verlieren — unwiederbringlich. In Cirey habe ich wenigstens die Hoffnung, daß die Liebe den Schleier verdichten wird, der um seines und unseres Glückes willen meinen Mann vor der Bosheit jener schützen sollte, die nichts Besseres zu tun haben, als Argwohn in die Herzen derer zu senken, die viel zu gut und rein sind, um von selbst auf so böse Gedanken zu kommen.

Ich bitte Sie inständig, sagen Sie hiervon nichts zu Voltaire. Er wäre außer sich vor Sorge, und nichts fürchte ich so sehr, wie ihn zu bekümmern, vor allem wenn es nutzlos ist. Sparen Sie alle Ihre guten Worte für meinen Mann auf, und seien Sie auch bereit, mich liebzuhaben, wenn ich einmal unglücklich sein sollte. Um nicht ganz den Mut zu verlieren, gehe ich jetzt nach Cirey zurück, auf drei Monate hintereinander, die glücklichsten meines Lebens. In vier Tagen reise ich ab, und mitten im Chaos der Abreise habe ich den Mut, an Sie zu schreiben. Meine Gedanken sind schwer, wenn ich daran denke, doch mein Herz ist voller Freude.

Ich hoffe, dieser Schritt wird Voltaire davon überzeugen, daß ich ihn über alles liebe, und diese Hoffnung löscht alles andere aus, ich sehe nichts mehr als das goße Glück, seine Ängste zu heilen und mein ganzes Leben mit ihm zu verbringen. Sie sehen, Sie hatten nicht recht, denn ganz gewiß ist mein Kopf bereits verdreht, doch ich gebe trotzdem zu, daß seine Unruhe und sein Mißtrauen mir schwer zu schaffen machen. Ich weiß,

daß die Eifersucht, die er selbst nicht bezähmen kann, die Qual seines Lebens ist. Es mag wohl sein, daß sie gerade deshalb auch das meine vergiften wird.
Doch vielleicht haben wir beide recht, Sie und auch ich. Es ist ja ein großer Unterschied zwischen der Eifersucht und der Angst, nicht genug geliebt zu werden. Der einen kann man standhalten, wenn man glaubt, man verdiene sie nicht, doch von der Last der andern kann man sich nicht frei machen. Das eine schafft Unruhe, das andere ein Gefühl der Unsicherheit, gegen das es immer weniger Waffen und Mittel gibt — nur das Zusammensein in Cirey hilft, wo wir so glücklich sind. Darin liegt in Wahrheit die Metaphysik der Liebe, und dorthin bringt einen das Übermaß dieser Leidenschaft. Das alles erscheint mir als vollkommen klar und durchaus natürlich."
Am Ende des Jahres machte sich Émilie immer noch Sorgen und trübe Gedanken um Voltaires Gefühle. Sie schrieb in einem weiteren Brief an Richelieu:
„Je mehr ich über Voltaires und meine Lage nachdenke, desto mehr bin ich überzeugt von der Notwendigkeit der Schritte, die ich unternommen habe, um diesen Zustand zu erhalten. Zunächst bin ich der Ansicht, daß alle leidenschaftlich Liebenden auf dem Lande leben sollten, wenn sich das einrichten läßt; doch vor allem bin ich sicher, daß es mir nirgends sonstwo gelungen wäre, seine Gedanken und Gefühle für mich zu bewahren. In Paris würde ich ihn über kurz oder lang verlieren, oder jedenfalls würde ich unablässig befürchten müssen, ihn zu verlieren und ihm nachzuweinen. Ich gestehe es: ich liebe ihn so sehr, daß ich gern auf alle Freuden und Vergnügungen in Paris verzichte um des Glückes willen, ohne Furcht mit ihm zu leben und ihn vor seinen eigenen Unvorsichtigkeiten zu bewahren. Das einzige, was mir Sorgen macht, ist der bevorstehende Besuch des Marquis; hier muß ich äußerst behutsam vorgehen. Ich erhoffe mir viel von Ihren Gesprächen mit ihm. Ein dauerhafter Friede wäre das Ende aller unserer Hoffnungen, obgleich ich ihn natürlich um Ihretwillen herbeiwünsche.
Meine Lage ist in der Tat verdrießlich, auch wenn ich mir Mühe gebe, den Verdruß vor allen zu verbergen, besonders vor Voltaire, der unter diesen Dingen stets mehr leidet als ich. Doch

Liebe vermag es, Dornen in Rosen zu verwandeln, wie hier in unseren Bergen um Cirey, unserem irdischen Paradies. Ich kann nicht glauben, daß ich zum Unglück bestimmt bin; ich kenne nur die Seligkeit, jeden Augenblick meines Lebens mit dem zu verbringen, den ich liebe."

Ein wenig ließ Émilies Sorge nach, als Maupertuis und Clairault zu einem kurzen Besuch in Cirey erschienen. Sie waren die ersten Gäste von Bedeutung, die das idyllische Versteck aufsuchten. Émilie und Voltaire waren hochbeglückt. Die Unterhaltungen hielten Tag und Nacht an, an Schlaf dachte man kaum. Das Tempo bestimmte Émilie, die mit sehr wenig Schlaf auskam und nie daran dachte, daß die anderen vielleicht gern einmal Ruhe gehabt hätten.

Inzwischen folgte der Herzog von Richelieu ihrem Geheiß und führte eine Reihe vertraulicher Gespräche mit dem Marquis du Châtelet. Richelieus Briefe an Émilie waren kurz und wenig aufschlußreich, nur der Tenor blieb deutlich: Er versuchte, Florent-Claude davon zu überzeugen, es sei das einzig Richtige, die Klatschereien zu ignorieren und dem praktischen Verstand zu folgen.

Der Marquis wurde zu Weihnachten in Cirey erwartet; Maupertuis und Clairault waren inzwischen wieder abgereist. Das Ehepaar würde also mit Voltaire allein sein, wenn nicht Florent-Claude eine Mätresse mitbrachte. Émilie, immer noch voller Unruhe, holte ihre Tochter aus der nahegelegenen Klosterschule, damit sie das Fest mit ihnen verbrachte.

Einen gab es im Haus, der ihr besondere Sorgen machte: das war Michel Linant, ein früherer Abbé, der die Kirche aufgegeben hatte und heute der Hauslehrer ihres Sohnes war. Er lebte seit Jahren einzig von Voltaires Wohlwollen und nutzte das gründlich aus, indem er vorgab, an einer Tragödie über den Pharao Ramses II. zu arbeiten. Voltaire hielt ihn für literarisch begabt oder behauptete das jedenfalls. Mit seiner Vorbildung hätte Linant ein hervorragender Lehrer sein können: er ging jedoch anderen Interessen nach. Letzten Endes war er vielleicht kein schlechterer Lehrer als die meisten anderen seines Metiers. Er hatte eine Leidenschaft: das Essen. Immer war er hungrig. Émilie kannte ihn kaum, als Voltaire ihn ins Haus brachte, und

staunte über die Mengen, die er bei jeder Mahlzeit aß. Er neigte seit seiner Kindheit zur Korpulenz und nahm in Cirey noch erheblich zu. Seine zweite Passion war gefährlicher: er klatschte. Es war ihm ein Hochgenuß, im gleichen Hause mit zwei Menschen zu wohnen, deren Namen das ganze gebildete Frankreich kannte. Er war ein bösartiger Störenfried, der Unruhe stiftete, wo immer er konnte. Neugierig war er auch, und als ihm das, was er über Émilie und Voltaire sah und hörte, nicht genügte, nahm er sich ihre Briefe vor. Zu seinem Pech hatte jedoch auch Émilie die Angewohnheit, anderer Leute Briefe zu lesen, vor allem Voltaires. Sobald der Postsack kam, nahm sie die an ihn gerichteten Briefe an sich, las sie und gab sie ihm dann weiter. Als sie ein paarmal merkte, daß Linant vor ihr an dem Postsack gewesen war, tobte sie. Sie fand jetzt auch gelegentlich in den Briefen ihrer Freunde Bemerkungen, die sie nicht verstand, versteckte Hinweise auf Geschehnisse, die gar nicht stattgefunden hatten, Ausdrücke des Bedauerns über einen Bruch im Verhältnis zu Voltaire, der gar nicht existierte. Als sich diese Bemerkungen häuften, fragte sie ihre Freunde geradeheraus nach der Quelle ihrer Informationen, und in jedem Falle wurde Linant genannt.
Es kam zum ersten wirklichen Streit mit Voltaire. Sie verlangte, daß der Hauslehrer entlassen werde, und Voltaire verteidigte ihn in jedem einzelnen Falle mit so viel Überzeugung, daß sie nachgab. Cirey war zwar ihr Haus, und es ging hier um die Erziehung ihres Sohnes, doch sie fügte sich trotzdem, denn sie kannte den Geliebten und wußte, daß sich seine Haltung zu Linant langsam ändern würde, wenn sie abwarten konnte und nicht ein ernsthaftes Zerwürfnis riskierte.
Der bevorstehende Besuch des Marquis wurde nun jedoch zu einem Problem. Schließlich stand hier ihre eigene Sicherheit auf dem Spiel, und sie wünschte keine zusätzliche Gefährdung durch einen schwatzhaften Hausbewohner, der allzugern im trüben fischte. Etwas isoliert hatte sie ihn schon: er nahm jetzt die Mahlzeiten mit den Kindern ein, sein unmäßiger Appetit war ihr einfach widerlich. Aber wer weiß, was er zu tun oder zu sagen imstande war, wenn der Hauseigentümer erschien. Voltaire sollte zwar von all diesen Sorgen verschont bleiben,

darum hatte sie sich stets bemüht; doch jetzt war die Lage so, daß sie mit ihm offen reden mußte.
Sie gestand ihm also ihre Sorgen ein, und er nahm die Sache sogleich in die Hand. Er ließ Linant rufen und führte unter vier Augen mit ihm eine lange Unterhaltung. Dann kam er zu Émilie; er teilte ihr zwar keine Einzelheiten des Gesprächs mit, beruhigte sie jedoch und sagte, Linant habe versprochen, sich zurückzuhalten und keinerlei Schwierigkeiten zu machen.
Der Marquis erschien wenige Tage vor Weihnachten — allein, was Émilie bestürzte. Mademoiselle d'Anjou, berichtete er, habe ihre Familie längere Zeit nicht gesehen und sei daher jetzt nach Hause gefahren. Émilie verstand. Es kam nicht darauf an, ob seine Angaben stimmten: der Marquis wußte genau, was man in der aristokratischen Gesellschaft konzedierte und was nicht mehr zulässig war — er brachte seine Geliebte nicht seiner Frau ins Haus.
Normalerweise wäre ihm Émilie für seinen Takt dankbar gewesen, doch hier lag keine normale Situation vor. Der Marquis hatte jetzt keinerlei Ablenkung und konnte seiner Frau und ihrem Liebhaber seine ganze Aufmerksamkeit zuwenden.
Voltaire, der seine Bequemlichkeit sehr liebte, brachte ein wirkliches Opfer, als er sich erbot, nach Holland zu reisen und erst nach Châtelets Abreise zurückzukehren. Er konnte ohne weiteres behaupten, er sei wegen buchgeschäftlicher Dinge abgerufen worden, das mußte jedem einleuchten.
Das wollte jedoch Émilie auf keinen Fall zulassen. Ein ungewöhnlich heftiger Schneesturm machte im Augenblick die Straßen schwer passierbar; vor allem aber wollte sie ihren Liebhaber Weihnachten bei sich haben. In einem Brief an Richelieu erklärte sie auch ganz plausibel, man werde sich die Mäuler noch viel mehr zerreißen, wenn sie in diesen Plan einwilligte. Böse Zungen würden Voltaire einen Feigling schelten, und er würde das nicht ohne weiteres von sich weisen können, denn den wahren Grund — daß er seine Geliebte vor einer peinlichen Lage bewahren wollte — könnte er nicht angeben. Es sei daher viel besser, das normale Leben fortzuführen und an der Alltagsroutine nichts zu ändern. Wenn sie sich nicht irgendwie

auffällig benahmen, mußte es dem Marquis durchaus möglich sein, die Situation zu akzeptieren.
In den ersten Tagen verbrachte der Marquis jeden Vormittag eine Stunde mit seiner Tochter, um sie ein wenig näher kennenzulernen, und eine weitere in männlichen Gesprächen mit seinem Sohn. Damit waren für einen Tag seine elterlichen Pflichten erfüllt, und er hatte nichts mehr zu tun. Als das Wetter auch weiterhin unwirtlich blieb, beschäftigte er sich daher mit seinem Hause, das er einer eingehenden Inspektion unterzog.
Er hatte zwar von der Umgestaltung gewußt, aber doch von dem Ausmaß keine Ahnung gehabt. Das Schloß begeisterte ihn. Es war vollkommen renoviert und wahrhaft fürstlich eingerichtet. Kein Mann hätte von seiner Frau und ihrem Liebhaber mehr erwarten können. Florent-Claude war sehr dankbar.
Auf Émilies Anordnung hin lief mittlerweile der Alltag unverändert weiter. Voltaire schlief morgens lange; sie selbst stand sehr früh auf und ging dann in ihr kleines privates Wohnzimmer, wo sie ein leichtes Frühstück zu sich nahm, bestehend aus gegrilltem Fisch, etwas Kalbfleisch, einem oder zwei in Honig getauchten Brötchen und einer kleinen Flasche Wein. Dann begab sie sich in ihre Bibliothek, schrieb Briefe, nahm sich die Abrechnungen vor und ließ sich von der Wirtschafterin und vom Koch Bericht erstatten. Meistens kam es auch noch zu einem eiligen Besuch bei den Kindern; dann verschwand sie im Oberstock in ihrem Arbeitszimmer, wo sie bis zum Mittagessen mit Schreiben und wissenschaftlichen Experimenten beschäftigt war.
Eine bestimmte Zeit zum Mittagessen gab es in Cirey nicht. Die Hauptmahlzeit wurde serviert, wenn es Émilie oder Voltaire einfiel, daß sie Hunger hatten, und wenn einer von beiden noch nicht essen mochte, so war der andere bereit zu warten. Danach kehrte jeder in sein Arbeitszimmer zurück und blieb dort, bis sie sich zusammen zum Abendessen einfanden, das je nach Appetit und Laune einfach oder reichhaltig ausfiel.
Florent-Claude gab sich große Mühe, sich diesem unregelmäßigen Lebensstil anzupassen. Er wußte nicht recht, was unangenehmer war: mit einer Mahlzeit zu warten bis zum Wolfshun-

ger oder die Gesellschaft seiner Frau und Voltaires in Kauf zu nehmen. Sie unterhielten sich ausführlich über Leibniz, Descartes und Newton, redeten unablässig von mathematischen Gleichungen und naturwissenschaftlichen Formeln und lasen aus den Schriften vor, an denen sie gerade arbeiteten. Der arme Mann, so schrieb Voltaire an Pariser Freunde, verstand von alledem nicht ein einziges Wort.
Natürlich bemühten sich beide, den nominellen Herrn des Schlosses liebenswürdig zu behandeln. Émilie merkte jedesmal, wenn sie ihn sah, wie wenig Gemeinsames sie beide hatten; sie versuchte, ihn mit dem neuesten Pariser Klatsch zu unterhalten. Florent-Claude erwiderte höflich, doch die Affären und Fehden der Aristokratie langweilten ihn, was er schlecht verbergen konnte.
Voltaire gelang es viel besser, seine Aufmerksamkeit zu fesseln. Vielleicht war sein Verständnis für theoretische Militärstrategie und Taktik dem des Generals sogar überlegen, jedenfalls konnte er sich angeregt und fließend darüber unterhalten. Er brachte Florent-Claude auch dazu, vom Kriegsschauplatz in Deutschland zu berichten, der sein eigenes historisches Interesse weckte. Beide Männer hatten Freude an diesen Unterhaltungen.
Das mißfiel jedoch Émilie gründlich, denn sie blieb dabei unbeachtet, und wenn die Männer sie über einem Gespräch einmal vergaßen, so ließ sie sie sehr schnell merken, wie wenig ihr das gefiel. Voltaire entschuldigte sich stets. Der Marquis haßte es, berufen zu werden, und versank in verbissenes Schweigen.
Am Tage nach Weihnachten löste der Marquis das Essensproblem auf die ihm eigene gerade und unverblümte Art. Er hatte stets ein sehr regelmäßiges Leben geführt und sah nicht ein, warum er das jetzt ändern sollte, noch dazu unter sozusagen seinem eigenen Dach. Die Kinder aßen ihre Hauptmahlzeit jeden Tag um zwei Uhr, das war die Stunde, zu der auch der Marquis gern zu Mittag aß. Er nahm also bei ihnen Platz, ohne Émilie und Voltaire etwas davon zu sagen, da sie beide in ihren Arbeitszimmern vergraben waren.
Als Émilie davon erfuhr, war sie außer sich. Michel Linant aß

ebenfalls mit den Kindern, und wenn der sich darüber ausließ, was man in Paris vom Marquis du Châtelet dachte und klatschte, so mußte es zu Schwierigkeiten kommen. Sie wollte darauf bestehen, daß ihr Mann auch weiterhin mit ihr aß, doch Voltaire bat sie, keine Szene zu machen; Linant werde sich zu benehmen wissen.

Sie gab nach, in großer Sorge, und schrieb darüber einen neun Seiten langen Brief an Richelieu.

Voltaire sollte recht behalten, aber aus anderen Gründen. Linant, von dem späterhin jeder wußte, daß er allzugern gerade seinen Wohltätern ein Bein stellte, hätte sicher auch hier mit Freuden Schlamm aufgerührt, wenn er gekonnt hätte, doch Florent-Claude gab ihm keine Gelegenheit. Der aufrechte Soldat konnte den dicken Weichling, der in seinen kurzen Freßpausen nur boshafte Bemerkungen über jeden und jede machte, absolut nicht leiden. Er wandte sich daher bei den Mahlzeiten nur noch an seine Kinder und ignorierte Linant so hartnäckig, daß dieser ihn, wie aus seinen Briefen hervorging, für taub hielt.

So verliefen die Tage mit dem Marquis ruhig und ohne besondere Ereignisse, und Émilie mußte nicht ins Kloster. Als Florent-Claude sich zur Abreise rüstete, war er erfüllt von Respekt und Bewunderung für Voltaire, der — stets auf seine Gesundheit bedacht — jeden Nachmittag lange Spaziergänge machte. Émilie kam selten mit, sie liebte keine ziellosen Wege durch den sumpfigen Wald. Doch der Marquis, dem frische Luft und körperliche Übung fehlten, wurde sein täglicher Begleiter; und ihre Freundschaft, die nie sehr eng wurde, währte bis lange nach Émilies Tod.

Wenn Voltaire seine Gänsefeder eintauchte, war so leicht kein Mensch vor ihm sicher, doch über den Marquis du Châtelet hat er weder damals noch später ein einziges sarkastisches oder abträgliches Wort geschrieben. Seine Freunde staunten ob dieser Diskretion, wenn er den anderen in seinen Briefen erwähnte; in Wahrheit jedoch war in ihm ein Gefühl aufrichtiger Bewunderung für den Ehemann seiner Mätresse erwachsen. Die Intelligenz des Marquis war beschränkt, und sein Mangel an Phantasie betrüblich, doch dafür war er, was wenige sind:

ein wahrhaft aufrichtiger Mann, der Süßholz, Trug und Heuchelei verabscheute. Solche Tugenden imponierten Voltaire.
Émilie war sichtlich erleichtert, als ihr Mann abgereist war, und sie wußte, daß ihr irgendwelche Klatschereien nichts mehr anhaben konnten. Durch das stillschweigende Einverständnis mit ihrer Beziehung zu Voltaire hatte der Marquis einen Präzedenzfall geschaffen, und ein Versuch, sie zu bestrafen, würde vor keinem französischen Richter jetzt noch Gnade finden.
Das Haus fiel alsbald zurück in seine alte Routine oder Routinelosigkeit, aber nicht auf lange. Voltaire entdeckte eines Tages, daß Linant mit seinem Klatsch auch nicht vor seinen — Voltaires — Arbeiten haltgemacht hatte; in jüngsten Briefen hatte er darüber boshafte und abfällige Bemerkungen gemacht. Das war viel schlimmer als die Lage, die Émilie gerade so glücklich vermieden hatte. Linant wurde auf der Stelle entlassen und fortgeschickt.

VIII

Als das Frühjahr 1735 kam, hatte Voltaire fast anderthalb Jahre in Cirey gelebt und sich nie weiter fortgewagt als in die unmittelbare Nähe. Niemals in seinem Leben hatte er hintereinander eine auch nur annähernd so lange Zeit an einem Ort verbracht. Seine Freunde, die ihn kannten und wußten, wie sehr er die anregende Gesellschaft widerstreitender Geister aus allen Schichten brauchte, wußten nicht, ob sie Émilie für eine Hexe oder eine Zauberin halten sollten. In der gebildeten Welt hielt man Hexerei zwar für Aberglauben, doch selbst im Zeitalter der Aufklärung gab es da manchmal noch leise Zweifel.
Émilie freute sich, als ihr Freunde schrieben, sie werde für eine Hexe gehalten. Viel weniger unbekümmert war sie gegenüber der gegenwärtigen Lage, die sie oft mit Sorge betrachtete. Sie verstand sehr wohl, warum Voltaire immer rastloser wurde. Sowohl aus beruflichen wie aus persönlichen Gründen brauchte er dringend einen Tapetenwechsel, eine Atempause aus der erstickenden Isolierung in Cirey. Im April sollte sein Schauspiel *Alzire* in Paris aufgeführt werden, und er hatte noch nie eine Lesung gehört oder eine Bühnenprobe des Stückes gesehen. Mit einigen Teilen war er noch nicht zufrieden, wußte jedoch nicht recht, wo er zur Verbesserung ansetzen sollte. Er mußte die Schauspieler proben sehen, erst dann würde er wissen, was zu tun sei.
Er hatte, das beichtete er Émilie jetzt, bereits große Anstrengungen unternommen, um nach Paris fahren zu können, und er glaubte hoffen zu dürfen, man werde ihm seine Bitte gewähren. Die Geheimpolizei hatte nämlich inzwischen auch die Lust an der Fiktion, daß man Voltaires Aufenthalt nicht kenne, verloren, und als seine Freunde jetzt den Kardinal Fleury bestürmten, er solle den Arrestbefehl aufheben, gab die Geheimpolizei zu erkennen, daß sie mitmachen werde.

Sehr erleichtert darüber, die peinliche Affäre aus der Welt schaffen zu können, unterschrieb der Kardinal das erforderliche Dokument. Noch am gleichen Tag schrieb der Kommandant der Geheimpolizei, der mit Voltaire zusammen zur Schule gegangen war, ihm einen Brief des Inhalts, er könne jetzt nach Belieben kommen und gehen, und bat ihn in einem Postscriptum, er möge doch die Behörden nicht nochmals herausfordern.

Mitte März, achtundvierzig Stunden nach Empfang des Briefes, machte sich Voltaire zusammen mit Émilie auf den Weg nach Paris. Er war aufgeregt und erfüllt von tausend Plänen, während sie die schlimmsten Ängste ihres Lebens durchmachte. Die Würfel waren gefallen. Sie war fest überzeugt, sie werde ihn jetzt verlieren.

Sie konnten nicht gut beide im Hôtel du Châtelet wohnen, deshalb trennten sie sich, als sie Paris erreichten. Émilie bezog ihr Stadthaus und Voltaire nahm seine alte Lebensweise wieder auf und mietete billige Zimmer in einer Pension. In der nächsten Zeit sahen sie sich nur selten, und nach Versailles zum Pflichtbesuch bei Hofe fuhren sie getrennt. Sie bemühten sich offensichtlich, jetzt keinen Anstoß zu erregen und nicht noch mehr Klatsch und Kritik herauszufordern in einem Augenblick, da Voltaire gerade in Gnade wiederaufgenommen worden war.

Émilie nahm in der Hauptstadt sogleich das alte geschäftige Leben wieder auf; sie besuchte Freunde und empfing Gelehrte zu langen Gesprächen über wissenschaftliche Themen. Gelegentlich erschien sie auch wieder im Gradot, doch nicht mehr so oft wie früher, vielleicht ebenfalls aus Rücksicht auf die gegenwärtige Lage. Die Besuche im Café ganz einzustellen, hätte als ein Zeichen der Niederlage gewertet werden können, und zu einem solchen Eingeständnis war Émilie keinesfalls bereit.

Wie immer gab sie auch jetzt das Geld mit vollen Händen aus. Täglich erschien ihre Schneiderin im Hôtel du Châtelet, und ebensooft kamen Buchhändler. Die Sachen wurden in Wagen nach Cirey geschickt. Häufig kam auch ein Juwelier, der ihr außer Kleinigkeiten, wie einem Paar goldener Ohrringe und Armbänder, einen prachtvollen Smaragdring mit passendem

Anhänger verkaufte. Da der Marquis gewiß nicht die Mittel für solche Juwelen besaß, nahm man allgemein an, daß Voltaire sie ihr geschenkt hatte. Beide verhielten sich jedoch zum erstenmal seit Beginn ihres gemeinsamen Lebens äußerst diskret, und keiner erwähnte die Smaragde auch nur mit einem Wort. Wenn Voltaire sie bezahlt hatte, so behielt er das für sich, ebenso wie Émilie. Die Smaragde waren jedenfalls bis zum Ende ihres Lebens ihr Lieblingsschmuck; und wenn sie noch so viel anderes Geschmeide angelegt hatte: diese Steine fehlten selten.

Freunde und Gegner bemerkten, daß sie während dieses Stadtaufenthaltes nur selten spielte, und wenn sie sich einmal an den Kartentisch setzte zu einer Runde Vingt-et-un, so spielte sie nur mäßig hoch. Keiner glaubte jedoch an eine echte Umkehr, und damit hatten sie recht. Wenn sie später einmal wiederkam, spielte sie genauso waghalsig wie früher und gab den Schwätzern reichlich Stoff zum Klatsch.

Voltaire hatte nach der langen Abwesenheit von Paris überreichlich zu tun. Er sah sich die Proben zu *Alzire* an, war mit dem Stück nicht zufrieden und änderte sehr viel, bevor es später im Frühling aufgeführt wurde. Er sprach mit seinem Drucker, unterhielt sich mit vielen alten Freunden und Bekannten und besuchte alle Cafés, um sich über die literarischen, akademischen und gesellschaftlichen Fehden von Paris zu informieren. Und er bewies, daß er aus seiner Verbannung nichts gelernt hatte und weiterhin die Ratschläge derer, die ihm vielleicht helfen konnten, in den Wind schlug. Er nahm von neuem die alten Händel mit der Académie Française auf und fand auch Zeit, eine Anzahl der Mitglieder namentlich in einem satirischen Schmähgedicht zu verspotten, das zwar nicht veröffentlicht wurde, doch von Hand zu Hand ging und ihn bei der Académie, von der er immer noch ausgeschlossen war, nicht gerade beliebter machte. Ebensowenig verhehlte er seine anhaltende Verachtung für die Theologie der katholischen Kirche; es hieß, er habe eine neue Version der Geschichte von Adam und Eva geschrieben, was er rundweg ableugnete. Das Dementi stellte sich als Lüge heraus, denn schon nach wenigen Monaten erschien seine Arbeit über die Abstammung des Menschen, die den Klerus empörte und Voltaire neue Schwierigkeiten bereitete.

Émilie war zweifellos in dieser Zeit rastlos und unruhig, denn sie hatte Angst, Voltaire zu verlieren, wie sie es Richelieu geschrieben hatte. Doch sie war auch klug genug, die Zügel nicht zu straff anzuziehen. Vermutlich sahen sie einander gelegentlich, doch traten sie nirgends zusammen auf. Émilie ließ sich sogar bei keiner Aufführung der *Alzire* im Theater sehen, was zu viel Gerede Anlaß gab. Die Gesellschaft munkelte, die Affäre sei nun wohl zu Ende, und mehrere Damen beeilten sich, Voltaire anzudeuten, sie seien nicht abgeneigt. Aus der Korrespondenz der unermüdlichen Klatschbasen jener Zeit geht hervor, daß er stets galant und liebenswürdig blieb, aber keinerlei persönliches Interesse zeigte.

Mehrere der emsigen Beobachter berichteten in Briefen an auswärtige Freunde, Voltaire besuche keine der Gesellschaften, die Émilie in diesem Frühling in der Stadt gab. Ob er an den Abenden, wenn sie allein war, zu ihr ins Haus kam, war ihre Privatsache, und darüber wurde auch nicht geredet. Émilie hat Voltaire während dieser Zeit wahrscheinlich nicht in seiner Wohnung aufgesucht. Seine Freunde gingen dort praktisch Tag und Nacht aus und ein; irgendwann hätte man sie bestimmt gesehen. Da beide die ganze Zeit aufmerksam beobachtet wurden, wäre ihr Besuch am nächsten Tag in mindestens einem Dutzend Briefe erwähnt worden.

Und doch kam es, wie es kommen mußte, und Voltaire besiegelte sein Schicksal von neuem durch *La Pucelle*, ein langes Gedicht, dem er immer neue Verse hinzufügte. Er brachte es einfach nicht fertig, sie für sich zu behalten; immer wieder las er sie seinen Freunden vor, die er zwar stets zu schweigen beschwor, doch sie wiederholten sie — ebenso unter dem Siegel der Verschwiegenheit — vor anderen Freunden, und es dauerte nicht lange, bis ganze Teile der *Pucelle* überall in den Salons bekannt waren. Minister und Kirchenfürsten bekamen den ätzenden Witz zu spüren, und die Geheimpolizei sah sich von neuem gezwungen einzuschreiten. Voltaires Wohnung wurde durchsucht — vergeblich, man fand kein Exemplar der Schrift. Obwohl er nicht schweigen konnte: sein Manuskript ließ er nicht in fremde Hände fallen. Man munkelte, das Original befände sich in Émilies Besitz, doch traf das sicher nicht zu. Sie mußte als eine der ersten in Verdacht geraten, und wenn die Geheimpolizei bei ihr erschienen wäre und die Schrift gefunden hätte, so hätte das ihrem Ruf so gründlich geschadet, daß der Marquis gezwungen gewesen wäre, sie in ein Kloster zu schikken, ohne Rücksicht auf seine eigene Einstellung zu der Sache.

Die Behörden hatten noch keine konkreten Beweise, mit deren Hilfe sie Voltaire hätten festnehmen können, sie gingen einfach nach dem Grundsatz vor: Wo Rauch ist, da ist auch Feuer. Ein Freund, dessen Namen man nicht erfuhr, stattete Voltaire einen Besuch ab und warnte ihn, daß Gefahr im Verzuge sei. Die Warnung muß sehr nachdrücklich gewesen sein, denn der Dichter verschwand über Nacht aus der Stadt. Jedermann war konsterniert; er hatte von einer Abreise nichts verlauten lassen. Die Freunde belagerten Émilie, um Näheres zu erfahren, doch sie stellte sich ahnungslos und behauptete, nichts zu wissen. Viel später erfuhr man, daß sie buchstäblich der einzige Mensch gewesen war, der das Ziel von Voltaires Flucht kannte. Doch sie sagte kein Wort, und niemand erfuhr etwas von ihr.

Natürlich wucherten die Gerüchte, und schon nach wenigen Tagen kursierten in Paris angeblich authentische Nachrichten über Voltaire. Man habe ihn, so hieß es, in Brüssel, Den Haag, Berlin und Genf gesehen. Erst nach fast vierzehn Tagen erfuhr man die Wahrheit: er war an den Lothringischen Hof gefahren, wo er wegen seiner übereilten Abreise ohne jede Voranmeldung ankam.

Als sich das Gerede etwas beruhigt hatte, stattete Émilie dem Kardinal Fleury in Versailles einen unauffälligen Privatbesuch ab. Über den Inhalt der Unterredung sagte keiner der beiden etwas aus, doch es gehört kein großer Scharfsinn zu der Vermutung, daß Voltaire das Hauptthema war, auch wenn das sowohl von Émilie wie vom Kardinal weder bestätigt noch geleugnet wurde.

Viel später wurde der Inhalt des Gesprächs in Voltaires eigenen Briefen wiedergegeben. Émilie hatte den Kardinal um die Zusage gebeten, daß ihr Liebhaber, wenn er nach Cirey zurückkehrte, dort nicht verhaftet werden würde. Kardinal Fleury, auf den sich ein ganzer Absatz der *Pucelle* ausschließlich bezog, worin er gründlich verspottet wurde, war nicht in der Lage, das auch zu beweisen; vor allem konnte er gegen den Autor gar keine Schritte unternehmen, solange das Gedicht nicht veröffentlicht war. Er hatte immer noch keine Neigung, Voltaire verhaften zu lassen. Ihm genügte es, daß der rücksichtslose Autor von der Bildfläche verschwand. Er teilte also Émilie mit, es würden keine Schritte unternommen werden gegen „irgendeine Person, die in der nächsten Zeit nach Cirey kommen werde“. Voltaire war nicht in Gefahr und konnte ungestraft an seinen Zufluchtsort nahe der lothringischen Grenze zurückkehren.

Émilies Besuch bei Kardinal Fleury fand Anfang Juli 1735 statt. Achtundvierzig Stunden später hatte sie ihr Pariser Haus geschlossen und befand sich mit ihrem Gefolge auf dem Wege nach Cirey. Zweifellos hatte sie Voltaire die frohe Botschaft sofort mitgeteilt, denn er kam zwei Tage später in Cirey an. Beiden gefiel der ländliche Frieden noch mehr als zuvor. Das gemeinsame Glück begann von neuem.

Der Besuch in Paris war ein großer Erfolg gewesen, und Émilie war voller Freude. Sie schrieb an Richelieu, wie glücklich sie sei; sie habe das Risiko auf sich genommen und Voltaire den Freuden und Versuchungen von Paris ausgesetzt. Er sei ihr treu geblieben und habe keinerlei Interesse für eine andere Frau gezeigt. Die Liebe hatte gesiegt; das Band zwischen ihnen war noch fester geworden.

Die Restaurationsarbeiten am Schloß waren nun so gut wie fertig; aber Voltaire fehlte ein Gästeflügel, ein Trakt, der vom Familienleben etwas entfernt liegen sollte. Er hatte Lust, einmal Architekt zu spielen, und Émilie, die sich für einen guten Bauaufseher hielt, nahm noch erhebliche Änderungen in den Plänen vor und fügte zehn oder fünfzehn Räume hinzu. Bescheidenheit war nie ihre starke Seite gewesen; das Schloß sollte es an Grandeur mit den großen Palästen Frankreichs aufnehmen können, und da Voltaire nicht kleinlich war, wurden ihre Wünsche erfüllt.

Daß die Bauarbeiter mit den Arbeiten überhaupt fertig wurden, war tatsächlich ein Wunder. Wann immer Voltaire eine Pause in seiner Arbeit machen wollte, schlenderte er in den anderen Flügel hinüber und hielt den Leuten einen Vortrag über seine Theorien zu einem Erker, einem Fenster oder einer Tür. Vermutlich langweilte er sie damit, aber sie waren immerhin noch froh über seine Besuche, denn im Gegensatz zu ihm brachte Émilie sie zur Raserei. Sie erschien jeden Tag mehrfach, und nie kam es ihr in den Sinn, daß sie vielleicht doch nicht ganz soviel von Architektur verstand. Ein paarmal in der Woche änderte sie die Pläne, gab Berge von neuen Anweisungen, ließ veränderte Blaupausen herstellen und brachte Arbeit und Arbeiter völlig durcheinander.

Im achtzehnten Jahrhundert pflegten Arbeitnehmer noch nicht zu streiken. Als sich die Arbeiter in Cirey nicht mehr zu helfen wußten, wandten sie sich an Voltaire. Was er unternahm, ist nicht bekannt. Vielleicht wies er Émilie an, sich in Zukunft nicht mehr einzumischen, vielleicht lenkte er sie mit anderen Projekten ab und redete ihr vernünftig zu, von ihren sprunghaften Änderungen abzulassen. Jedenfalls hatte er Erfolg, und im Herbst sah man deutliche Fortschritte an dem neuen Flügel.

Jetzt konnte sich Émilie auf ihre eigene Arbeit konzentrieren, und sie stürzte sich in die naturwissenschaftlichen Studien mit einer Begeisterung, die selbst die Voltaires übertraf. Sie hatte sich eine Anzahl englischer und holländischer Bücher über die Newtonschen Theorien kommen lassen, und nach der Lektüre wollte sie Tests machen, um sie, wie sie sagte, praktisch zu erproben. Für solche Tests waren die meist überfüllten Räume des Schlosses zu klein, deshalb wurde die große Schloßhalle dazu ausersehen.

Sie glich sehr bald einem enormen Physiklaboratorium. Überall sah man Metallrohre und Leitungen, die in geometrischen Mustern miteinander verbunden waren. Von den Deckenbalken hingen hölzerne Kugeln, die hin- und herschwangen, was für Vorübergehende nicht ganz ungefährlich war. Die alten römischen Erzminen in der Nähe lieferten fast unbeschränkte Mengen von Rohmaterial. Unermüdlich führte Émilie Experimente aus, um die Richtigkeit der Newtonschen Thesen über die Reaktion physikalischer Kräfte zu beweisen. Die große Halle, angefüllt mit allen möglichen Instrumenten, glich bald einem Irrgarten.

Voltaire war fasziniert von ihrem Eifer und steuerte zuweilen noch eigene Tests bei, aber an der Ausführung beteiligte er sich selten. Émilie forderte ihn zum Zusehen auf, und er sah sich auch wohl alle ihre Experimente an, aber er war klug genug, sich hier niemals einzumischen: dies war ihre eigene Domäne. Hingegen verfaßte er mehrere Essays zur Erklärung ihrer Tests, der Zwecke und der Art, wie sie funktionierten, stets in kurzen und klargefaßten Texten. Physiker späterer Jahre, bis hinein in unsere Gegenwart, haben bestätigt, daß Émilies Experimente wohlfundiert und richtig ausgeführt waren. Ihre Haltung auf manchen anderen Gebieten war töricht und extravagant, aber von Naturwissenschaft verstand sie eine Menge.

Es ist erstaunlich, daß Voltaire noch Zeit für Émilies Arbeiten aufbrachte. Nur ein Mann seiner Gaben war dazu imstande. Er war damals mitten bei der Arbeit am *Siècle de Louis XIV.*, einem Porträt der gesamten Zivilisation eines Zeitalters. Als Abwechslung schrieb er auch noch ein Schauspiel, *La Mort de César*, eine — wie er sagte — teilweise Übersetzung und teilweise Adaptation des Shakespeareschen *Julius Caesar*, die er durch seine schöpferischen Gaben jedoch zu einem ganz eigenen Werk gestaltete. Er wußte aus Erfahrung, daß man ein Stück erst beurteilen konnte, wenn es von Schauspielern vor einem Publikum aufgeführt worden war, und vereinbarte daher eine Aufführung in einer nahegelegenen Knabenschule, dem Collège d'Harcourt; und da er wohl den interpretatorischen Fähigkeiten der Schulgeistlichen nicht allzuviel zutraute, übernahm er das Einstudieren selbst.

Émilie liebte das Theater sehr und wollte auch den Proben beiwohnen, die daher unbedingt in dem eben fertig gewordenen Theatersaal des Schlosses stattfinden mußten. Voltaire war damit einverstanden, und es machte ihr viel Spaß, ihn jeden Nachmittag mit den Amateuren proben zu sehen. Das Stück hatte so viel Erfolg, daß eine vom Verfasser nicht autorisierte und nicht ganz wortgetreue Fassung in Amsterdam her-

auskam, was Voltaire so ärgerte, daß er seine eigene Fassung in Paris herausbrachte.
Frauenrollen gab es in dem Schauspiel nicht, daher hatte Voltaire ursprünglich eine echte Bühnenfassung gar nicht im Auge gehabt, doch Émilie versicherte ihm, das Stück werde in Paris ganz bestimmt großen Erfolg haben; er gab also seine Zustimmung zu einer Aufführung in Paris, der er selbst nicht beiwohnte. Wie alle seine Stücke war auch dies ein enormer Erfolg, wenn auch nicht in der Presse. Doch die Zuschauer kümmerten die abfälligen Kritiken wenig; alles, was Voltaire schrieb, wollte man sehen, egal, was die Fachleute davon hielten.
Zufällig war Émilie am Abend der Premiere in Paris und sah sich die Aufführung an. Sie hatte eine Nachricht erhalten, daß ihre Mutter ernsthaft erkrankt sei, und als sie eilends nach Paris fuhr, stellte sich heraus, daß die Meldung stark übertrieben und Madame de Breteuil keineswegs krank war. So konnte sie der Versuchung nicht widerstehen und ging abends ins Theater, bevor sie am nächsten Tag nach Cirey zurückfuhr. Im ganzen war sie nur eine Woche fort gewesen.
Mittlerweile — man schrieb jetzt 1736 — wußte man in ganz Europa von der ungewöhnlichen Ménage im Schloß zu Cirey, und aller Augen waren auf Émilie und Voltaire gerichtet. Tausende hatten niemals einen Satz von Émilies naturwissenschaftlichen Schriften oder klassischen Übersetzungen gelesen, aber sie kannten ihren Namen. Der hohe Respekt, den sie bei den Intellektuellen jener Zeit genoß, wurde dadurch keineswegs gemindert. Maupertuis sprach öffentlich von ihrem „erhabenen Wissen" und ihrer „wunderbaren Gelehrtheit". Ebenso pries er ihre Schönheit, Schlagfertigkeit und — zu Unrecht — ihre Weigerung, jemals ein unfreundliches oder abträgliches Wort über irgend jemanden zu sagen.
Es konnte natürlich nicht ausbleiben, daß überall die wildesten Gerüchte über das Leben in Cirey zu kursieren begannen. Eine der Legenden, die sich am hartnäckigsten hielten, besagte, Voltaire habe einmal eine Geschäftsreise nach Brüssel gemacht und während seines kurzen Aufenthaltes dort eine Affäre mit einer reizvollen jungen Aristokratin spanischen Geblüts ge-

habt. Als er nach Cirey zurückkehrte, erwartete ihn dort der Marquis du Châtelet, der ihm schwere Vorwürfe machte, weil er Émilie untreu gewesen sei.
Diese Geschichte wurde gern geglaubt und auch von der Nachwelt bis in unser Jahrhundert hinein übernommen. Irgendeine Bestätigung dafür ist jedoch nirgends zu finden, auch nicht in den Briefen der Hauptbeteiligten. Sie scheint also reine Erfindung zu sein, und doch enthält sie ein Körnchen Wahrheit. Der Marquis mußte, nachdem er das Verhältnis seiner Frau einmal akzeptiert hatte, ihr in jeder Weise Rückhalt bieten, sonst hätte er sich doppelt lächerlich gemacht.
Aber einerlei, ob diese und andere Geschichten auf Wahrheit beruhten: die Gesellschaft in Frankreich und auch im Ausland gierte nach Einzelheiten der Affäre zwischen dem großen Dichter und seiner reizenden und gelehrten Geliebten. Diesem Wunsch kam Anfang 1736 ein gewisser Monsieur de Villefort nach, ein Kammerherr des Grafen von Clermont. Villefort, der selbst viel Interesse und auch einiges Können auf dem Gebiet der Physik und der Dichtkunst besaß, wurde eingeladen, einige Tage nach Cirey zu kommen, und seine Beschreibung des Aufenthalts dort wurde nachher in Dutzenden von Briefen kopiert.
Der junge Mann kam eines Nachmittags in Cirey an, wo viele Arbeiter mit Bauarbeiten an dem neuen Flügel beschäftigt waren. Der Hauptteil des Schlosses schien verlassen. Die Läden waren geschlossen, die Vorhänge zugezogen, und niemand antwortete auf sein Klopfen. Er wäre wieder gegangen, wenn die Arbeiter nicht beteuert hätten, der ganze Haushalt sei vorhanden. Er klopfte also weiter, und schließlich erschien auch ein Diener.
Draußen war helles Tageslicht, doch innen im Schloß war es so dunkel, daß der Diener mit einer Kerze umherging. Er führte Villefort durch die riesige Halle, die wegen der vielen Metallrohre, Drähte und Holzinstrumente einer Folterkammer glich, und bat ihn, vorsichtig zu gehen, damit er auf dem schmalen Pfad, der durch den Raum führte, nicht über die Werkzeuge stolperte.
Sie gingen durch mehrere Räume, die alle unbewohnt aussa-

hen. Es gab zwar Möbel, doch waren sie in Stoffschoner eingehüllt, auf denen sich eine dicke Staubschicht angesammelt hatte. Ein zweiter Diener erschien mit einer Laterne und führte den Gast eine schmale Treppe hinauf in den obersten Flur zu Émilies Arbeitsräumen.
Die Hausherrin saß an ihrem Arbeitstisch in einem dichtverschlossenen Raum. Er war von Dutzenden rauchloser Wachskerzen erhellt, wie nur sehr wohlhabende Aristokraten sie sich damals leisten konnten. Der Tisch war überladen mit Büchern, Berechnungen und Zetteln mit mathematischen Formeln. Émilie sah auf den ersten Blick so aus, als sei sie für einen Hofball gekleidet. Diamanten schimmerten an den Fingern, Handgelenken und an dem sehr tiefen Ausschnitt des eleganten Brokatgewandes – er war so tief, daß nur die Brustwarzen noch bedeckt waren. Die Finger voller Tintenflecke, und das Haar hing ihr lose und ungeordnet über den Rücken.
Sie empfing ihren Gast sehr liebenswürdig, schenkte ihm ein Glas edlen Wein ein, der in einer Karaffe auf dem Arbeitstisch stand, und wollte dann alle Neuigkeiten aus der Pariser Gesellschaft erfahren. Immer wieder unterbrach sie ihn und berichtete von ihren letzten Experimenten. Er hatte sich bisher für einen Adepten der Naturwissenschaften gehalten, doch war sie in ihrer Arbeit so weit fortgeschritten, daß er ihren Erklärungen nicht zu folgen vermochte.

Nach einer Weile schlug sie vor, Voltaire aufzusuchen, und führte ihren Gast durch einen gewundenen Geheimgang in einen anderen Teil des Schlosses, wo sie stehenblieb und an eine Tür klopfte. Voltaire rief ihr von drinnen zu, sie solle wieder gehen, sie weigerte sich jedoch, und endlich öffnete er die Tür. Er war in Hemdsärmeln, obgleich der Raum bitter kalt war. Seine Perücke hing an der Wand. Er war zornig, weil Émilie ihn bei der Arbeit unterbrochen hatte, und es folgte ein hitziges Wortgefecht mit viel Geschrei und echt Pariser Gossenausdrücken auf beiden Seiten. Der Streit endete dann ebenso plötzlich, wie er begonnen hatte, Villefort wurde aufgefordert, Platz zu nehmen, und Voltaire widmete sich ihm eine halbe Stunde lang mit großem Charme. Sie sprachen über Poesie und Dichtkunst, Émilie nahm ebenfalls an der Unterhaltung teil, und Voltaire hörte ihr höflich zu. Als eine Uhr schlug, kehrte Voltaire zu seiner Arbeit zurück, und Émilie führte den Gast nach unten in die Empfangshalle und übergab ihn einem Diener. Sie verschwand in einem dunklen Korridor, und der Besucher, Laterne in der Hand, wurde zu seinem Schlafzimmer geleitet. Auch hier waren Vorhänge und Läden fest geschlossen, so daß er nicht feststellen konnte, ob es draußen noch hell war. Doch für seine Bequemlichkeit war alles getan: ein kleines Feuer brannte im Kamin, und gleich darauf erschien ein Diener mit heißem Wasser für sein Bad und nahm auch die gebrauchte Wäsche zum Waschen mit. Ein weiterer Diener — der fünfte — brachte ihm einen großen Becher mit heißem Gewürzwein, ein köstliches Getränk. Dann blieb er mit einer Anzahl verschiedenartiger Bücher allein.

Nach zwei oder drei Stunden ertönte ein Gong, ein Diener erschien und führte Villefort durch die mit Requisiten angefüllte Halle in den Speisesaal im oberen Stockwerk. Dort erwarteten ihn Émilie und Voltaire, beide in eleganter Aufmachung. Émilies Haar war hochfrisiert und wurde mit Diamantnadeln gehalten.

Es galt damals in der französischen Aristokratie als absolut unschicklich, sich bei Tisch selbst zu bedienen; doch hier waren keine Diener zu sehen. Eine Klapptür im Boden öffnete sich, der erste Gang erschien auf einem Serviertischchen, und alle drei trugen ihre Teller an den Platz, der für sie gedeckt worden war. Auf diese Weise erschien auch jeder weitere Gang; die gebrauchten Teller verschwanden durch eine weitere Falltür am anderen Ende des Raumes. Die Gastgeber erklärten ihrem Besucher, sie hätten sich dieses System ausgedacht, damit sie sich bei den Mahlzeiten ungestört unterhalten könnten.

Essen und Weine waren hervorragend. Jeder Gang war vom Chefkoch selbst zubereitet worden, und Villefort, der sich wohl für einen Gourmet hielt, sagte später, er habe nie etwas Besseres vorgesetzt bekommen. Émilie schien heißhungrig und aß große Mengen von allem, was auf den Tisch kam. Voltaire aß nur wenig, vor allem keine fetten Saucen, die ihm, wie er sagte, nicht zuträglich seien. Das Essen dauerte Stunden, doch die Zeit wurde ihnen nicht lang. Aus Villeforts Bericht ging

hervor, daß Émilie und Voltaire eine glänzende und lebhafte Unterhaltung über verschiedene Themen führten; beide, hieß es, waren angeregt, ausgezeichnet informiert und sehr witzig.
Schließlich ging auch diese Mahlzeit zu Ende, und die drei begaben sich in einen reich ausgestatteten Salon. Sie nahmen Platz, ein Gong ertönte, und Émilie teilte mit, man werde jetzt, wenn der Gast nichts dagegen habe, moralphilosophische Texte vorlesen. Sie bat Villefort höflich um seine Erlaubnis, die er ihr gab, worauf sie mit dem Vorlesen begann. Sie wechselte ab mit Voltaire, und zwar mit ergänzenden Texten, wie Villefort feststellte; es schien sich da um ein intellektuelles Wettspiel zu handeln, bei dem jeder es dem andern mindestens gleichzutun suchte.
Nach einer Stunde ertönte wieder ein Gong, und die Lesung war zu Ende. Voltaire sagte, es sei jetzt Schlafenszeit, und Villefort begab sich in sein Zimmer.
Um 4 Uhr morgens wurde er von einem neuen Gong geweckt. Ein Diener erschien und teilte ihm mit, Mme. du Châtelet sei nicht mehr müde und lasse fragen, ob M. de Villefort Lust habe, einer Gedichtvorlesung beizuwohnen. Da er neugierig war, sagte er zu.
Émilie wartete schon in ihrem hübsch eingerichteten Wohnzimmer. Sie trug einen pelzverbrämten Morgenrock. Voltaire, der anscheinend woanders schlief, erschien in einem schäbigen Hausrock und mit geschwollenen Augen, offensichtlich müde. Trotzdem las er sehr lebhaft und angeregt eine ganze Anzahl Gedichte vor, und Émilie lobte ihn. Nach einer Stunde war alles plötzlich zu Ende, Voltaire stapfte in seine Gemächer zurück, und Villefort begab sich wieder in sein Schlafzimmer.
In Cirey fing der Tag früh an. Um Punkt 8 Uhr erschien ein Diener und brachte Villefort ein reichhaltiges und sehr appetitliches Frühstück, bestehend aus verschiedenen Fleischgerichten, Fisch, einem Omelett und mehreren Käsesorten. Erstaunt sah er, daß Läden und Vorhänge geöffnet wurden und das helle Morgenlicht hereinschien. Er erfuhr jetzt, das Wetter sei so herrlich, daß Émilie und Voltaire beschlossen hatten, einen Teil des Tages für arbeitsfrei zu erklären, daher durften auch die

Fenster geöffnet werden. Normalerweise ließ man keinen Sonnenstrahl herein, weil beide von ihrer Arbeit so besessen waren, daß sie keinerlei Ablenkung zuließen.
Als der Gast sein Frühstück beendet hatte, kam der Major domo an die Tür und erkundigte sich, ob Villefort Lust habe, Madame und Monsieur zu einem Picknick zu begleiten. Draußen lag Schnee, es war also nicht gerade die Jahreszeit für Ausflüge mit Picknicks, doch Villefort war neugierig und sagte zu. Er begab sich nach einer Stunde nach unten in den Haupthof, wo mehrere Wagen warteten. Émilie und Voltaire saßen im ersten Wagen, neben ihnen ritt der Gast. Der zweite Wagen war angefüllt mit Büchern, im dritten fuhr das Gesinde mit den Essenskörben und verschiedenen Requisiten.
Langsam fuhren sie den schmalen holprigen Weg hinunter bis in den Wald. Als der Weg aufhörte, gingen sie zu Fuß weiter auf einem engen Pfad; er endete auf einer geschützten Lichtung neben einem vereisten Bach. Die Diener legten Decken auf den Boden und obenauf Sitzkissen und Pelzdecken, und mächtige Körbe mit Essen wurden in der Nähe bereitgestellt. Dann verschwand das Gesinde, und Gastgeber und Besucher machten sich an den Verzehr von kaltem Huhn, Fisch und Kalbskoteletts. Émilie hielt Koteletts stets für die beste Wegzehrung auf solchen Ausflügen. Es gab auch noch Gemüse, in Wein gedünstet, köstliches Brot und mindestens zwölf Sorten exzellenten Käse.
Die Unterhaltung war so anregend, wie Villefort es sich nie hätte träumen lassen. Émilie und Voltaire redeten zwar eigentlich immer ohne Aufhören, doch jetzt schienen sie völlig unermüdlich. Sie sprachen über das britische Drama, holländische Finanzpolitik und das „schwedische Militärtemperament", dem Genies wie Gustav Adolf und Karl XII. zu verdanken waren. Sie schienen dabei, so entnahm der Gast, eine Grundregel zu befolgen: jede Behauptung mußte verifiziert werden, bevor der andere sie akzeptierte. Zu diesem Zweck benutzten sie die Bücher, die sie mitgebracht hatten; dauernd war ein Diener unterwegs zwischen dem Picknickplatz und dem Wagen, um Bücher herbeizuschleppen, die eine These bestätigen oder widerlegen sollten.

Trotz der hitzigen Gespräche war jedoch der Tag recht kalt. Villefort saß auf seiner Decke, in einen Pelz gehüllt, und fror. Als die Wirkung des Weins nachließ, wurde ihm noch kälter; er berichtete später, seine Hände und Füße hätten sich kälter angefühlt als die Eisschollen, die er auf dem Bach treiben sah.

Doch Émilie und Voltaire machte die Kälte nichts aus. Sie schienen ihre Umgebung vergessen zu haben und redeten unaufhörlich, freundschaftlich und angeregt. Als der Gast die Kälte nicht länger ertragen konnte, unterbrach er die Unterhaltung und bat, man möge ihm gestatten, sich in den Wagen zurückzuziehen; dort wollte er auf sie warten, bis sie bereit waren zur Rückfahrt.

Beide waren sofort voller Mitgefühl und versicherten ihm, er brauche wirklich ihretwegen keine Unbequemlichkeiten auf sich zu nehmen, sie wollten ohnehin gleich, in wenigen Minuten schon, aufbrechen. Villefort wollte keine Umstände machen und beschloß zu warten, was ein Fehler war, denn die beiden verloren sich von neuem in der Unterhaltung, und es dauerte noch eine Stunde, bevor sie endlich aufbrachen.

Den Rest des Vormittags verbrachte Villefort in seinem Schlafzimmer vor dem hellen Kaminfeuer, mit starkem Wein, der mit westindischem Rum vermischt war. Das machte ihn müde, und da er schon in der letzten Nacht zu wenig geschlafen hatte, kroch er in sein Bett und wachte erst auf, als es Abend war. Erschrocken rief er den Diener, der ihn jedoch beruhigte und sagte, mit dem Abendessen habe es noch eine gute Weile Zeit. Man werde ihn durch den Gong rufen. Die Wartezeit schien kein Ende zu nehmen, es vergingen noch mehrere Stunden, und der Gast war ausgehungert, als er endlich den Gong hörte.

Ein livrierter Diener erschien und führte ihn in den Speisesaal; es war nicht der gleiche wie am Vorabend. Dies war ein Bankettsaal; Dutzende von Wachskerzen brannten in Kristallleuchtern, und die lange Tafel war mit goldenen Tellern gedeckt für zwanzig Personen. Émilie und Voltaire waren nicht zu sehen, doch mehrere andere Gäste befanden sich im Raum; Villefort gesellte sich zu ihnen und hörte amüsiert zu, wie die

Neulinge sich darüber unterhielten, daß seltsamerweise niemand zur Bedienung im Saal anwesend war.
Besonders unbekümmert äußerte sich Germain-Louis de Chauveron, der später unter Ludwig XV. Minister wurde, ein Mann mittleren Alters, der von seiner jungen und ungewöhnlich hübschen Frau begleitet war. Sein Vetter, Bischof de Chauveron, war ebenfalls gekommen; er war einer der ersten geistlichen Würdenträger, die Cirey aufsuchten. Zu den anderen Gästen gehörten noch ein General mit seiner Frau und ein Oberst mit seiner Mätresse, einer Mademoiselle de Chantilly, die sehr redselig war und allen erzählte, sie schreibe Gedichte.
Villefort war wie vom Donner gerührt, als sich plötzlich die Tür auftat und der Marquis du Châtelet im Speisesaal erschien, am Arm die junge blonde Mademoiselle d'Anjou. Der Hausherr schien jedoch völlig unbekümmert; aus seiner Unterhaltung ging hervor, daß er mit seiner Begleiterin am Vormittag angekommen war. Auch von den anderen Gästen schien niemand verlegen zu sein, und der Marquis, soweit es Villefort beurteilen konnte, war heiter-entspannt und zum Reden aufgelegt.
Jetzt erschien mit großem Auftritt Émilie in einem tief ausgeschnittenen, pelzverbrämten Gewand, das eher nach Versailles paßte als in die ländlichen Hinterwälder Frankreichs. Diamanten und Smaragde glänzten an ihrem Hals und an den Fingern, und viele Diamanten schmückten auch die hochgetürmte Frisur. Sie riß sofort die Unterhaltung an sich und lieferte einen fast halbstündigen Monolog. Sie wurde kaum unterbrochen; wer etwas sagte, wurde ignoriert.
Mit ihrem Mann und auch mit Mademoiselle d'Anjou, die sie „Meine Liebe" titulierte, schien sie auf sehr freundschaftlichem Fuße zu stehen. Alle sprachen reichlich dem Wein zu, wobei sich die Gäste selbst aus den Flaschen bedienten, die auf einem Sideboard bereitgestellt waren. Dann ertönte draußen ein Gong, der die Mahlzeit ankündigte, obgleich Voltaire noch nicht erschienen war. Émilie schien sich darüber zu ärgern, sie rief einen Diener und schickte ihn zu Voltaire.
Die Gesellschaft wartete leicht gespannt. Émilies Gereiztheit

wuchs, und sie sandte einen zweiten Diener aus. Wieder wartete man, und als dann Voltaire endlich erschien, sehr elegant in Samtrock und seidenen Hosen, war sie puterrot vor Zorn. Er gab weder eine Erklärung noch eine Entschuldigung für sein spätes Kommen; erst Stunden später erwähnte er nebenbei in einer Unterhaltung, er sei beim Schreiben gewesen und habe die Arbeit erst unterbrechen wollen, als er einen Punkt erreichte, der eine natürliche Pause gestattete.

Er schenkte sich etwas Wein ein, fügte Wasser hinzu und machte dann die Runde im Saal, bei der er jeden Gast begrüßte. Er und der Marquis du Châtelet behandelten einander mit freundschaftlicher Höflichkeit, die Villefort durchaus echt erschien, und Voltaire machte Mademoiselle d'Anjou des längeren Komplimente über ihr glänzendes Aussehen.

Eine leichte Betretenheit wurde im Saal spürbar, als Voltaire den Bischof de Chauveron begrüßte und sich dabei sehr herzlich nach dem Ergehen des Allmächtigen erkundigte.

Dann lenkte Mademoiselle de Chantilly die Aufmerksamkeit auf sich und rezitierte, eigens für Voltaire, einiges aus ihren Gedichten. Er versuchte höflich, sie zu bewegen, ihm einen Kommentar zu erlassen; sie wollte jedoch unter allen Umständen seine Meinung hören und brach in Tränen aus, als er sie dann unumwunden kundtat.

Nun nahm Émilie das Steuer wieder an sich und ließ den Gong ertönen, worauf die Türen des Speisesaals geschlossen wurden. Auch hier erschien jetzt die Mahlzeit durch eine Bodenklappe, ähnlich wie in dem kleineren Speiseraum, und die erstaunten Gäste bedienten sich selbst und ließen die benutzten Teller in der zweiten Klappe am anderen Ende des Saales verschwinden. Auf Monsieur de Chauverons Frage erklärte Émilie, durch diese Einrichtung werde die Unterhaltung lebhafter und weniger gehemmt.

Villefort berichtete später, das Essen sei ebenso köstlich gewesen wie am Abend vorher, aber noch großartiger. Es bestand aus neun Gängen und dauerte länger als viereinhalb Stunden. Auch die Weine waren gut, und alle genossen das Mahl.

Eine Stunde lang vermieden Voltaire und Émilie jeden Dialog miteinander. Voltaire unterhielt sich eine ganze Zeit lang mit dem Marquis du Châtelet, der am Kopf der Tafel zwei Plätze von ihm entfernt saß. Émilie dominierte am anderen Ende und versuchte immer wieder, die beiden zu unterbrechen, doch sie ließen sich nicht stören. Schließlich wurde es Voltaire wohl zu bunt, und er versuchte, die allgemeine Unterhaltung durch eine amüsante kleine Geschichte zu beleben. Émilie paßte das jedoch nicht, und sie unterbrach ihn auch hier immer von neuem. Danach führten die beiden etwa eine Stunde lang eine Art geistreichen Wettkampf, bei dem jeder versuchte, die Aufmerksamkeit der Zuhörer für sich zu gewinnen. Keiner von beiden gewann oder verlor, und die Atmosphäre, so berichtete Villefort, glich der eines Schlachtfelds, bis endlich Voltaire sein schweres Geschütz auffuhr und aus der *Pucelle* zu rezitieren begann. Es war ein bodenloser Leichtsinn, denn unter den Zuhörern waren der Bischof de Chauveron und zwei hohe Offiziere, die gegen ihn aussagen konnten und jederzeit als verläßliche Zeugen gelten würden. Doch Voltaire riskierte es, und die drei lachten ebenso herzlich wie die übrigen Gäste über seine Spottverse.

Émilie hatte die Schlacht verloren, und Villefort nahm an, sie werde murren, doch zu seinem Erstaunen machte sie gute Miene und nahm die Niederlage gelassen hin. Ihr Zorn auf Voltaire war verflogen, und sie behandelte ihn mit charmantester Liebenswürdigkeit. Er lächelte ihr über den Tisch hinweg zu und deutete damit an, daß auch ihm an einer Fortsetzung des Duells nicht gelegen sei.

Von nun an beherrschten sie die Unterhaltung gemeinsam, und Villefort beschrieb sie als wahrhaft atemberaubend. Schlagfertig und witzig jonglierten sie von einem Thema zum anderen, gingen jedoch bei jedem weit über die Oberfläche hinaus und erstaunten die Zuhörer durch ihr profundes Wissen. Es war eine blendende Darbietung, wie Villefort sie noch nie erlebt hatte, und das Eindrucksvollste daran war die urbane Leichtigkeit der beiden Sprecher. Beide waren entspannt, Émilie langte tüchtig zu, wie immer, und Voltaire aß zwar weniger als die anderen, genoß jedoch die Mahlzeit ebenfalls und vergaß sie keinen Augenblick über dem Redegefecht.

Das skurrilste Ereignis, so berichtete Villefort, sollte jedoch noch kommen. Als die Gesellschaft die Tafel verließ, führte

Émilie sie in die große Halle, wo man die Unterhaltung wieder-aufnahm. Die in fünf Meter Höhe angebrachten Holz- und Metallrohre schwankten und sahen aus, als könnten sie jeden Augenblick auf die Gäste herunterfallen. Jeder versuchte, seinen Stuhl so weit wie möglich aus der Gefahrenzone zu rücken. Einzig Émilie und Voltaire ließen sich durch die drohenden Instrumente nicht aus der Ruhe bringen, sie redeten und unterhielten ihre Gäste bis in die frühen Morgenstunden.
Am nächsten Tage reiste Villefort ab, ohne Émilie, Voltaire oder den Marquis du Châtelet noch einmal gesehen zu haben. Er sah im Garten noch zwei andere Gäste und sonst nur die Arbeiter, die an dem neuen Flügel beschäftigt waren. Alle Fenster waren wieder dicht verschlossen, und das Schloß schien verödet wie zuvor.

IX

Kronprinz Friedrich von Preußen war im Jahre 1736 vierundzwanzig Jahre alt, und außer seinem Vater hielt ihn schon damals jeder für einen bemerkenswerten jungen Mann. Er hatte bereits ein Jahr Haft hinter sich, weil er den strengen Befehlen seines Vaters nicht gefolgt war. Sein Charakter war jedoch im Wandel begriffen, und später, zu der Zeit, da man ihn als Friedrich den Großen kannte, sollte seine Tyrannei die seines Vaters, den er so verachtet hatte, noch übertreffen. Auch seine militärischen Erfolge stellten die des älteren Friedrich in den Schatten, und als Verwalter und Initiator weitreichender Reformen überragte er den Vater bei weitem.

Es war ein offenes Geheimnis, daß der junge Friedrich homosexuell war und seiner Frau, Prinzessin Elisabeth Christine, aus dem Wege ging; doch seine anderen Vorlieben und Abneigungen konnte er vor dem Vater verbergen. Sie wurden erst bekannt, als er 1740 den Thron bestieg. Er liebte Literatur und Musik und hatte selbst einige ausgezeichnete Bücher über Politik und Philosophie geschrieben. Die deutsche Kultur verachtete er gründlich; er war ein überzeugter Frankophile und schrieb und sprach nur französisch. In Glaubensfragen war er ein Rebell, der den status quo ablehnte, bis er ihn dann später zu bewahren suchte; doch er wandte sich gegen jede organisierte Religion und machte kein Hehl aus seiner Verachtung für das Christentum.

Er war noch nicht zwanzig, als er Voltaires Schriften entdeckte und sogleich sein überzeugter Anhänger wurde, und sein Gesandter in Paris wurde beauftragt, jede Publikation Voltaires für ihn zu besorgen. Als Friedrich Anfang 1733 aus der Haft entlassen wurde, begann er mit Voltaire eine Korrespondenz, die in den folgenden Jahren fortgesetzt wurde.

Voltaire war, wie alle Dichter und Schriftsteller jener Zeit, durchaus empfänglich für das Wohlwollen von Monarchen, denn die Pension oder Beihilfe eines Königs war nicht zu verachten. Er kannte Friedrich nur aus seinen Briefen, sah aber bald, daß der junge Prinz Gaben besaß, die ihn von den langweiligen und phantasielosen Potentaten auf den meisten europäischen Thronen weit unterschieden. In der Korrespondenz mit Voltaire entwickelte Friedrich seine ersten Vorstellungen von Justiz, Verwaltung und internationaler Politik, die später in seinem Buch *Antimachiavell* lautbar wurden, und er hat stets anerkannt, daß ihm Voltaire dabei behilflich war.

Es gab damals Gerüchte, die besagten, Friedrich I. sei Analphabet. Das stimmte zwar nicht, wenn er auch offenbar niemals aus Vergnügen oder Freude am Wissen ein Buch aufschlug. Als er von der Bewunderung seines Sohnes für Voltaire erfuhr, zwang er sich, einige der Werke des berühmten Franzosen anzusehen, und war tief beeindruckt von seiner Studie über Karl XII. Das war auch der Grund, warum er 1735 sein Einverständnis zu der Korrespondenz erteilte.

Dies gab Kronprinz Friedrich die Gelegenheit, Voltaire zu einem Besuch auf sein Jagdgut in der Nähe von Berlin einzuladen. Doch Voltaire hatte damals anderes im Sinn und schützte dringende Geschäfte vor, um Friedrich nicht zu kränken. Die Einladung kam gerade während der Proben zu *Alzire* in Paris, und als sie beendet waren, kehrte Voltaire nach Cirey zurück und nahm das überaus angenehme Leben mit Émilie du Châtelet wieder auf. Berlin war reichlich weit entfernt, und er schätzte lange und unbequeme Reisen durchaus nicht.

Émilie sprach sich vom ersten Augenblick an gegen diese Reise aus. Sie liebte Voltaire, er liebte sie; ihr gemeinsames Leben war etwas, um das sie von zahllosen anderen verliebten Paaren mit Recht beneidet wurden, und sie hatte nicht den Wunsch, dieses paradiesische Dasein beendet zu sehen. Zwar war Voltaire nach seiner Pariser Reise zu ihr zurückgekehrt, doch hielt sie es für unklug, unnötige Risiken einzugehen. Ein Besuch in Preußen war keineswegs zu vergleichen mit einer kurzen Reise nach Holland oder Belgien, wohin sie ihm manchmal für einen oder zwei Tage folgte, damit die Trennung nicht so lang wurde. Wenn er nach Berlin reiste, so würde er sicher viele Monate dort bleiben und sich womöglich an ein Leben ohne sie gewöhnen; das wollte sie nicht. Er hatte früher ohne sie gelebt, wer weiß: vielleicht gefiel ihm das wieder, und er kam gar nicht mehr zu ihr zurück.

Klatsch und Gerüchte über das Leben des preußischen Kronprinzen waren natürlich auch zu Émilie gedrungen; sie wußte, es bestand keine Gefahr, daß Voltaire dort in die Netze einer anderen Frau geriet. Mit Ausnahme von ältlichen Dienerinnen setzte buchstäblich keine Frau ihren Fuß auf das Gelände. Die Gefahr bestand vielmehr in der Abwesenheit der hochintelligenten, begabten und ausgesucht schönen Menschen, die dort lebten. Wenn man den Gerüchten glauben durfte, so gab es wenige Frauen, die es an Schönheit und Intelligenz mit Friedrichs Privatpark von Transvestiten aufnehmen konnten.

Es ist eine offene Frage, wieviel Émilie von Voltaires Vergangenheit tatsächlich wußte, denn selbst heute ist nicht alles darüber bekannt. Nach Ansicht vieler Gelehrter hat Voltaire vor der Liaison mit Émilie eine Anzahl kurzer homosexueller Liebschaften gehabt, von denen sie vermutlich gehört hatte. Das würde ihre fast hysterische Opposition gegen den Besuch in Preußen erklären. Wenn ihr Liebhaber etwa homosexuelle Neigungen hatte, so mußte sie natürlich alles Erdenkliche unternehmen, um ihn von einem Besuch in Berlin abzuhalten. Mit einer anderen Frau, die ihr Voltaire abspenstig zu machen versuchte, wollte sie es aufnehmen; mit Transvestiten von soviel Charme und blendender Intelligenz sah die Sache anders aus.

Kronprinz Friedrich, der sich stets über alles Wissenswerte unterrichten ließ, wußte auch über Voltaires Beziehung zu Émilie eine ganze Menge und war sich klar, was für eine außergewöhnliche Frau sie war. Er faßte daher einen neuen Plan: Er wollte Émilie dazu benutzen, Voltaire zu gewinnen. Er hatte nicht etwa irgendein sexuelles Interesse an dem großen Franzosen; ihm lag daran, zum literarischen Mäzen dieses Dichters zu werden, den er mehr bewunderte als jeden anderen lebenden Autor. Friedrich war halsstarrig und zudem überaus egoistisch, ihn verlangte nicht nur nach Voltaires intellektueller Gesellschaft: er wußte, sein eigener Ruhm werde erheblich wachsen, wenn er Voltaire zu einem Besuch bewegen konnte.

Immer häufiger erschien 1736 Émilies Name in Friedrichs Korrespondenz mit Voltaire. Er pries ihre Schönheit und Gelehrsamkeit, erklärte, wie sehr er ihren Charme bewundere, und nannte Voltaire den glücklichsten Sterblichen.
Émilie fiel darauf nicht herein. Sie kannte Friedrichs Abscheu vor den Frauen zu gut, um nicht zu wissen, wie unaufrichtig jedes dieser Worte war.
Voltaire jedoch fühlte sich geschmeichelt. Auch der klügste Mann ist nicht ohne Fehl, und Voltaire, der immer behauptete, er habe nichts übrig für die Monarchie, war keineswegs unempfänglich für die Aufmerksamkeiten von Fürsten und Prinzen. Stets war er ein willkommener Gast in den Palästen der Regenten von England und Holland; wenn jetzt Preußen dazukam, so war ihm das eine große Genugtuung.
Dank ihrer weiblichen Intuition spürte Émilie die Nuancen, die Voltaire nicht wahrnahm. Sie sah auch, daß der preußische Kronprinz sie zwar mit Elogen überhäufte, in seinen Einladungen sie jedoch mit keinem Wort erwähnte. Als sie dies Voltaire vorhielt, erwiderte er, das sei alles Einbildung; sie habe zwar keine gesonderte Einladung erhalten, doch sei sie selbstverständlich mit eingeschlossen. Sie wußte es besser und forderte ihn auf, Friedrich doch einmal unumwunden danach zu fragen.
Voltaire setzte einen wohlüberlegten Brief auf, in dem er darlegte, es falle ihm schwer, sich für mehr als ganz kurze Zeit von Madame du Châtelet zu trennen.
Friedrichs Antwort war kurz und bündig. „Wenn mein Geschick mir nicht gestatten will, Sie hier zu haben, so hoffe ich doch wenigstens eines späteren Tages den Menschen einmal sehen zu dürfen, den ich so lange aus der Ferne bewundert habe." Émilie wurde nicht erwähnt.
Voltaire mußte zugeben, daß der Kronprinz mit einer Einladung für Émilie recht zurückhaltend war; er hielt dem jedoch entgegen, daß Friedrich vermutlich nicht der Herr im eigenen Hause sei. Wahrscheinlich habe der gestrenge Vater den Besuch eines Mannes untersagt, der von einer verheirateten Frau begleitet wurde.
Diese Ausflucht fand Émilie absurd. Wenn König Friedrich I.

nichts dagegen hatte, daß sein Sohn sein Jagdgut mit Homosexuellen anfüllte, so hatte er gewiß nichts einzuwenden gegen den Besuch eines Mannes und einer Frau, die zufällig nicht miteinander verheiratet waren. Doch Voltaire gegenüber äußerte sie sich nur vorsichtig. Wenn sie allzu heftig gegen seine Reise protestierte, so mochte ihn das erst recht dazu bewegen.

Sie verhehlte jedoch ihre Ängste nicht in ihren Briefen an Charles Augustin de Ferriol, Comte d'Argental, Voltaires Freund und literarischen Berater, der auch ihr freundschaftlich zugetan war. Als d'Argental im Herbst 1736 an Voltaire schrieb und ihm zuredete, Friedrichs Einladung doch anzunehmen, ließ sie jede Zurückhaltung fallen und schrieb ihm:

„Ich wünsche ausdrücklich, daß er nicht nach Preußen fährt, und bitte Sie inständig, mir dabei zu helfen. Er wäre dort verloren; ganze Monate würden vergehen, bevor ich von ihm hörte. Ich käme um vor Sorge, bevor er zurückkäme. Das Klima ist schrecklich kalt. Außerdem: wie könnte er jederzeit zurückkehren? Ist er in Holland, so ist das fast so, als wäre er in Frankreich. Ich könnte ihn von einer Woche zur anderen sehen, und hören würde ich auch von ihm. Seine Sache steht nicht so hoffnungslos; niemand kann beweisen, daß er die Verse über Adam und Eva geschrieben hat; Sie selbst haben mich hoffen lassen, daß in wenigen Monaten alles vorüber ist und daß er nicht mehr gezwungen sein wird, ins Exil zu gehen.

Warum also sollte er so weit reisen? Wäre es notwendig, daß er Frankreich eine Weile verließe, so könnte er an den Lothringischen Hof gehen, wohin ich ihm leicht folgen könnte. Auch ein Aufenthalt in Holland ist ihm jederzeit von Nutzen, doch in Preußen könnte er nur Schaden nehmen. Alle diese Gründe hingegen sind nichts, verglichen mit denen, die der Charakter des Königs von Preußen offenlegt. Der Kronprinz ist noch nicht König. Wenn er später König ist, so werden wir ihn beide aufsuchen; doch bis dahin ist alles unsicher. Sein Vater legt nur Wert auf Männer von zehn Fuß Größe; er haßt und malträtiert den Sohn und hält ihn unter einem eisernen Joch; er wird annehmen, daß M. de Voltaire ihm gefährliche Ratschläge erteilt. Der König ist imstande, M. de Voltaire verhaften zu lassen oder ihn dem Siegelbewahrer zu überantworten. Daher bitte ich Sie: *nicht nach Preußen.* Sprechen Sie nicht mehr davon. Raten Sie ihm nur, sich vernünftig zu verhalten."

Die Verse von Adam und Eva, in denen Voltaire die kirchliche Doktrin von der Abstammung des Menschen verhöhnte, machten die an sich schon verworrene Lage noch komplizierter. Eine vom Autor nicht autorisierte Fassung war bereits erschienen, und Voltaire hatte sich zunächst nur über die zahlreichen Druckfehler geärgert. Doch die Behörden, angestachelt von einigen empörten Mitgliedern der klerikalen Hierarchie, waren nun doch in Zorn geraten, und Voltaire wurde erneut von Freunden gewarnt und gedrängt, das Land zu verlassen, bis sich die Gemüter beruhigten.

Für eine Reise nach Preußen wäre dies genau der richtige Zeitpunkt gewesen, und Émilie konnte Voltaire letzten Endes auch nicht daran hindern. Sie schien ihm jedoch klargemacht zu haben, daß sie sich öfter sehen könnten, wenn er in der Nähe bliebe. Jedenfalls trennten sie sich Anfang Dezember 1736 mit der Aussicht, auch Weihnachten nicht zusammen zu verleben.

Émilie hatte nicht die Absicht, jetzt nach Paris zurückzukehren und dort die Festtage zu verbringen. Sie blieb allein in Cirey und war jederzeit bereit, ihren Liebhaber in den Niederlanden zu treffen, wenn er nach ihr schickte. Zweifellos hatte sie Angst, wenn sie zu weit von ihm entfernt wäre, könne er seine Pläne ändern und doch noch die lange Reise nach Berlin unternehmen; doch zunächst erwähnte sie davon kein Wort.

Voltaire verlebte inzwischen herrliche Tage. Er reiste als Kaufmann und unter dem Namen Révol, doch ganz offenbar war es ihm mit dieser Tarnung nicht allzu ernst. Zunächst machte er halt in Antwerpen, wo man zu Ehren von M. Révol die *Alzire* aufführte. Die Nachricht von seinem Kommen eilte ihm nach Brüssel voraus, dort wurde die Ehrung wiederholt, und als er nach Holland kam, wurde das Stück auch in Amsterdam und Leyden gespielt.

Émilie war in Angst und Sorge. Erst am letzten Tage des Jahres erhielt sie von ihm einen kurzen Brief, in dem er sich darüber beschwerte, die holländische Übersetzung der *Alzire* sei ungenau und phantasielos.

„Mein Herz bricht vor Kummer und Sorge", schrieb sie zurück und bat ihn dringend, ihr öfter zu schreiben.
Doch Voltaire wußte, was er tat. Die Behörden würden alles tun, um ihn schlechtzumachen, wenn sie ernsthaft die Absicht hatten, ihn zu verhaften, und unter diesen Umständen hatte er nicht die Absicht, Liebesbriefe an eine verheiratete Frau zu schreiben. Vermutlich wurden alle Briefe nach Cirey von der Geheimpolizei geöffnet: er wollte jedenfalls kein Risiko eingehen. Er sandte daher nur ab und zu kurze Briefe an Émilie, redete sie formell mit Madame an und beschränkte sich auf wenige unpersönliche Zeilen.
Es trug nicht zu Émilies Gemütsberuhigung bei, als Freunde ihr erzählten, die holländischen Zeitungen seien erfüllt von Voltaires triumphaler Reise. In Aachen gab man ein Bankett zu seinen Ehren. In Leyden hatte er eine ausführliche Konferenz mit Fachgelehrten der Newtonschen Philosophie und Physik. In Utrecht feierten ihn die Studenten mit einer Serenade, und er war der Ehrengast bei einem Bankett, das bis in die Morgenstunden andauerte.
Den schlimmsten Schlag versetzte ihr ein Artikel in der Utrechter *Gazette* vom 14. Januar 1737, der besagte, daß M. de Voltaire unmittelbar vor einer Reise nach Preußen stehe, wo er dem Kronprinzen einen Besuch abstatten wolle.
Émilie hatte keine Ahnung, ob der Bericht auf Wahrheit beruhte oder nicht; sie wußte auch nicht, wohin sie Voltaire schreiben und ihn um Bestätigung bitten sollte. In ihrer Panik wandte sie sich an d'Argental und schrieb ihm einen Brief, in dem sie jeden Stolz abgelegt hatte.
„Ich bitte Sie, überreden Sie M. de Voltaire unter allen Umständen nach Cirey zurückzukehren. Ich bin krank, ich habe seit zwei Tagen Fieber; in vier weiteren Tagen mag die Heftigkeit meiner Gefühle mich umbringen.
Wen gibt es, der ihn vor sich selber zu retten vermag? Ich selber habe mir zumindest keine Vorwürfe zu machen, doch das ist ein schwacher Trost. Ich bin nicht zum Glück geboren, meine Gedanken sind wirr vor Kummer."
Es lag nicht ausschließlich an Voltaire, daß Émilie so lange im unklaren blieb. Zwar stimmte es, daß er sich glänzend unter-

hielt, doch auch anderes hielt ihn in Atem. Er war mit einem großen Projekt beschäftigt, das ihn völlig in Anspruch nahm, und er hatte triftige Gründe, die Sache geheimzuhalten.

In Frankreich waren damals Newtons wissenschaftliche Thesen nur in den sehr begrenzten Kreisen bekannt, die sowohl mit Algebra wie mit Latein vertraut waren. Seit Jahren hatte Voltaire die Ansicht vertreten, es müsse darüber eine ausführliche Arbeit in französischer Sprache für die Gebildeten geschrieben und publiziert werden, und er hatte mit Émilie zusammen einen langen Essay über das Werk des großen Engländers verfaßt.

Gerade vor seiner Flucht aus Frankreich war dann das Manuskript des Buches fertig geworden, das Voltaire für das wichtigste Werk seines Lebens hielt: *Les Eléments de la philosophie de Newton.* Aber er wußte: wenn er jetzt mit den Behörden wieder in Konflikt geriet, so würde kein Drucker in Paris es wagen, das Buch herauszubringen.

Er gab daher die Arbeit bei einem Amsterdamer Drucker in Auftrag, was für ihn eine erheblich vermehrte Arbeit und Verantwortung mit sich brachte. Der Drucker sprach kein Französisch, die Arbeit mußte also mit größter Sorgfalt beaufsichtigt werden, was bis etwa April oder Mai dauern würde. Bis dahin wollte Voltaire in Holland bleiben.

Der Empfang und der Aufenthalt in Preußen, der ihm zugesagt worden war, reizten ihn immer noch, und ab und zu spielte er wieder mit dem Gedanken, im Frühling hinzufahren. In vorsichtigen Briefen an d'Argental und einige andere Freunde erwähnte er diese Möglichkeit, hielt es jedoch nicht für nötig, die Adressaten um Stillschweigen gegenüber seiner Mätresse zu bitten.

Ende Januar erfuhr Émilie, daß er sich in Amsterdam für längere Zeit niedergelassen hatte, und fing an, ihn mit Briefen zu bombardieren. Aus den Andeutungen von Freunden mußte sie entnehmen, daß Voltaire immer stärker von Kronprinz Friedrich gedrängt wurde, der ihm offenbar regelmäßig schrieb. Ihre Antwort bestand in einer Verstärkung der eigenen aufgeregten Briefe.

Leider gehören diese Briefe zu dem Teil des Nachlasses, der nicht erhalten geblieben ist, sie können also nur nach ihren

Resultaten gewertet werden. Voltaire drängte den Drucker um Beschleunigung der Arbeit, und Ende Februar, sechs Wochen vor der vereinbarten Zeit, war der Druck der *Eléments* vollendet.
Voltaire schrieb an den Kronprinzen einen herzlichen und bedauernden Brief voller Ausflüchte und gab dann bekannt, er fahre jetzt nach England, dem Land, das er als Paradies auf Erden betrachte.
Émilie hörte davon, glaubte es und war verzweifelt, erholte sich aber schnell wieder, als Voltaire völlig unerwartet und geradezu dramatisch in Cirey erschien. Er hatte die Reise nach England nur vorgetäuscht, um die Geheimpolizei von seiner Spur abzubringen, denn immer noch drohte ihm Verhaftung, doch er konnte offenbar der Verlockung, Émilie zu sehen, nicht widerstehen.
Wenige Tage später erschien der Marquis du Châtelet zu einem kurzen Besuch in Cirey und nahm bei der Abreise nach Paris einen Brief von Voltaire an d'Argental mit. Bei ihm war die Post zweifellos am allersichersten aufgehoben. In diesem Brief äußerte sich Voltaire noch offener, als es sonst bei ihm üblich war.
„Ich gestehe Ihnen: hätte mich nicht eine Freundschaft zurückgerufen, die stärker ist als alle sonstigen Gefühle, so hätte ich bereitwillig den Rest meiner Tage in einem Land zugebracht, wo mir meine Feinde nichts anhaben können. In Frankreich habe ich nur Verfolgung zu erwarten, daraus besteht hier mein Lohn. Ich würde mit Abscheu an ein Leben in diesem Lande denken, wenn mich nicht die Zärtlichkeit und die edlen Eigenschaften derjenigen, die mich hier festhält, vergessen ließen, wo ich bin. Ich bin bereitwillig zum Sklaven geworden um der Gemeinsamkeit willen mit dem Menschen, neben dem alles Ungute verschwindet. Immer habe ich gesagt, daß, wäre mein Vater, mein Bruder oder mein Sohn Ministerpräsident in einem despotischen Staate, ich noch morgen das Land verlassen würde, doch Mme. du Châtelet bedeutet mir mehr als Vater, Bruder oder Sohn. Ich habe keinen anderen Wunsch, als in den Bergen von Cirey zu leben."
Zunächst also hatte die Liebe gesiegt, und Kronprinz Friedrich

von Preußen hatte eine Schlacht verloren in dem Bemühen, Voltaire für sich zu gewinnen. Er erkannte, daß er seinen Gegner unterschätzt hatte, und griff nun zu anderen Mitteln. Im Frühjahr schrieb er Voltaire einen Brief, in dem er zu platten Schmeicheleien seine Zuflucht nahm. Es hieß da: „Wie sehr schätze ich einen Philosophen, der sich in der Gesellschaft der unvergleichlichen Émilie zu erholen versteht! Auch ich gebe zu, daß mir viel mehr an ihrer Bekanntschaft läge als am Wissen von der Schwerkraft, von der Quadratur des Kreises, der Verflüssigung des Goldes oder der Sünde wider den Heiligen Geist."

Friedrich war ein ausgekochter Lügner. Ihm lag nicht das geringste an einer Bekanntschaft mit Émilie, und er unternahm natürlich auch nichts in dieser Richtung. Es wäre ihm ein leichtes gewesen, Voltaire zur Annahme der immer wiederholten Einladungen zu bewegen — er hätte nur Émilie darin einzuschließen brauchen. Die ostentative Auslassung ihres Namens in seinen Einladungsbriefen verriet deutlich, was er wirklich dachte.

Émilie war sich völlig im klaren über dieses anhaltende Tauziehen und ärgerte sich über Voltaires Blindheit. Sie mußte jedoch sehr behutsam vorgehen, damit er ihre Ungeduld nicht sah. Er haßte Eifersucht und würde sich gewiß zurückziehen, wenn er davon eine Spur bemerkte.

Im Juli erschien ein Abgesandter des preußischen Kronprinzen in Cirey. Es war Baron von Keyserling, ein erfahrener Diplomat, einer der wenigen Intellektuellen, die Preußen besaß, und ein Angehöriger des inneren Kreises von Homosexuellen um Friedrich, der Frauen nicht nur verachtete, sondern, wie Émilie befürchtete, ihre Gedanken zu lesen verstand. Friedrichs Brief, den er Keyserling bei dessen Abreise übergeben hatte und den Keyserling der Gastgeberin vorzeigte, war so blumenreich, daß sie alle ihre Ängste bestätigt sah und mehr denn je überzeugt war, daß Friedrich sie von Voltaire zu trennen versuchte. In dem Briefe hieß es:

„Denken Sie daran, daß Sie sich in ein irdisches Paradies begeben, an einen Ort, tausendmal schöner als die Insel der Kalypso; daß die Göttin dort in nichts der Schönheit des Telemachus nachsteht. Sie werden in ihr alle Grazien des Geistes finden, die denen des Körpers so hoch überlegen sind, und werden erleben, daß dieses Wunder unter den Frauen noch in ihren Mußestunden nach der Wahrheit sucht. Sie werden dort den Geist in seiner höchsten Vollendung erleben, Weisheit ohne Schärfe, umgeben von Liebe und Lächeln."

Voltaire war von diesem Brief entzückt. Die Komplimente nahm er alle für bare Münze. Émilie lächelte, doch sie hatte jetzt keinen Zweifel mehr, daß der zukünftige König von Preußen ihr Todfeind war, der nicht ruhen würde, bis er ihr Voltaire entrissen hatte. Ihre gegenwärtige Lage war auch ohne diese Gefahr prekär genug, denn täglich fürchtete sie, die Geheimpolizei werde plötzlich auftauchen und ihren Liebhaber verhaften, bevor er über die Grenze verschwinden konnte.

Voltaire freute sich geradezu kindlich über die vom preußischen Kronprinzen gesandten Geschenke. Er hängte Friedrichs Porträt in seinem Schlafzimmer an die Wand und stellte die Bücher, die der Prinz ihm geschickt hatte, deutlich sichtbar auf seinem Schreibtisch auf, wo sie auch blieben, nachdem er sie — meistens laut — gelesen hatte.

Émilie sagte nichts dazu. Im Gegenteil, sie bot ihren ganzen Charme für den Besucher auf. Abends gab es Theatervorstellungen und Feuerwerk, sie gab mehrere Diner-Gesellschaften zu Ehren des preußischen Gastes. Der Herzog von Richelieu und seine Frau kamen eigens aus Paris, um daran teilzunehmen. Keyserling blieb mehr als vier Wochen in Cirey, und in der ganzen Zeit war Émilie die Liebenswürdigkeit selbst.

Bis auf den letzten Tag. Da erfuhr sie nämlich, daß der Baron zwei Ziele im Auge gehabt hatte, eins auf kurze und eins auf lange Sicht. Er hatte den Auftrag, ein Exemplar der vielberedeten *Pucelle* mit nach Berlin zu bringen. Friedrich wollte — abgesehen vom Autor — der erste Mann in Europa sein, der das amüsante Werk in der Gesamtheit zu lesen bekam.

Doch in diesem Punkt hielt Émilie die Zügel fest in der Hand und gab sie auch nicht her. Sie traute Friedrich nicht. Wurde auch nur ein geringer Teil der *Pucelle* veröffentlicht, so bedeutete das, wie sie genau wußte, für Voltaire die dauernde Verbannung aus Frankreich, wenn er überhaupt noch entfliehen konnte. Fiel er der Polizei in die Hände, so hatte er mit Jahren in der Bastille zu rechnen, und der gesamte Einfluß aller seiner Freunde würde ihm nicht helfen. Vor seiner letzten Auslandsreise hatte sie ihn überredet, ihr das Originalmanuskript der *Pucelle* zur Aufbewahrung zu geben. Sie hatte es sorgfältig im Schloß verborgen — vielleicht auch in einem geheimen Versteck irgendwo auf dem Gelände; er wußte es nicht.

Das Drama, das sich in der letzten Juliwoche 1737 hinter den verschlossenen Türen von Émilies und Voltaires Privatzimmern abspielte, geht teilweise aus der Korrespondenz des zornig erregten Dichters hervor. Er schrieb an d'Argental: „Ich habe vergeblich gebeten und gedroht, Mme. du Châtelet bleibt eisern bei ihrem Nein und weigert sich, mir die Papiere auszuhändigen, die mir doch gehören. Umsonst habe ich ihr vorgestellt, daß das Werk, das ich allein mit meiner Arbeit hergestellt habe, genauso mein Eigentum ist wie die Meierei in der Normandie, die ich vor einigen Monaten um billiges Geld erworben habe."

Die Antwort des Freundes brachte ihm keinen Trost . . . „Madame du Châtelet", schrieb d'Argental, „beweist sowohl Klugheit wie Vorsicht. Für beides muß ich sie loben."

„Ich wünschte sehr, Sie könnten wieder herkommen, es ist so schön hier" schrieb Voltaire in einem langen Brief an den Herzog von Richelieu. „Doch wenn unsere reizende Freundin sich etwas in den Kopf gesetzt hat, kann nichts und niemand sie davon abbringen. Ich wollte, Sie mit Ihrer ruhigen Vernunft wären hier und könnten ihr den Weg weisen, der in meinem Interesse liegt."

„Ich habe sowohl von Ihnen wie von unserer Freundin Nachricht erhalten", schrieb Richelieu kurz zurück, „und mir scheint, daß die Kraft der Logik durchaus auf ihrer Seite liegt. Jede andere Behandlung des Problems, das Sie mir darstellten, wäre unsinnig, vielleicht sogar tollkühn. Preisen Sie sich glücklich, daß Sie eine gelassene und philosophische Lebenseinstellung besitzen."

Émilie blieb hartnäckig bei ihrer Weigerung, das Versteck preiszugeben oder Voltaire das Manuskript auszuhändigen.

Ihm war das außerordentlich peinlich, und er schrieb einen Brief mit vielen Entschuldigungen an den preußischen Kronprinzen. Es hieß darin: „Ihr Gesandter wird Ihnen berichten, daß es unmöglich war, Ihre Bitte zu erfüllen. Das lag nicht an mir. Seit vielen Monaten befindet sich das kleine Werk in den Händen von Mme. du Châtelet, die es nicht hergeben will. Dank der Freundschaft, mit der sie mich beehrt, kann ich nichts riskieren, das mich für immer von ihr trennen könnte. Sie hat auf alles verzichtet, um hier am Busen dieses idyllischen Plätzchens mit mir zu leben und zu arbeiten; sie weiß, daß — würde auch nur ein kleiner Teil des Werkes bekannt — dies ohne Zweifel einen Sturm hervorrufen würde. Sie fürchtet auch den geringsten Zufall."

Friedrich mußte sich zum Lächeln zwingen. Eine eigensinnige Frau hatte ihn besiegt, und sein Respekt für sie, den Gegner, wuchs.

Émilie dachte nicht weiter nach über den gerade erfochtenen Sieg; mit ihrer charakteristischen Energie wandte sie sich einer neuen Aufgabe zu. Die Akademie der Wissenschaften hatte einen Essay-Wettbewerb auf dem Gebiet der Physik ausgeschrieben, an dem einige der prominentesten Wissenschaftler Frankreichs teilnahmen. Voltaire, den es wenig kümmerte, daß er nur Amateurwissenschaftler war, hatte monatelang an einem Essay gearbeitet, mit dem auch Émilie völlig vertraut war. In einem Monat, am 1. September, war Einsendeschluß, und plötzlich beschloß sie, ebenfalls mitzumachen.

Voltaire, das wußte sie, würde ihr entgegenhalten, sie habe nicht genügend Zeit zur Vorbereitung eines angemessenen Beitrags; sie sagte ihm daher nichts von ihrem Plan. Sie mußte also zu ganz verschiedenen Zeiten und ohne sein Wissen daran arbeiten, und das bedeutete, daß sie auf Schlaf verzichten mußte. Zwei Wochen lang arbeitete sie täglich bis spät in die Nacht und schlief dann nicht mehr als jeweils eine oder zwei Stunden. Um sich wachzuhalten, wandte sie eine eigene Methode an: Sie tauchte die Hände so lange in eiskaltes Wasser, bis sie gefühllos wurden, dann schritt sie auf und ab und schlug dabei mit den Armen um sich, bis die Blutzirkulation wieder normal war.

Erst als sie die Arbeit abgeschickt hatte, erzählte sie Voltaire, daß auch sie an dem Wettbewerb teilgenommen habe. Ihre und seine Ideen waren einander entgegengesetzt, wobei natürlich Émilie im Vorteil war, da sie wußte, was Voltaire geschrieben hatte.

Voltaire behauptete, Licht und Feuer seien zwei getrennte Einheiten. Jede war materiell, jede übte Druck aus, ließ sich teilen und vermehrte sich. Émilie nahm den gegensätzlichen Standpunkt ein und suchte zu beweisen, daß Licht und Feuer dasselbe Element waren; luminös war es, wenn es sich in einer direkten Linie bewegte, und Hitze rief es hervor, wenn die Bewegung der Partikel unregelmäßig verlief.

Was sie nicht erkannte, war, daß die Bewegung nur aus Vibrationen bestand und daß die verschiedenen Wirkungen von verschiedenen Tempi verursacht wurden. Sie behauptete jedoch, daß Lichtstrahlen verschiedener Farben nicht die gleichen Hitzegrade hervorriefen, und diese Theorie wurde nahezu hundert Jahre später bestätigt. Ihr wissenschaftliches Denken war unorthodox, aber gut fundiert.

Émilies Essay war — vielleicht charakteristisch für sie — vierundachtzig eng beschriebene Seiten lang. Voltaire hatte Monate für seine Arbeit gebraucht, die dann weniger als halb so lang ausfiel. Er hielt die ihre für weit besser, und ihr ging es mit seiner ebenso; jeder war überzeugt, der andere werde den Preis gewinnen.

Beide waren bitter enttäuscht, als die Akademie der Wissenschaften Anfang 1738 ihre Entscheidung bekanntgab. Der Preis wurde unter drei professionellen Wissenschaftlern geteilt; die beste Arbeit, die eines Jesuiten, war sechzehn Seiten lang. „Wir sind ganz verzweifelt“, schrieb Émilie an Maupertuis. „Es ist sehr bitter, daß der Preis aufgeteilt worden ist und daß M. de Voltaire keinen Anteil daran hat.“

Ganz so schlimm war es nicht. Die Tatsache, daß der Dramatiker-Dichter-Historiker und die Aristokratin überhaupt eigene Arbeiten vorgelegt hatten, war bei den Veranstaltern mit großem Interesse aufgenommen worden, und obgleich die geäußerten Ansichten radikal waren, fand die Jury, daß sie eine Veröffentlichung verdienten. Die Frage wurde den Mitgliedern der Akademie vorgelegt, die sich einstimmig dafür aussprachen, daß beide Essays in die gleiche Schrift aufgenommen wurden wie die preisgekrönten Arbeiten. So hatten die beiden Verfasser doch noch das letzte Wort, denn ihre Arbeiten erregten größeres Aufsehen als die der Preisträger.

Kronprinz Friedrich benutzte jede Gelegenheit, um dem Gegner schönzutun, mit dem er die Klingen gekreuzt hatte; und es ist auch nicht ausgeschlossen, daß ihm Émilies Arbeit wirklich imponierte. „Ohne Ihnen schmeicheln zu wollen", schrieb er, „darf ich Ihnen versichern, daß ich niemals Ihr Geschlecht, das die Grazien mit allen holden Gaben versahen, eines solchen Wissens, so gründlicher Forschung und profunder Entdeckungen für fähig gehalten hätte, wie sie in Ihrer Arbeit zutage kommen. Ihnen schuldet die Frauenwelt, was die italienische Sprache Tasso schuldig ist; denn sie — oft weich und aller Kraft beraubt — klingt männlich und energisch im Munde dieses großen Dichters. Schönheit, sonst der Damen höchstes Attribut, darf bei Ihnen nur unter die geringeren Gaben gezählt werden."

In der gleichen Tonart schrieb er an Voltaire über Émilies Arbeit. „Ich war sehr erstaunt, als ich die Schrift las. Nie würde man vermuten, daß ein solcher Essay von einer Frau geschrieben sein könnte. Auch der Stil ist maskulin und in jeder Hinsicht dem Thema angepaßt." Er fand nichts daran auszusetzen, abgesehen von unwichtigen Details bei ihren Bemerkungen über die mögliche Entstehung von Waldbränden. Man merkte deutlich, daß der Schreiber sich angestrengt hatte, um irgend etwas zum Bemängeln zu finden.

Émilie hatte Grund zur Genugtuung, und sie war erleichtert, als Voltaire damit aufhörte, jeden Abend die literarischen Produkte des preußischen Kronprinzen vorzulesen. Es bleibt offen, ob das auf den erhöhten Status seiner Geliebten zurückzuführen war, oder ob er es einfach müde wurde, sich täglich die Werke des zukünftigen Monarchen zu Gemüte zu führen. Friedrich ließ jedenfalls nicht nach in seinen Bemühungen, Voltaire ohne Begleitung zu einem Besuch in Berlin zu bewegen, und schrieb ihm und Émilie auch weiterhin überschwengliche Briefe, die Voltaire mit gleicher Münze erwiderte: „Jedesmal,

wenn wir am Bilde Ihrer Königlichen Hoheit vorbeigehen, singen wir die Hymne von Simon im Tempel", konnte man in einem seiner Briefe lesen.
Émilie war jedenfalls leichter zumute, obwohl sie wußte, daß die Gefahr nur für den Augenblick beseitigt war. Es fiel ihr daher nicht schwer zu lügen, und in ihren Briefen an Freunde verkündete sie jetzt ohne weiteres, sie werde zusammen mit Voltaire nach Berlin fahren, sobald Friedrich seinem Vater auf den Thron gefolgt war.

X

Anfang 1738 starb Voltaires ältester Bruder, mit dem er seit vielen Jahren auf schlechtem Fuß gestanden hatte. Er hinterließ zwei verwaiste Töchter, und da sich offenbar niemand um sie kümmerte, beschloß Voltaire, sich ihrer anzunehmen. Die ältere der beiden, Louise Arouet, sechsundzwanzig Jahre alt und unverheiratet, kam zu einem Besuch nach Cirey und gefiel dem Onkel recht gut. Sie war hübsch und ähnelte Émilie in Temperament und Wesen; sie hielt sich für eine Intellektuelle und hatte ein ebenso leidenschaftliches Interesse für Musik wie Émilie für Naturwissenschaften.

Voltaire hätte sie gern mit dem Sohn eines Nachbarn verheiratet und versprach ihr eine große Mitgift, aber Louise weigerte sich: sie war ein Stadtmensch, und die Vorstellung, den Rest ihres Lebens auf dem Lande, in einem kleinen Dorf der Champagne zu verbringen, fand sie ganz unmöglich. Überdies hatte sie einen Bewerber in Paris, den sie heiraten wollte, einen netten jungen Mann aus dem Mittelstand. Er hieß Denis, und Voltaire war denn auch einverstanden, daß sie ihr Leben nach ihrer Façon führte. Denis erhielt also die Mitgift, Louise wurde seine Frau, und Voltaire gab höchst zufrieden von weitem seinen Segen. Er war nicht zur Hochzeit erschienen, weil alle diese Feste einander gleich waren und er sie unerträglich langweilig fand.

Aus Louises Beschreibung des Lebens in Cirey sprach etwas Mitleid, ein wenig Ehrfurcht und viel Herablassung. Gefallen hatte ihr gar nichts. Während sie dort war, wurden mehrere neue Stücke aufgeführt; doch man mußte dazu Marionetten verwenden, und die meisten Puppen wurden von Voltaire und Mme. du Châtelet manipuliert, die beide keine Experten in der Behandlung von Marionetten waren. Mme. Denis fand, die Sache sei ihres genialen Onkels durchaus unwürdig.

Voltaire arbeitete zuviel, wie immer, und hatte oft Magenbeschwerden; er hielt sich daher an eine leichte gewürzlose Diät. Madame du Châtelet hingegen, so hieß es, sei recht rundlich (was nicht stimmte), doch sehr hübsch und sehr liebenswürdig, und für Voltaire sei ihr keine Mühe zu groß. Beide seien einander so zugetan wie eh und je; Mme. Denis war der Ansicht, ihr Onkel sei verhext — was ihm aber nicht schlecht bekomme.

Émilie hegte gegenüber Louise nicht ganz so freundliche Gefühle. Daß sie hübsch war, kümmerte die Marquise wenig — die eigene Schönheit ließ da gar kein Gefühl der Unsicherheit aufkommen, auch wenn die andere noch so anziehend war. Was sie jedoch nicht vertragen konnte, war der kühle Scharfsinn dieser Nichte, der dem Genius des Onkels sehr ähnlich war. Émilie war bisher bei geistreichen Diskussionen daran gewöhnt gewesen, daß die weiblichen Zuhörer in ehrfurchtsvolles Schweigen versanken, und auch unter den Männern widersprach ihr kaum je einer, ausgenommen natürlich Voltaire.

Louise jedoch bestritt jede Behauptung, verlangte Beweise für jede Theorie und suchte alles Gesagte zu widerlegen. Émilie war zuerst amüsiert, dann verärgert und schließlich empört. Sie bemühte sich jedoch, nichts davon merken zu lassen; nur in langen Klagebriefen an vertraute Freunde machte sie ihrem Herzen Luft. Sie war sehr erleichtert, als Louise nach Paris zurückfuhr, wo die Hochzeit stattfinden sollte.

Das Jahr 1738 verlief sehr ruhig für die beiden Liebenden in Cirey. Auf Geselligkeit und Trubel hatten sie verzichtet. Sie arbeiteten, lasen, debattierten und genossen die selbstgewählte Isolierung. Von Zeit zu Zeit machte sich die Außenwelt bemerkbar, und als die Geheimpolizei schließlich aufgehört hatte, nach Voltaire und seiner Arbeit zu fahnden, konnte er auch wieder am literarischen Leben Frankreichs teilnehmen. Offenbar zog ihn jedoch nichts nach Paris; er und Émilie fühlten sich wohl in Cirey und blieben den größten Teil des Jahres dort.

Voltaire entwarf die Pläne für einen neuen Dunkelraum, den Émilie gern haben wollte für ihre weiter fortgeschrittenen physikalischen Experimente. Sie war jedoch mit seinen Entwürfen nicht einverstanden und entwickelte einen eigenen

Plan. Tagelang redeten sie hin und her, konnten sich aber nicht einig werden und kamen dann zu einer vernünftigen Lösung: es sollten zwei Dunkelräume gebaut werden, dann werde man sehen, welcher sich für die Experimente besser eignete. Das Projekt nahm wochenlang einen großen Teil ihrer Zeit in Anspruch.

Als die Arbeit beendet war, wurden die gleichen Experimente in beiden Räumen ausgeführt. Der nach Émilies Plänen erbaute Raum erwies sich als weit geeigneter. Voltaire war begeistert, daß er hier unterlegen war, und pries die Intelligenz der Freundin in mehreren Briefen an nahestehende Freunde. Er war geradezu stolz darauf, daß ihn seine Mätresse bei diesem Wettbewerb geschlagen hatte.

Émilie freute sich ebenfalls, und dann bewies sie, daß sie zuweilen auch praktisch denken konnte. Der nach Voltaires Angaben errichtete Raum stand nun leer, und hier haßte sie Verschwendung, obgleich es natürlich in dem Riesenschloß noch viele unbenutzte Zimmer gab. An dem einen Ende des Raumes stand ein mächtiger Herd, und Émilie kam daher auf die Idee, man könnte den Raum mit geringen Kosten in eine zweite Küche umwandeln und dort die kleinen Mahlzeiten zubereiten, die sie manchmal spät in der Nacht noch zu sich nahmen.

Im achtzehnten Jahrhundert war das eine geradezu revolutionäre Idee. Jahrhundertelang waren Aristokratie und Mittelstand daran gewöhnt gewesen, daß die Küche sich draußen befinden mußte, in einem Extrabau, der zwar mit dem Haupthaus verbunden, aber niemals ein Teil von ihm war. Auf diese Weise hielt man jeden Küchendunst vom Herrenhause fern, und auch die Feuergefahr wurde vermindert, denn ein Herdfeuer gab es nur in der separaten Küche.

Émilie und Voltaire machten jedoch die Küchendüfte nichts aus, und die große Annehmlichkeit der nahegelegenen Küche war ihnen wichtiger als die mögliche Gefahr eines Feuers bei der Zubereitung von Hasenpfeffer oder Wildragout in den frühen Morgenstunden. Sie waren begeistert von der neuen Küche, und Voltaire schrieb an Freunde, sie trage erheblich zu ihrer beider Bequemlichkeit bei.

Ohne es zu wissen, hatten die beiden damit eine neue Mode

ins Leben gerufen. Allmählich folgten andere dem Beispiel, und bei Neubauten wurden die Küchen dann immer mehr in die Häuser verlegt und nicht mehr nach draußen. Von Émilie ist zu diesem Thema nur ein kurzer Satz am Ende eines langen Briefes an Richelieu erhalten geblieben, in dem sie betont, wie viel besser sich Gerichte heiß halten ließen, wenn sie in dem Hause gekocht waren, wo sie auch verzehrt wurden. Im Laufe der Zeit nahmen auch andere diese Gewohnheit an, die die beiden Einsiedler von Cirey eingeführt hatten. Eine Küchenrevolution begann sich anzubahnen.

Gelegentliche Besucher brachten willkommene Zerstreuung. Zu ihnen gehörte vor allem Mme. de Graffigny, die am 4. Dezember 1738 in Cirey eintraf. Diese Frau wäre gewiß ohne den Besuch in Cirey unbekannt und namenlos geblieben; ihr verdankt jedoch die Nachwelt — mehr als jedem anderen — unzählige Einzelheiten aus dem Zusammenleben von Émilie und Voltaire. Françoise d'Issembourg-d'Happencourt de Graffigny war damals dreiundvierzig Jahre alt; sie gehörte einer verarmten Adelsfamilie an. Als halbes Kind noch hatte sie den Kammerherrn am Hofe des Herzogs von Lothringen geheiratet, der allen Berichten zufolge ein durchaus unerfreulicher Mann war: ein brutaler, geiziger Tyrann, der jedem, der näher mit ihm zu tun hatte, das Leben zur Hölle machte. Seine Frau litt schwer unter ihm und nahm ihre Zuflucht zunächst zur Literatur und dann zur Freundschaft mit Schriftstellern.

Trotz aller ihrer Kümmernisse blieb sie in vieler Hinsicht eine romantische und schwärmerische Idealistin; für sie wohnten alle Gestalten der Literatur hoch oben auf dem Olymp. Ende 1736 wurde ihre Ehe so unerträglich, daß sie sich zu ungewöhnlichen Maßnahmen gezwungen sah: sie ersuchte die weltlichen und kirchlichen Behörden um den Konsens zu einer Trennung, der ihr auch gewährt wurde. Ihren Mann war sie nun los, aber damit auch ihr Zuhause, und da sie kaum einen Pfennig besaß, sah ihre Lage nicht rosig aus. Mitfühlende Freunde nahmen sich ihrer an und luden sie zu langen Besuchen ein; davon lebte sie vorerst.

Sie kannte Émilie schon seit Jahren; wo sie einander kennengelernt hatten, ist nirgends festgehalten. Voltaire hatte sie zuerst 1735 gesehen. Er und Émilie hatten großes Mitleid mit ihr und luden sie mit Freuden nach Cirey ein. Von den Spitznamen, die Mme. de Graffigny für beide hatte, wußten sie natürlich nichts. Sie nannte Voltaire „Idol", was ihm eine Gänsehaut verursacht hätte, und Émilie „Nymphe", was blödsinnig war, denn Mme. du Châtelet war ungewöhnlich groß und stattlich und hatte das etwas linkische Gebaren der Kindheit niemals ganz abgelegt; noch immer zerbrach sie zuweilen eine Nippfigur oder krachte mit einem Stuhl um. Auch mit der blühendsten Phantasie war an ihr nichts Nymphenhaftes zu finden.

Das beste an der Besucherin war zweifellos ihr sehr geringes Talent zum Briefeschreiben: ein nützliches Moment für die Nachwelt, denn sie ersetzte Qualität durch Quantität; kein noch so banales Detail des Alltags entging ihrer Feder. Sie hatte nichts gemein mit Madame de Sévigné, der anerkannt größten Briefschreiberin ihrer Epoche, die sich für die Länge ihrer Episteln mit den Worten entschuldigte: „Ich hatte leider keine Zeit, mich kurz zu fassen."

Die meisten ihrer Briefpartner waren junge Autoren; einige hatten gerade begonnen, sich einen Namen zu machen, andere waren noch völlig unbekannt. Alle waren selbstverständlich neugierig auf Berichte aus dem privaten Leben des größten Dramatikers, Dichters und Historikers. Wo Mme. de Graffigny etwas nur andeutete oder nicht in die Einzelheiten ging, verlangten sie mehr. Das Ergebnis des zweimonatigen Besuchs war eine enorme Anzahl von Fakten, Details, Meinungen und unbedeutenden Trivialitäten, die jedoch das Bild vom Leben in Cirey gut abrundeten.

Leider waren der Charakter der Briefschreiberin und ihre vielen Vorurteile nicht dazu angetan, den Freunden ein unvoreingenommenes Bild zu vermitteln, und noch bedauerlicher war es, daß sie offenbar mit ungeheuren Erwartungen nach Cirey kam. Niemand weiß, was sie sich eigentlich vorgestellt hatte. Vermutlich hat sie gar nicht daran gedacht, daß Idol und Nymphe ja schließlich Menschen waren und mit menschlichen Fehlern behaftet. Ihre Enttäuschung war schließlich ebenso groß wie die anfängliche Begeisterung, deshalb müssen die

Berichte mit großer Vorsicht aufgenommen und ihre eigene Meinung möglichst eliminiert werden.
Ihre Ankunft im Schloß war nicht sehr verheißungsvoll. Die Straßen waren nach schweren Regenfällen in Schlammebenen verwandelt worden, die der Teufel gemacht haben müsse, wie sie sagte. Ihr Wagen war verschiedentlich steckengeblieben, sie hatte lange warten müssen und war kalt, naß und nahezu erschöpft, als sie endlich eines Morgens um zwei Uhr am Hauptportal des Schlosses vorfuhr.
Émilie war voll angezogen; sie hatte den Gast erwartet und kam selbst an die Tür, reizend anzusehen und sehr liebenswürdig; sie begleitete Mme. de Graffigny zu der Zimmersuite, die man für sie vorbereitet hatte, und holte ihr dann eigenhändig eine Schale mit heißer Suppe, Brot, Wein und ein Stück „köstlichen aromatischen Käse". Als sie damit zurückkam, erschien auch Voltaire in langer Hausrobe; er trug eine Kerze in der Hand und hatte offenbar schon geschlafen.
Wer Voltaire kannte, wußte, daß er kurz nach dem Erwachen nie in bester Laune war. Der Gast war jedoch ahnungslos und sah nicht, daß sein Entzücken nicht ganz echt war und er sich zu dem Handkuß nur neigte, um nicht reden zu müssen. Dann erkundigte er sich jedoch höflich nach dem Befinden von mehreren ihrer jungen Dichterfreunde, und sie ging sehr ausführlich darauf ein. Eine Viertelstunde lang hörte er ihr zu, dann verschwand er wieder in seinen Zimmern.
Am nächsten Tag hatte sich Mme. de Graffigny bereits völlig eingewöhnt und machte sich daran, buchstäblich alles und jedes, was sie sah, hörte, fühlte und roch, an ihre Briefpartner weiterzugeben. Die meisten Briefe gingen an François-Antoine Devaux, einen gutaussehenden Jüngling von Mitte Zwanzig, der zum Studium keine Lust gehabt hatte und sich jetzt Schriftsteller nannte. Er widmete seine kleinen Gedichte meist älteren Damen, die von seiner strahlenden Persönlichkeit gebührend beeindruckt waren. Auch Mme. de Graffigny, die von ihrer Umgebung nicht gerade verwöhnt wurde und sich oft nach ein wenig Wärme sehnte, nannte ihn „Geliebter Sohn" und redete ihn mit Pan-pan an.
Ihre Briefe an Pan-pan sind ein bemerkenswerter Beitrag zur

Kulturgeschichte des Briefes. Schon ein zehn bis fünfzehn Seiten langer Brief pro Tag hätte Anerkennung verdient, sie schrieb jedoch ohne Ausnahme jeden Tag mehrere solcher Briefe. Sobald sie irgend etwas hörte, sah oder wahrnahm, das sie interessierte, brachte sie es zu Papier — an guten Tagen schrieb sie sieben oder acht solcher Briefe an Devaux. Sie hatte eine kleine Handschrift, jeder der großen Bogen war bis zum Rande gefüllt. Wie sie an einem Tag hundert solcher Bogen mit Trivialitäten füllen konnte, ist schwer vorstellbar.

Nicht die geringste Kleinigkeit entging ihr. Sie konnte einen ganzen Absatz mit der Beschreibung einer Seidenschleife am Spitzenvorhang füllen. Auf der Treppe, die von der Terrasse zum Küchengarten führte, zählte sie die Stufen. Jedes der Gemüse und Kräuter wurde beschrieben, die man dort pflanzte, obgleich dies gar nicht die Jahreszeit dafür war; sie führte an, was Idol und was Nymphe in den Boden setzte und welche Pflanzen man dem Gesinde überlassen hatte. Gleich am Morgen nach ihrer Ankunft beschrieb sie alles in einem Brief an den lieben Pan-pan.

„Es ist hier so faszinierend, daß ich alles, was ich sehe und höre, Ihnen beschreiben möchte, liebster Pan-pan. Ich möchte Ihnen das gleiche Vergnügen zuteil werden lassen, wie ich es genieße — Sie sollen sich an diesem Besuch genauso freuen wie ich. Ich fürchte nur — da ich ja kein Dichter bin und Sie mir daher manche Ungeschicklichkeit nachsehen müssen —, daß ich vieles durcheinanderbringen und dadurch die Wirkung verderben werde. Es wird daher besser sein, daß ich Ihnen alles nicht Tag für Tag, sondern Stunde für Stunde schreibe, sonst könnten mich die Details wohl verwirren."

Sie begann den Bericht mit einer Beschreibung ihrer Gastgeber. Der auffallendste Zug an Émilie war der andauernde Redestrom — wahrhaft erstaunlich, schrieb Mme. de Graffigny, fügte jedoch noch hastig hinzu: „Sie spricht wie ein Engel." Auch der Tenor ihrer Konversation war eindrucksvoll. Sie konnte eingehend von Menschen in Paris oder am Hof von Versailles reden, die sie jahrelang nicht gesehen hatte, und schien auch mit dem jüngsten Klatsch vertraut. Sie kannte jedes Detail von Voltaires Buch- und Theaterarbeit, hatte die neuesten Bücher und Bühnenstücke gelesen und wußte sie alle kritisch zu beurteilen. Sprach man über ihre eigenen Arbeiten, so erging sie sich in Nonstopmonologen und bewies dabei so profunde Kenntnisse, daß der Gast nichts mehr begriff. Ebenso verstand sie es jedoch, über weibliche Angelegenheiten wie Kleider und Küche zu reden; es machte ihr viel Spaß, Rezepte für neue Gerichte zusammenzustellen, obwohl sie als große Dame das Kochen den Dienstboten überließ.

Sie trug ein Gewand in indischem Stil, mit Silber- und Goldfäden durchwirkt, die ein Muster im Stoff bildeten, und darüber eine Art großer Schürze aus schwarzem Taft. Ihr Haar, das mit den Jahren dunkler wurde, war sehr lang, es wurde am Hinterkopf gehalten und fiel in Locken „wie das Haar kleiner Mädchen", was ihr sehr gut stand.

Von Voltaire war Mme. de Graffigny überrascht. Er war angetan mit einer gepuderten Perücke, Seidenstrümpfen und elegantem Anzug, wie zu einem Besuch in Paris. Sie wußte nicht, ob er sich ihretwegen so angezogen hatte, stellte jedoch später fest, daß er sich immer sehr sorgfältig kleidete. Es kümmerte ihn nicht, daß er auf dem Lande lebte. „Ich glaube", schrieb sie an Pan-pan, „es macht ihm Freude, sich zu zeigen — gewiß ein eitles Vergnügen, doch ein Genie ist dazu wohl berechtigt."

Zufällig erschien am ersten Tag ihres Aufenthaltes auch der Marquis du Châtelet in Cirey; und da er in Staatsgeschäften reiste und in Brüssel militärische Dinge zu erledigen hatte, kam er ohne Mätresse. Sein Besuch war für die schwatzhafte Briefschreiberin eine glänzende Gelegenheit, das Verhältnis zwischen Émilie, ihrem Liebhaber und ihrem Ehemann zu beobachten; doch entweder fand sie wenig zu berichten, oder sie war uninteressiert an dem soldatischen Marquis, den keinerlei gemeinsame Interessen mit den anderen Hausbewohnern verbanden.

Der Marquis war ein offener, freimütiger Mann. Seine Kleidung war unelegant, er aß und trank reichlich und hielt sich meist draußen auf, wo er gern über die Wiesen und durch die regennassen Wälder ritt. Mit seiner Frau war er gut Freund — sie hatten einander nicht sehr viel zu sagen, doch die Gespräche waren freundlich und ohne Spannungen. Voltaire mochte er offenbar gut leiden; sie machten oft lange Spaziergänge zusammen, wie immer, wenn sie sich unter demselben Dach einfanden. Mme. de Graffigny traf sie eines Nachmittags in angeregter Unterhaltung an; sie sprachen über die Feldzüge Ludwigs XIV. gegen England, Österreich und Holland im Spanischen Erbfolgekrieg. Beide waren in ihr Thema vertieft, versuchten jedoch höflich, sie in die Unterhaltung einzubeziehen. Da Mme. de Graffigny sah, daß dies ein Männergespräch blieb, von dem sie wenig verstand, erhob sie sich nach einer Weile und verschwand.

Im Schloß befanden sich noch zwei weitere Gäste, die sich meistens für sich hielten. Der eine war der ältliche und halbinvalide Marquis de Trichateau, ein Verwandter der Familie du Châtelet, der seinem Vetter behilflich war bei der Beilegung eines komplizierten Prozesses, der sich mit Gütern am anderen Ende des Besitztums befaßte. Von Literatur hatte er keine Ahnung, Mme. de Graffigny fand ihn daher stumpfsinnig und redete ihn nur an, wenn es um der Höflichkeit willen nötig war.

Der andere Gast war eine Nachbarin, Mme. de Champbonin, die etwa fünfzehn Meilen entfernt wohnte. Sie war jung und hübsch, wenn auch viel zu dick; sie hatte sich Voltaires angenommen, als er neu hergekommen war. Sie kam oft auf Besuch und blieb dann einen oder zwei Tage, und Voltaire schien sich noch immer in ihrer Schuld zu fühlen. Émilie hingegen verhehlte nicht, daß sie die Nachbarin nur um seinetwegen in Kauf nahm.

Sie gehörte — das ging aus den Unterhaltungen hervor — zum Landadel, hatte keine große Bildung und wußte nichts von Literatur; was sie las, war oberflächliches Zeug, das niemand lesen würde, der eine Ahnung von Büchern hatte. Voltaire war für sie der fabelhafteste und faszinierendste Mann auf Erden, und hierin stimmte sie mit Mme. de Graffigny überein. Die beiden freundeten sich an. Wer mit ihr zu Füßen des Meisters saß, war für Mme. de Graffigny ein Mensch von Qualität.

Die Abendmahlzeit war der Höhepunkt des Tages, und Mme. de Graffigny geriet in Ekstase, weil das Essen in Voltaires Wohnzimmer serviert wurde, denn er schrieb an einer Arbeit,

die er nicht lange unterbrechen wollte. Sie zählte fünf Globen, eine Anzahl physikalischer Instrumente, die sie eingehend beschrieb, und Riesenmengen von Büchern. Sie gab sich Mühe, möglichst viele Titel zu behalten, die sie in ihrem nächsten Brief an Pan-pan anführte.
Sie saß auf dem Ehrenplatz zwischen dem Marquis du Châtelet und Voltaire und sah ihre kühnsten Träume erfüllt. „Es war ein bezauberndes Souper", schrieb sie, „sowohl dank meiner Gefühle wie dank der Umgebung. Worüber wurde nicht gesprochen! Dichtkunst, Wissenschaft, Kunst, und alles in leichtem Gesprächston mit viel Humor. Wie sehr wünschte ich, ich könnte sie für Sie wiederholen — die charmanten Reden, die unvergeßlichen Diskussionen! Doch das vermag ich nicht."
Das Essen war „erlesen, geschmackvoll und leicht"; Mme. de Graffigny verweilte lange bei jedem Gericht und hielt sich besonders eingehend bei der Zusammensetzung der Saucen auf. Großen Eindruck machte auf sie das schwere Tafelsilber und das exquisite Kristall. Doch jetzt kam der erste Wermutstropfen: was auf den Tisch kam, war köstlich, aber nicht so reichlich, wie sie es gern gehabt hätte. Sie war korpulent und liebte viel und fettes Essen, und daß der Marquis du Châtelet sich den Löwenanteil nahm, mißfiel ihr. Voltaire aß wie immer sehr wenig und Émilie ebenfalls, denn sie hielt sich gerade an eine Schlankheitsdiät, weil sie wieder zugenommen hatte, wie sie der Besucherin vertraulich mitteilte.
Der Marquis erwies sich als kein sehr guter Gesellschafter. Er sprach wenig und nahm an der Unterhaltung kaum teil; er gähnte öfter und sagte einmal halblaut zu Mme. de Graffigny, er sei im Felde bei seinen Truppen an frühere Abendmahlzeiten gewöhnt. Er aß hastig und in großen Mengen, während die anderen sich unterhielten, dann erhob er sich und ging schlafen, ohne sich weiter zu entschuldigen. Das alles geschah nicht ostentativ oder unhöflich; es hatte eher den Anschein, als halte er sich einfach an die Routine, die er auch sonst in Cirey einhielt.
Nach dem Essen wurde Mme. de Graffigny Gelegenheit gegeben Voltaires Privatzimmer zu besichtigen, die sie nachher in allen Einzelheiten schilderte: angefangen von den roten Plüsch-

möbeln mit Goldfransen bis zu den Porzellanornamenten, der Marmoruhr und anderen Gegenständen. Alles war so sauber und gepflegt, sagte sie, daß man „vom Parkett essen konnte“. Schweres Silber und große Vasen füllten die Räume, und in goldgefaßten Lederkästchen lagen mehr als zwei Dutzend Ringe mit Brillanten und anderen kostbaren Steinen. Überall spürte man den Luxus, den der große Dichter brauchte. Die Besucherin war überwältigt. Wieviel Geld und Arbeit steckten in diesen Räumen!

Konsterniert war sie jedoch von der Schlichtheit in Voltaires Arbeitszimmer. Die Wände waren hellgrau gestrichen, und der einzige Wandschmuck war ein kleines Porträt von Madame du Châtelet. Die Fenstervorhänge waren aus leblos-grauem Stoff, und dunkelgrau war auch der kleine Bodenteppich. Es gab weder Sofa noch Sessel, und der einzige Stuhl vor dem ungestrichenen Holztisch war ungepolstert. Hier fehlte jede Bequemlichkeit und erst recht jeder Luxus — dies war kein Raum für Muße. Vielbenutzte Bücher standen aufgereiht, ebenso sah man eine Anzahl Instrumente für physikalische Experimente, und auf einem Bord in der Ecke hockten zwei recht abgegriffene Globen.

Sie begriff nicht, warum die Atmosphäre so spartanisch sein mußte, sie paßte so gar nicht zu dem Bild von Voltaire, das sie zu kennen meinte. Freundlich erklärte er ihr, daß er bei der Arbeit keinerlei Ablenkung wünschte und sich nicht einmal Bequemlichkeiten gestattete, weil auch sie ihn dazu bewegen konnten, in der Konzentration nachzulassen. Wenn sie das Arbeitszimmer nicht mit eigenen Augen gesehen hätte, so wäre ihr das alles wie ein Scherz vorgekommen. Er sprach jedoch offenbar in vollem Ernst. Das alles paßte nicht zu der Vorstellung ihres literarischen Idols.

Als Mme. de Graffigny abends schlafen ging, war sie noch immer leicht verstört von dieser spartanischen Einfachheit, die sie jedoch am nächsten Morgen bei einem Rundgang durch Émilies Gemächer schnell vergaß. Die Räume waren wirklich atemberaubend schön, wie es zu einer einzigartigen Nymphe paßte.

Das Schlafzimmer war holzgetäfelt, in hellem Gelb und von

blaßblauen Ecken eingefaßt. Alle Gegenstände waren harmonisch aufeinander abgestimmt, der Hundekorb nicht ausgenommen. Das Bett war blau mit wasserblauer Seidendecke, auch die Bettvorhänge waren aus blauer Seide. Gelb war das Holz der Sessel, der Kommode, der Eckschränkchen und des Schreibtisches, alles mit Blau abgesetzt. Große und kostbare Silberrahmen faßten die schimmernden Spiegel ein. In der Tür zu Émilies Privatbibliothek — einem noch nicht fertiggestellten Raum — befand sich ein weiterer hoher Spiegel.

Das Boudoir war so bezaubernd, daß Mme. de Graffigny das Gefühl hatte, sie müsse auf die Knie sinken und anbetend vor dem Schrein der Schönheit verharren. Über der blauen Holztäfelung waren die Wände von einem Schüler des berühmten Robert Martin bemalt worden, auf dessen Namen sich der Gast im Augenblick nicht besinnen konnte. Lebensgroße Porträts von Émilie, ihrer Mutter und Voltaires Mutter schmückten den Raum. Daneben hingen kleinere Bilder, deren Malernamen die Gastgeberin nicht nannte; Mme. de Graffigny hielt sie für Watteaus, was aber nicht stimmte: die meisten waren von Pater und stammten von Voltaires reichen englischen Freunden. Die Wandschränkchen und der Kaminsims waren angefüllt mit kostbaren Schätzen. Alles bewunderte Mme. de Graffigny mit staunenden Augen. Das schönste Stück war zweifellos ein kleiner Schreibtisch aus reinem Bernstein, ein Geschenk des Prinzen Friedrich von Preußen. Ein Sessel und zwei Hocker, überzogen mit weißem Taft, luden zum Sitzen ein.

Eine hohe Glastür führte auf eine kleine private Terrasse mit wunderbarer Aussicht. Hier kann Mme. de Graffigny tatsächlich nur phantasiert haben, denn an dem Morgen, als sie die Runde durch die Zimmer machte, war draußen der Nebel so dicht, daß sie gar nichts erkennen konnte.

Auf der einen Seite des Boudoirs befand sich ein mächtiger Wandschrank, so groß wie ein kleines Schlafzimmer, mit Marmorwänden, grauem Leinenbehang und hübschen Druckstoffen. Er hatte kleine Fenster mit bestickten Musselinvorhängen — nie in ihrem Leben hatte Mme. de Graffigny etwas so Hinreißendes gesehen. Restlos wurde jedoch ihre Neugierde nicht befriedigt, denn die Gastgeberin machte keine Anstalten, ihr die lange Reihe der Kleider zu zeigen, die unter den Leinenschonern aufgehängt waren, und Mme. de Graffigny hatte nicht den Mut, sie darum zu bitten.

Dafür bekam sie jedoch einen Teil des Schmucks zu sehen und war überwältigt. Was das Schmuckschränkchen, ein kleines Kabinett mit drei getrennten Schlössern, an Herrlichkeiten enthielt, übertraf sogar die Juwelen der Herzogin von Richelieu. Mme. de Graffigny konnte sich noch gut an die Zeit erinnern, da Émilie nichts besessen hatte als eine bescheidene Schnupftabakdose aus Schildpatt. Jetzt lagen hier fünfzehn oder zwanzig solcher Dosen aus Gold, kostbaren Steinen, herrlichem Lack und emailliertem Gold, und das letztere war eine außerordentlich kostspielige neue Mode. Sie besaß mehr als ein Dutzend Weihrauchdöschen, manche waren auf die Schnupftabakdosen abgestimmt; ferner Uhren mit Brillanten, emaillierte Uhren und neumodische Uhren, wie sie in Versailles noch nicht getragen wurden. Zahllose Ringe glitzerten mit wertvollen Steinen, die Brillanten füllten mehrere Kästchen, und wirklich überwältigend waren die Smaragde.

„Mir fehlen die Worte, um diesen Schmuck zu beschreiben", schrieb Mme. de Graffigny. „Von den übrigen Kostbarkeiten werde ich ein andermal berichten müssen, denn meine Hand ist müde geworden. Eins fällt mir allerdings auf: die Châtelets sind doch niemals wirklich reich gewesen, und die Mitgift, die Mme. du Châtelet von zu Hause mitbekam, war sehr bescheiden."

Mit dieser Bemerkung wollte natürlich die Besucherin, die bei späteren Berichten immer weniger ein Blatt vor den Mund nahm, andeuten, daß Émilie ihren Schmuck zweifellos Voltaires Großzügigkeit zu verdanken hatte. Das stimmte auch. Voltaires Einkommen war enorm, und seine Geldanlagen machten ihn zu einem der reichsten Männer Europas. Er war immer noch in dem Glauben, Émilie führe nur um seinetwillen ein Leben in der Einsamkeit, und aufgrund dieses „Opfers" fühlte er sich in ihrer Schuld. Er wußte, wie sehr sie Reichtum und schöne Dinge schätzte, und er überschüttete sie mit Juwelen, die sie mehr als alles andere liebte.

Kein Wunder, daß sich Neid und Eifersucht in Mme. de Graffigny regten. Sie war arm. Das Paradies in Cirey war nicht ganz so überirdisch schön, wie es ihr auf den ersten Blick erschienen war. Sie sah es allmählich mit etwas veränderten Augen an — und nicht nur das Paradies, sondern auch das Idol und die Nymphe.

XI

In Mme. de Graffignys ersten Briefen an den teuren Pan-pan hatte sie ihre Zimmer als sehr angenehm und behaglich geschildert. Das änderte sich jedoch, als sie Voltaires und Mme. du Châtelets Privaträume kennengelernt hatte. Jetzt war ihr Wohnzimmer ein Raum, wo der Wind durch tausend Ritzen pfiff, und der offene Kamin war so klein, daß er auch an milden Tagen nicht genügend Hitze hergab. Die Fenster waren reichlich eng und die weißen Wände überaus langweilig. Vor den Fenstern erhob sich ein kahler Berg, „so nahe, daß ich ihn fast berühren kann", und nahm ihr den Ausblick. Nahe dem Fenster war ein großer Wandteppich im Rahmen aufgestellt; sie konnte das Motiv nicht erkennen und fand ihn recht häßlich.

Kurz gesagt: die meisten Gegenstände waren nicht nur häßlich, sondern bemerkenswert schäbig, und sie fand jetzt auch Grund, die teuren Möbel zu bemängeln. „In der einen Ecke hängen wertvolle Gobelins, die jedoch unschön anzusehen sind, denn sie passen nicht zueinander."

Außerordentlich dürftig war auch ihr Mädchen untergebracht. Das Zimmer war ganz klein, Tageslicht kam nur vom Korridor aus durch ein Oberlicht. Vor ihrem Zimmer gab es eine sehr schöne alte Treppe, die sie gewiß bewundert hätte, schrieb Mme. de Graffigny, wenn sie nicht so steil gewesen wäre, daß sie jedesmal Herzklopfen bekam, wenn sie hinaufstieg.

Was sie jedoch am allermeisten störte, war der furchtbare Schmutz überall im Schloß, ausgenommen in den Privaträumen von Idol und Nymphe, wo das Gesinde dauernd säubern und blankputzen mußte. Nun ja, räumte sie ein, einige der anderen Räume waren einigermaßen sauber, doch ihr eigenes Zimmer war wirklich ein Schweinestall. In einem so alten Schloß, an dem immer noch herumgebaut wurde, waren auch

Ordnung und Sauberkeit gar nicht von den Dienstboten, die sicher auch noch faul waren, zu verlangen. Ihrer Ansicht nach war Nymphe nicht gerade eine vorbildliche Hausfrau; ihr genüge es wohl, daß die eigenen Zimmer tadellos gepflegt wurden. Der Komfort ihrer Gäste sei ihr nicht weiter wichtig.

Daß Mme. de Graffignys Kritik immer schärfer wurde, lag zum Teil zweifellos an dem sonderbaren Tagesablauf und den Gewohnheiten ihrer Gastgeber in Cirey. Émilie und Voltaire dachten nicht daran, ihre ganze Zeit mit ihren Gästen zuzubringen und sich um deren Wohlergehen zu kümmern. Es gab überall Bücher: in jedem Schlafzimmer, in der Bibliothek, in der großen Halle und ebenfalls im Badezimmer, einem hübsch eingerichteten Raum von der Größe eines großen Wohnzimmers, wo Voltaire zuweilen Gedichte vorlas. Die Gäste wurden also dazu angehalten, viel Zeit mit Lektüre in den eigenen Zimmern zu verbringen.

Hinzu kamen noch einige ungeschriebene Gesetze für alle Besucher. Als Mme. de Graffigny sich langweilte, weil sowohl Idol wie Nymphe sich in ihren Arbeitsräumen eingeschlossen hatten, ging sie eines Tages hinüber zu Mme. de Champbonin, um sich mit ihr zu unterhalten. Die junge Frau wurde jedoch sichtlich unruhig und berichtete schließlich etwas verlegen, Mme. du Châtelet und M. de Voltaire sähen es nicht gern, daß ihre Gäste sich irgendwo im Hause zusammenfänden, während sie selbst bei der Arbeit seien. Mme. de Graffigny kehrte also in ihr Zimmer zurück und nahm sich ein Buch vor.

Immer hatte sie behauptet, ihr fehle die Zeit, um alle die Bücher zu lesen, die sie interessierten. Jetzt schleppten sich die Stunden dahin. Das Frühstück wurde ihr morgens in ihrem Zimmer serviert, und dort mußte sie dann den ganzen Vormittag zubringen, ohne einen anderen Menschen zu sehen. Natürlich konnte sie spazierengehen oder ausfahren, doch dazu fehlte ihr die Lust bei dem naßkalten Wetter. Gegen Mittag, wenn die Post kam, sah sie manchmal für einen kurzen Augenblick Émilie, die in großem Staat herunterkam, um den Postsack selbst in Empfang zu nehmen.

War Émilie beschäftigt, wie es meistens der Fall war, so servierte man Mme. de Graffigny am frühen Nachmittag einen

Imbiß in ihrem Zimmer. Sonst wurde sie zusammen mit den anderen Hausgenossen in den Speisesaal gebeten, um an einer eiligen Mahlzeit mit der Gastgeberin teilzunehmen, wobei die Unterhaltung auf ein Minimum beschränkt wurde. Émilie war meist geistesabwesend und schlang ihr Essen hastig herunter. Jeder andere mußte es ihr gleich tun; denn sobald sie fertig war, wurden alle Teller abgeräumt.
Was Mme. de Graffigny in Cirey am meisten verdroß, war die permanente Abwesenheit Voltaires, der stets erst abends aus seiner Isolierung auftauchte. Sie wußte natürlich, daß ein Genie der Ruhe bedurfte und man ihm jede Störung fernhalten mußte — schließlich war sie eine Frau von Welt und kannte Literaten und Büchermenschen. Doch in Cirey, das ließ sie sich nicht nehmen, ging man wirklich zu weit.
Einer der Gründe für ihre Reise hierher in diese Einöde war ja gerade gewesen, daß sie Voltaire bei der Arbeit zusehen wollte. An seiner Seite wollte sie stehen und zuschauen, wie seiner Feder glühende Verse oder unsterbliche Prosa entflossen. Sie wollte die erste sein, die die Worte und Sätze auf dem Papier entstehen sah. Das wäre ein einzigartiges Erlebnis, von dem sie ihrem teuren Pan-pan in allen Details berichten wollte!
Von diesen Träumen hatte sie im Schloß kein Wort verlauten lassen, weil sie wußte, man hätte ihr abgeraten. Mme. du Châtelet war ja dauernd um den großen Dichter herum und richtete eine Wand auf zwischen ihm und der übrigen Welt; sie hätte ein solches Unterfangen niemals zugelassen. Aber Mme. de Graffigny redete sich ein, der stets so galante und liebenswürdige Voltaire, der ihr nie anders als überaus höflich begegnete, werde zu jeder Zeit entzückt sein, wenn sie ihm einen Besuch machte.
Diese Gelegenheit wollte sie sich also auf keinen Fall entgehen lassen; und so machte sie sich eines Nachmittags auf den Weg zu seinem Arbeitszimmer. Sie konnte es in ihren Räumen einfach nicht mehr aushalten — den ganzen Vormittag hatte sie außer ihrem Mädchen und dem Diener, der ihr das Essen brachte, keine Menschenseele gesehen oder gesprochen. Was sie nicht wußte, aber bald feststellen sollte, war, daß oben an der Treppe, die zu Voltaires Räumen führte, ein Diener po-

stiert war. Er stand da auf Wache und brachte die Zeit mit Silberputzen und anderen Aufgaben zu. Überaus höflich teilte er ihr mit, M. de Voltaire arbeite an einem Manuskript und dürfe daher nicht gestört werden, auch nicht in dringenden Fällen.

Mme. de Graffigny weigerte sich schlankweg, solchen Unsinn zur Kenntnis zu nehmen. Wenn irgend jemand M. de Voltaire dort hinter verschlossenen Türen gefangen hielt, so fiel sie darauf nicht herein. Diener oder nicht, sagte sie, sie werde ihren Weg schon finden.

Der Diener erwiderte nichts darauf, sondern eilte die Treppe hinunter. Den hatte sie also in die Flucht geschlagen. Mme. de Graffigny gratulierte sich zu ihrer Kühnheit, trat einen Schritt vor und klopfte an die Tür.

Niemand antwortete.

Kaum zu glauben, daß Idol sie nicht gehört hatte! Sie klopfte noch einmal und trommelte schließlich kraftvoll an die schwere Tür.

Niemand ließ sich hören. Sie legte das Ohr an die Tür und versuchte zu hören, was drinnen vor sich ging, vernahm jedoch keinen Laut. Das ging nicht mit rechten Dingen zu — er mußte krank oder unpäßlich sein. Sie rief ihm ihren Namen zu und rüttelte an der Klinke. Zu ihrer großen Enttäuschung war die Tür verschlossen.

In diesem Augenblick kam Mme. du Châtelet die Treppe heraufgejagt. Nie hatte sie weniger einer Nymphe geähnelt. Blaß vor Zorn verlangte sie zu wissen, was der Gast hier zu suchen habe. Der Ton paßte Mme. de Graffigny nicht, und sie erwiderte kühl, sie habe M. de Voltaire in einer Privatangelegenheit aufsuchen wollen.

Darauf nahm Émilies Erregung noch zu. Sie könne sich, sagte sie, keine private oder andere Angelegenheit vorstellen, die so wichtig sei, daß man um ihretwillen Voltaire bei der Arbeit stören dürfe.

Jetzt war auch Mme. de Graffigny gereizt und hielt nicht mehr mit der Wahrheit zurück, sondern erklärte ohne Umschweife, was sie zu dem Versuch ihrer Visite veranlaßt hatte.

Émilie war außer sich. Sie verlor jede Haltung, schrie und

tobte und machte eine furchtbare Szene. Es war eine unumstößliche Vorschrift, daß niemand M. de Voltaire stören durfte, wenn er schrieb. Das war in Cirey oberstes Gesetz.

Mme. de Graffigny hielt im stillen Mme. du Châtelet einfach für eifersüchtig, behielt diese Ansicht jedoch für sich, und tat gut daran, denn Émilie hätte sie sonst wohl sofort aus dem Hause gewiesen. Doch auch ohne das machte sie ihre Haltung unmißverständlich klar. Gäste hatten ihre Verpflichtungen gegenüber den Gastgebern zu erfüllen und sich an die Hausordnung zu halten. Sie konnte nicht stark genug betonen, welche Folgen der Störungsversuch gehabt haben könnte. Wäre M. de Voltaire unterbrochen worden, so hätte das seinen Gedankengang zerrissen und vielleicht die Arbeit eines ganzen Tages zunichte gemacht.

Auch hier machte sich Mme. de Graffigny ihre eigenen Gedanken. Die Frau übertrieb maßlos, aus ihrer Sucht heraus, den Genius für sich zu behalten. Jemand, der keine Ahnung von der Kunst und von den Künstlern hatte, mochte auf so etwas hereinfallen; Mme. de Graffigny jedoch war mit vielen Dichtern und Schriftstellern eng befreundet, darunter auch mit dem teuren Pan-pan. Wie oft hatte sie ihn unterbrochen — nicht wahr? —, wenn seine Gedanken bei einer Dichtung weilten, und er hatte nicht den mindesten Einwand erhoben, sondern war nach dem kleinen Schwatz mit ihr mühelos an seine Arbeit zurückgekehrt.

Mme. du Châtelet duldete jedoch keinen Widerspruch. Sie blickte den Gast fast drohend an und ließ keinen Zweifel darüber, daß in Cirey ihr Wort allein gelte. Es blieb daher Mme. de Graffigny nichts anderes übrig, als den unwürdigsten aller Rückzüge anzutreten und dabei auch noch zu wissen, daß oben an der Treppe Mme. du Châtelet stehengeblieben war und ihr nachblickte.

In ihrem Zimmer überlegte sich Mme. de Graffigny, ob sie ihre Sachen packen und Cirey sofort verlassen solle. Das würde aber, meinte sie, einem Schuldeingeständnis gleichkommen, und sie hatte doch gewiß nichts Unrechtes getan. Außerdem — das gab sie zu — war ihre Neugier hinsichtlich der berühmten Bewohner dieses merkwürdigen Schlosses noch keineswegs gestillt, und sie hätte nur ungern auf die Möglichkeit verzichtet, ihre Beobachtungen noch weiter fortzusetzen. Einen dritten Punkt, der vermutlich nicht unwichtig war, ließ sie unerwähnt: sie hatte noch keine weiteren Besuche bei anderen Freunden in die Wege geleitet; wenn sie hier abreiste, wußte sie tatsächlich nicht wohin.

Etwas besorgt sah sie an diesem Abend dem Diner entgegen, doch ihre Ängste waren unnötig. Émilie war lebhaft und reizend wie eine echte Nymphe und erwähnte den Vorfall mit keinem Wort. Voltaire machte einen etwas wortkargen Eindruck, und Mme. de Graffigny wußte nicht recht, ob man ihn gegen sie eingenommen hatte. Sie packte daher den Stier bei den Hörnern und sagte bei der ersten Gelegenheit halblaut zu ihm, sie habe ihm hoffentlich keine Ungelegenheiten bereitet.

Er hatte keine Ahnung, was sie meinte, das sah sie sofort. Sie berichtete ihm daher „offen und rückhaltlos", was geschehen war. Er nahm es offenbar belustigt auf.

Als sie sah, daß er keineswegs erzürnt war, meinte sie, annehmen zu dürfen, sie werde in seinem Arbeitszimmer willkommen sein, und bedrängte ihn um eine Einladung für den folgenden Tag.

Seine Haltung veränderte sich sofort. Mit ungewohnter Schroffheit erklärte er, er wolle und könne sich auf so etwas nicht einlassen. Kein Mensch dürfe ihn besuchen, während er arbeitete. Auch Mme. du Châtelet habe dann keinen Zutritt.

Daraus vermochte Mme. de Graffigny nur einen Schluß zu ziehen: er war so vollständig dieser Frau verfallen, die keineswegs eine Nymphe, sondern vielmehr eine Hexe war, daß er gar keine eigenen Gedanken und Wünsche mehr äußern konnte. Wenn man es ihm überlassen hätte — davon war die Besucherin fest überzeugt —, dann hätte er sie gewiß mit Freuden bei sich empfangen. Doch in dieser weltfernen Umgebung war er, ohne es zu ahnen, ein hilfloser Gefangener.

Nach diesem Abend änderte sich Mme. de Graffignys Haltung beträchtlich. Zerbrochen war die rosenrote Brille, durch die sie zu Anfang alles betrachtet hatte. An allem, was Émilie sagte und tat, hatte der Gast jetzt etwas auszusetzen, und auch Voltaire kam nicht ungeschoren davon. Mme. de Graffigny war deutlich voreingenommen gegen ihre Gastgeber; und doch waren ihre Beobachtungen nun weit realistischer als am Anfang, wenn auch oft einseitig und übertrieben. Man darf auch nicht vergessen, daß sie ja kein normales Eheleben gekannt hatte und nichts wußte von den alltäglichen Ärgernissen, Spannungen und kleinen Reibereien, die auch der glücklichsten Ehe im Alltag nicht erspart bleiben. Immerhin: es war eine neue Perspektive des täglichen Lebens, die sie jetzt an Pan-pan weitergab.

Émilie, hieß es, sei außerordentlich launisch und unbeständig. Wenn Voltaire einmal scharf zu ihr sprach, so maulte sie und antwortete nicht; als Grund dafür gab sie – lächerlich! – an, sie wünsche jeden Krach zu vermeiden, unter dem seine Arbeit leiden könnte, und schweige deshalb lieber still. Sobald aber andere ihr entgegentraten, Anordnungen nicht befolgten oder sie sonstwie reizten, hielt sie mit ihrem heftigen Jähzorn keineswegs zurück, dann schrie und tobte sie so laut, daß niemand ihre Stimme noch hören mochte.

Eine weitere unangenehme Eigenschaft Émilies bestand darin, daß sie Voltaire geradezu kindisch umsorgte und dabei die einfachste Höflichkeit gegenüber ihren Gästen außer acht ließ. Hatte er Hunger, so wurde die Abendmahlzeit früher serviert. War er länger beschäftigt, so wurde das Essen verschoben, manchmal bis in die Nacht. Als er einmal ein Buch verlegt hatte, wurde das ganze Schloß durchsucht mit einer Aufregung, wie sie sie noch nie erlebt hatte.

Besonders unangenehm war ihr die schreckliche Dienerei um M. de Voltaire. Mme. du Châtelet brachte sich schier um und tat, als sei er ein Schwerkranker oder ein Idiot, und wenn er sich den Magen verdorben hatte, so benahm sie sich, als sei dies das Wichtigste auf der Welt. Eines Tages hatte er zum Beispiel aus Paris mehrere Briefe bekommen, über die er sich geärgert hatte. Bald darauf setzten die Magenkrämpfe ein, und Mme. du Châtelet schickte sämtliche Dienstboten aus nach heißen Umschlägen, Medikamenten, Decken und Kissen. Schließlich kochte sie ihm selbst noch einen Kräutertee, der angeblich heilende Wirkung besaß; sie hielt ihm den heißen

Becher an den Mund, und er trank ganz langsam. Unbeschreiblich albern sah es aus.

M. de Voltaire war so benommen von dieser Kriecherei, daß er darauf mit gleicher Münze erwiderte. Natürlich waren ihm im Grunde diese dauernden Einmischungen seiner Mätresse höchst zuwider, das sah man deutlich, doch tat er so, als sei er ihr überaus dankbar. Er machte ihr sogar auch dann ein Kompliment, wenn jeder sah, daß sie ihn langweilte. Zum Beispiel bestand Mme. du Châtelet eines Abends darauf, ihm in Gegenwart der Dinergäste einen soeben vollendeten Aufsatz über irgendein wissenschaftliches Thema laut vorzulesen. Mme. de Graffigny verstand kein Wort davon und war sicher, daß Voltaire es ebenfalls für Unsinn hielt. Er hatte auch ein paarmal gegähnt während des Vorlesens. Aber er tat so, als sei er gar nicht müde, und fing eine lange Diskussion über das Stück mit ihr an. Die hochmütige Châtelet jedoch ließ sich von dem großen Mann überhaupt nicht belehren, sie besaß sogar die Impertinenz, mehrere Thesen, die er vorbrachte, zu bestreiten. Natürlich wurde der Dialog immer hitziger – schließlich war ja auch Voltaires Zorn durchaus zu verstehen. Das Peinlichste war jedoch, daß er am Ende einsah – oder vielmehr einzusehen behauptete, sagte Mme. de Graffigny –, daß Mme. du Châtelet recht hatte. Er erniedrigte sich auch noch so weit, ihr zu ihrem Scharfsinn zu gratulieren.

Bei den meisten Streitigkeiten, von denen der Gast berichtete – und es waren sehr viele –, ging es um triviale häusliche Angelegenheiten, die genausowenig Bedeutung hatten wie unzählige andere Reibereien seit Adam und Eva. Der Streit um Voltaires Jackett, den nur Mme. de Graffigny für bedeutsam hielt, war typisch für solche Sachen.

Voltaire erschien in einem der Salons zum Nachmittagstee; das war eine englische Sitte, die er zuweilen liebte. Mme. du Châtelet sagte zu ihm, sein Jackett passe nicht zu dem übrigen Anzug, und forderte ihn auf, sich umzuziehen, was er ablehnte. Sie drängte ihn. Er fand Ausflüchte. Er habe bereits einen Schnupfen, sagte er, den er nicht verschlimmern wollte.

Émilie war davon nicht beeindruckt und erwiderte, sie könne nicht einsehen, was ein anderes Jackett mit dem Schnupfen zu

tun habe. Voltaire seufzte und antwortete, um des häuslichen Friedens willen werde er seinen Diener nach einem anderen Jackett schicken. Darauf verließ er plötzlich das Zimmer.
Der Tee kam, nicht aber Voltaire, und Émilie sandte einen Diener nach ihm aus. Er kehrte mit dem Bescheid zurück, Voltaire fühle sich nicht wohl und ziehe es vor, in seinem Zimmer zu bleiben.
Émilie trank allein Tee und ging dann zurück in ihr Arbeitszimmer. Kurz darauf wurde ihr die Ankunft eines Besuchers gemeldet; sie machte sich zurecht und kam dann nach unten in den Salon, wo sie Voltaire, der sich überraschend schnell von seiner Unpäßlichkeit erholt hatte, in heiterer Unterhaltung mit dem Gast vorfand. Bei ihrem Eintritt änderte sich sein Ausdruck; er blickte sie finster an und verfiel in Schweigen. Émilie nahm davon keine Notiz, sie war die Liebenswürdigkeit selbst und gratulierte ihm zu dem wunderhübschen neuen Jackett. Er stellte sich taub und gedankenverloren, doch sie fuhr mit ihrem übertriebenen Gerede fort, und nach einer Weile gab er — zuerst widerwillig — nach, wandte sich auch an den Gast und machte endlich eine kurze versteckte Bemerkung, die nur Émilie verstand. Beide lachten fröhlich, der Streit war vergessen, und dann begann Voltaire, dem Gast aus seinem Schauspiel *Mérope* vorzulesen.
Ein andermal, als abends Gäste zum Diner erschienen waren, gab es plötzlich einen für alle recht peinlichen Streit. Voltaire hatte sich ein Glas Rhône-Wein geben lassen, und Émilie erinnerte ihn daran, daß er diesen Wein nicht vertrug. Er zuckte die Achseln und erwiderte, er sei alt genug und habe in seinem Leben genügend Wein getrunken, um zu wissen, was ihm bekam und was nicht. Émilie entgegnete, es sei ihm noch jedesmal schlecht bekommen, wenn er diese Haltung eingenommen habe. Voltaire teilte ihr eisig mit, er habe es nicht nötig, ihren Befehlen zu gehorchen; er werde tun, was er wolle. Und ostentativ nahm er das Weinglas und trank.
Émilie erwiderte darauf, er benehme sich kindisch, und bevor jemand sie zurückhalten konnte, war sie aufgesprungen, zu Voltaire hinübergeeilt und hatte ihm das Glas aus der Hand genommen.

Umsonst versuchte er, das Glas zurückzubekommen. Sie goß den Wein in eine Topfpflanze, deren Duft sich, wie Mme. de Graffigny bemerkte, verstärkte.
Voltaire verlor jetzt den Kopf und begann sie zu beschimpfen, und zwar mit der beißenden, satirischen Schärfe, der er seinen Ruhm verdankte. Émilie erwiderte ebenso, und das mußte man zugeben: sie stand ihm nicht nach. Sein Zorn wuchs. Er schrie: „Hören Sie auf, mich so anzuschielen!"
Die Damen waren einer Ohnmacht nahe, die Herren wurden unruhig und wanden sich. Voltaire sah, er war zu weit gegangen. Er hatte die Worte kaum ausgesprochen, schrieb Mme. de Graffigny, als er sie auch schon bereute.
Émilie schien nicht gewillt zu sein, sich auf sein Niveau herabzulassen. Sie blickte durch ihn hindurch in die Luft, lächelte den Gästen freundlich zu und begann, ein Loblied auf das jüngste Werk von Rousseau anzustimmen.
Nun gab es in Cirey eine strikte Anordnung: Rousseau durfte, wenn es sich irgend vermeiden ließ, nicht genannt werden. Voltaire haßte ihn schon damals, obgleich die echte Fehde erst viele Jahre später einsetzte. Mußte er jedoch erwähnt werden, so hatte man ihn und sein literarisches Oeuvre unbedingt zu verdammen. Seine Naturgesetze und die „natürliche Ordnung" waren dem zynischen Voltaire von ganzer Seele verhaßt. Jeder der Tischgäste wußte das, und alle erstarrten, als der Name fiel, und wünschten sich zweifellos weit weg.
Voltaire sagte nichts darauf, wurde aber sehr blaß, und man sah ihm deutlich an, daß er getroffen war. Émilie schien zu denken, daß jedes weitere Wort überflüssig sei, also schwieg auch sie. Nichts war zu hören als das Klirren des Silbers. Mehrere Gäste bemühten sich angestrengt, die Leere zu überbrücken, doch nichts half. Émilie aß mechanisch weiter und starrte in die Luft. Voltaire aß sehr wenig und konzentrierte sich auf seinen Teller.
Ganz plötzlich schien es, als entstehe zwischen den beiden eine Verbindung, ein Band ohne Worte und Gesten. Selbst Mme. de Graffigny, die von Okkultismus gar nichts hielt und stolz war auf ihre „vernunftgemäße" Einstellung, behauptete, sie habe seltsame „Wellen" gespürt, die von einem Tischende zum

andern fühlbar wurden. Was es auch war: Émilie und Voltaire hatten die Waffen niedergelegt, den Streit für unsinnig erklärt und die Sache fallenlassen. Sie fingen fast gleichzeitig wieder an zu reden, beide in bester Laune; von dem Zank wurde nichts mehr gesagt. Dann erzählte Voltaire eine lustige Geschichte, und Émilie hielt einen glänzenden Vortrag über neue Baustile in der Architektur. Sie hatte das Thema in Mme. de Graffignys Gegenwart noch niemals erwähnt. Man sah, hier sprach ein Experte. Sie gab zahlreiche Hinweise auf Grundsätze der Architektur und Modetorheiten des Bauwesens in Europa, im Orient und in der Neuen Welt während der letzten Jahrhunderte.

Die Gäste hatten noch immer Mühe, ihr Gleichgewicht wiederzufinden, doch die Gastgeber sprachen, als sei gar nichts geschehen, behandelten zahlreiche Themen und endeten mit einem überaus geistreichen Wortstreit, bei dem sie sich jedoch deutlich bemühten, einander nicht zu verletzen.

Trotz ihrer Vorurteile mußte Mme. de Graffigny zugeben, daß sie niemals zwei so blendende Geister gekannt hatte. Voltaire behandelte sein Publikum wie ein Musiker seine Geige, er vermochte es, die Zuhörer zum Lachen und zum Weinen zu bringen, wann immer er Lust hatte. Und Émilie, das räumte die Berichterstatterin ein, war sogar noch vielseitiger. An einem Abend sang sie die ganze Partitur einer Oper und begleitete sich dabei auf dem Cembalo, wobei das Eindrucksvollste die geschulte lyrische Singstimme war. Wäre sie nicht als Aristokratin geboren worden, so hätte sie ganz gewiß Großes in der Pariser Theaterwelt erreicht. Sie konnte jede Rolle überzeugend vorlesen und ging, wenn sie einmal dabei war, völlig darin auf. Auch war sie groß im Geschichtenerzählen, womit sie viel Erfolg erntete.

Zu den Weihnachtsfeiertagen kam Émilies Bruder, der Abbé de Breteuil, Grand Vicar von Sens, nach Cirey und brachte eine Woge von Frohsinn mit. Wie seine Schwester war er empfänglich für Luxus und gutes Essen und Trinken, für heitere Laune und anregende intelligente Gespräche. Er und Voltaire kannten sich bisher nur flüchtig, stellten aber bald fest, daß sie des gleichen Geistes Kinder waren, und Voltaire tat eines Abends

dem Gast die Ehre an, daß er Teile aus der erbarmungslos scharfen, witzigen — und gefährlichen *Pucelle* vorlas.
Émilie stieß — zum erstenmal seit Jahren — ihre Tagesordnung um und verzichtete auf einige Arbeitsstunden, um mehr Zeit für den Bruder zu haben. Das veranlaßte auch Voltaire, seine Arbeitszeit zu Ehren des Gastes zu halbieren. Émilie und Voltaire zogen ihre elegantesten Kleider an, solange der Abbé dort war. Die Gäste staunten — nie war die Herrin von Cirey so aufregend schön gewesen. Mme. de Griffigny schrieb an Pan-pan: „Wenn sie will, kann sie jede Frau in Frankreich in den Schatten stellen."
Jeden Abend wurde auf der kleinen Hausbühne das eine oder andere Schauspiel von Voltaire aufgeführt, und jeder in der Nachbarschaft, der lesen konnte, mußte mitspielen und tat es auch. Selbst Gabrielle-Pauline, Émilies zwölfjährige Tochter, kam von der Schule nach Hause, angeblich um ihren Onkel zu sehen, in Wahrheit aber — wie Mme. de Graffigny zu berichten wußte — um mitzuspielen. Die Kleine war fast so begabt wie ihre Mutter und verstand es, mühelos englische, lateinische und griechische Verse zu zitieren, nur war ihre Vehemenz beim Spiel nicht ganz so stark wie die der Mutter.
Als der Abbé nach einer Woche das Schloß wieder verließ, kehrten Émilie und Voltaire mit verdoppelter Energie an die Arbeit zurück, entschlossen, die versäumte Zeit nachzuholen. Émilies unermüdliche Tatkraft war bewundernswert. Sie schlief wenig, aß Frühstück und Diner an ihrem Schreibtisch und machte nur am späteren Vormittag bei einer Tasse Kaffee und dann abends zum Souper eine Pause. Voltaire brauchte mehr Schlaf, arbeitete genauso wütig und kam abends immer erst zum Essen, wenn die Mahlzeit halb vorüber war. Er hatte nicht viel Appetit, aß eilig und hastete dann zurück an seine Arbeit. Auch während der Mahlzeit war er oft geistesabwesend und nahm an der Unterhaltung wenig teil. Mme. de Graffigny war nun fast immer sich selbst überlassen und nutzte die Zeit nach ihrem Gusto. Als der Abbé im Schloß weilte, war sie so beschäftigt gewesen, daß sie täglich höchstens drei Briefe an Pan-pan schreiben konnte. Jetzt hatte sie Zeit, ausführlich auf alle Einzelheiten jener geschäftigen Woche einzugehen.

Sie war eine dumme Frau. Aber *La Pucelle* hatte ihr gefallen — ausgerechnet das gefährlichste Gedicht des Jahrhunderts, ein Schriftstück, dessen Publikation den Verfasser auf Lebenszeit ins Gefängnis bringen konnte und nach dem die Geheimpolizei seit Jahren vergeblich suchte. Mme. de Graffigny hatte ein gutes Gedächtnis, und sie brachte fast einen ganzen Tag damit zu, alle Verse, die sie im Kopf behalten hatte, zu Papier zu bringen. Ohne eine Ahnung, was sie damit anrichtete, schickte sie den Brief an Devaux — voller Freude, daß sie ihm dazu verhalf, sich ebenfalls über die skandalösen Verse zu amüsieren.
Sie wunderte sich etwas, als nach einigen Tagen sein täglicher Brief ausblieb, dachte aber nicht weiter darüber nach. Manchmal kam auch ein Paket aus mehreren Briefen auf einmal. Als sie seine nächsten Briefe, die sie alle gleichzeitig erhielt, näher ansah, meinte sie zu entdecken, daß die Siegel gebrochen waren. Das beunruhigte sie, doch was es bedeutete, ahnte sie nicht.
Eines Abends saß sie in ihrem Zimmer, als plötzlich Voltaire ohne Anmeldung hereingestürzt kam und ausrief: „Ich bin verloren! Mein Leben liegt in Ihrer Hand!"
Verstört starrte sie ihn an und murmelte ein paar Worte.
„Was ich meine?" schrie er. „Eine Anzahl Verse aus der *Pucelle* sind in hundert Exemplaren in Umlauf, das meine ich! Ich muß sofort weg — fliehen — nach Holland, ans Ende der Welt. Ich weiß selbst nicht wohin."
Langsam dämmerte es Mme. de Graffigny, was sie da angestellt hatte.
In großer Erregung bat Voltaire, sie solle Devaux auffordern, seinen Einfluß geltend zu machen und die Schriften aus dem Umlauf zu ziehen. Dann riß ihm plötzlich die Geduld, und er beschuldigte sie unumwunden, sie habe die Verse kopiert und an ihren jungen Freund gesandt.
Sie versuchte vergeblich, ihm beizubringen, daß sie nur einige Zeilen aus dem Gedächtnis aufgeschrieben und an Devaux geschickt hatte.
Plötzlich stand auch Émilie im Zimmer und attackierte den Gast mit sehr viel schärferen Vorwürfen. Mme. de Graffigny, behauptete sie, sei heimlich in ihr — Émilies — Zimmer geschli-

chen, habe das Original der *Pucelle* entwendet und große Teile daraus kopiert, um sie an Devaux zu schicken.
Mme. de Graffigny, tränenüberströmt, versuchte immer wieder zu erklären, was wirklich geschehen war. Doch Émilie zog ihren „Beweis" hervor, einen kurzen Brief von Devaux an Mme. de Graffigny, in dem er schrieb, wie sehr ihm ein Canto aus der *Pucelle* gefallen habe. Der Brief, sagte Émilie, hochrot vor Zorn, sei mit gebrochenem Siegel angekommen, und da sie neugierig gewesen sei, habe sie ihn gelesen.
Hier mußte sich Voltaire ins Mittel legen und seine Freundin zurückhalten, bevor sie die erschreckte und schluchzende Besucherin tätlich angriff.
Die stürmische Szene dauerte bis gegen fünf Uhr morgens. Dann hatte Voltaire endlich die Wahrheit begriffen. Es war zwar sehr peinlich, daß Devaux auch nur ein paar Fragmente der *Pucelle* zu sehen bekommen hatte, doch wußte Voltaire: es war seine eigene Schuld, weil er nie der Versuchung widerstehen konnte, Freunden die Verse laut vorzulesen.
Émilie, noch immer zornerfüllt, beharrte auf ihrer Überzeugung, die Besucherin habe die Verse gestohlen und kopiert, um ihrem jungen Freund finanziell zu nützen.
Wäre es Mme. de Graffigny möglich gewesen, jetzt abzureisen, sie hätte Cirey sofort verlassen. Doch die kleine Geldsumme, auf die sie wartete, konnte erst in einigen Wochen kommen, und bis dahin besaß sie gar nichts. Sie hatte nicht den Mut, sich an andere Freunde zu wenden, bei denen sie in Zukunft Unterschlupf zu finden hoffte; trotz der entwürdigenden Umstände mußte sie also in Cirey bleiben.
Als sie ruhiger wurde, erkannte sie, daß die Lage sogar noch übler war, als sie zuerst angenommen hatte. Vom Tage ihrer Ankunft an war sie täglich Zeuge gewesen, wie Émilie die Post selbst vom Briefträger in Empfang nahm, sie hatte auch häufig gesehen, daß ihre Gastgeberin Voltaires Briefe öffnete. Wenn sie diese Briefe las und er nichts dagegen hatte, so ging das nur die beiden an. Doch jetzt dämmerte es Mme. de Graffigny, daß nicht die Geheimpolizei die Siegel von Devaux' Briefen aufgebrochen hatte; sie war ganz sicher, Émilie hatte sie geöffnet und gelesen, bevor sie sie weitergab. Émilie hatte also auch

gelesen, was Pan-pan über den Canto aus der *Pucelle* geschrieben hatte, und hatte daraus ihre voreiligen und falschen Schlüsse gezogen.
Bestärkt wurde sie in dieser Annahme durch die Tatsache, daß Voltaire weiterhin im Schlosse blieb und keinerlei Anstalten zur Flucht nach Holland oder sonstwohin machte. Er war in den folgenden Tagen sehr still, und man merkte nicht viel von seinem berühmten Charme, doch es war nichts zu merken von einem Aufbruch oder auch nur von einer Änderung in seinem Tagesablauf.
Émilie machte indessen kein Hehl mehr aus ihrer Abneigung gegenüber Mme. de Graffigny. Es blieb ungeklärt, ob sie den Brief von Devaux selbst geöffnet oder ihn nur gelesen hatte, als er offen ankam: in ihren Augen hatte sich die Besucherin Voltaire gegenüber perfide benommen. Ihr Gefühl für ihn war von solcher Ausschließlichkeit, daß sie den gleichen Grad von unwandelbarer Ergebenheit auch von allen anderen erwartete; wer sie darin enttäuschte, war ihrer oder seiner Freundschaft nicht würdig. Wenn sie Mme. de Graffigny im Hause traf, blickte sie sie finster an, sie richtete bei Tisch nicht mehr das Wort an sie und zeigte ihr in zahllosen typisch weiblichen Arten, daß sie nicht mehr gern gesehen sei.
Voltaire fand diese Atmosphäre unangenehm, und er war verständig genug, auf eine Klärung der Lage zu drängen. Er stellte Émilie vor, daß sie sich beide geirrt hatten, als sie etwas vorschnell eine Verfehlung ihres Gastes annahmen. Man müsse sich entschuldigen, sagte er dringend. Émilie gab schließlich nach, doch ihre Entschuldigung klang kurz und fast grob und keineswegs überzeugend. Sie sprach dann noch ein paarmal etwas vage von der Möglichkeit, auch Devaux nach Cirey einzuladen, worauf Voltaire ebenso unbestimmt einging, doch keiner von beiden schrieb ihm.
Inzwischen waren auch noch andere Gäste gekommen und schon wieder abgereist, darunter Maupertuis, der fünf Tage blieb. Mme. de Graffigny war jetzt an Cirey und seinen Bewohnern nicht mehr interessiert und verstand auch nicht ein Wort von der lebhaften naturwissenschaftlichen Diskussion und den philosophischen Gesprächen am Abend seiner An-

kunft. Solange er in Cirey blieb, ließ sie sich daher das Abendessen auf dem Zimmer servieren.
Sie wartete mit großer Ungeduld auf den Tag, da sie das Schloß verlassen konnte, und war selig, als die Herzogin von Richelieu sie nach Paris einlud. Die schreckliche Zeit war damit zu Ende. Émilie drückte beim Abschied nur wenig Bedauern aus, und Voltaire war höflich, doch zurückhaltend.
Mme. de Graffigny behielt das letzte Wort, und sobald sie Cirey den Rücken gekehrt hatte, begann sie an sämtliche Bekannten Briefe zu schreiben. M. de Voltaire, hieß es da, sei geradezu unsinnig eifersüchtig auf jeden anderen Schriftsteller in Frankreich, der auch nur geringe Erfolge aufzuweisen hatte. Und Mme. du Châtelets Eifersucht auf Voltaire sei natürlich noch viel unsinniger. Das ganze Haus sei widerlich und korrupt; Zügellosigkeit sei die allgemeine Note, und eine Frau, die auf ihre Tugend bedacht sei, könne Gott danken, wenn sie von dieser Atmosphäre befreit war.

XII

Die Hysterie, die Émilie und Voltaire bei der Affäre Graffigny an den Tag legten, ist nur zu verstehen im Lichte eines weit wichtigeren Ereignisses, das im Leben der beiden Liebenden eine wirkliche Krise hervorrief. Der Abbé Pierre-François Desfontaines, dem Voltaire vor einigen Jahren freundschaftlich zugetan gewesen war, hatte sich plötzlich gegen ihn gewandt und hatte Ende 1738, bald nach Mme. de Graffignys Ankunft in Cirey, ein kleines Buch mit dem Titel *La Voltairomanie* veröffentlicht. In dieser Schrift wurde jeder Irrtum, jeder kleine Lapsus oder geringfügige Satzfehler aus Voltaires sämtlichen Werken angeführt und böswillig verspottet.

Émilie und Voltaire hatten beide ein Exemplar der kleinen Schrift erhalten. Wie in einer typisch französischen Salonkomödie sagte eine Woche lang keiner dem andern ein Wort davon, doch beide setzten sich sofort hin und machten in Briefen an verschiedene Pariser Freunde ihren zornigen Herzen Luft. Desfontaines' Angriff war zu niederträchtig, um einfach ignoriert zu werden, das wußten die beiden, die in dieser Zeit an kaum etwas anderes dachten; und das erklärt auch, warum sie Mme. de Graffignys indiskreter, doch im Grunde harmloser Klatscherei so viel Bedeutung beimaßen.

Voltaires erster Gedanke war, es dem Abbé mit den gleichen Mitteln heimzuzahlen, doch Émilie meinte, ein Wortgefecht genüge hier nicht. Jeder, der in Frankreich lesen und schreiben konnte, wußte, daß Desfontaines' treffender Witz den messerscharfen Widerhaken Voltaires niemals gewachsen war. Um Voltaire Genugtuung zu verschaffen, bedurfte es eines eindeutig klaren Gerichtsurteils, und sie drängte ihn daher, die Klage gegen den Abbé einzureichen. D'Argental und andere Freunde unterstützten sie darin, und nach einigem Überlegen stimmte Voltaire zu und klagte gegen Desfontaines auf Verleumdung, die von der Gegenseite bestritten wurde. Émilie stürzte sich in diese Schlacht mit der ganzen Energie und Begeisterung, deren sie fähig war. Ebenso wie Voltaire ließ sie alles andere beiseite. Niemals hatte sie so verbissen gearbeitet wie im Winter und Vorfrühling 1739. Während Voltaire die ausgedehnte Korrespondenz mit seinen Anwälten, Freunden und sonstigen Leuten führte, die vielleicht das Gericht beeindrucken konnten, übernahm Émilie die notwendige Kleinarbeit. Jedes Wort, jede Zeile der perfiden Schrift prägte sie sich ein, führte wörtlich die relevanten Teile aus Voltaires Werken dazu an und widerlegte jede Andeutung, jeden Fingerzeig, jede bissige Bemerkung des Abbé Desfontaines.

Mitte April wurde die Sache verhandelt. Da Voltaires Erscheinen im Gericht nicht vonnöten war, blieb er in Cirey und wartete dort auf das Urteil – eine harte Geduldsprobe, während der an Schlaf nicht zu denken war. Heute, nach zweihundertfünfzig Jahren, ist es leicht zu sagen, daß sie die Sache allzu wichtig nahmen. Für sie stand damals Voltaires ganze Zukunft auf dem Spiel. Sogar den Kronprinzen Friedrich von Preußen hatte Émilie um ein Zeugnis gebeten, das dem Gericht vorgelegt werden sollte. Es war kein geringer Beweis für ihre Überredungskünste, daß Friedrich der Bitte, wenn auch etwas zögernd, nachkam und damit die Vorschrift brach, die es Fürstenhäusern bisher untersagt hatte, in irgendeiner Form an juristischen Fehden derer, die unter ihm standen, teilzunehmen.

Voltaire obsiegte auf der ganzen Linie. Abbé Desfontaines wurde schuldig gesprochen und vor die Wahl gestellt, seine Darstellungen in allen Einzelheiten zurückzunehmen oder ins Gefängnis zu gehen. Er entschied sich sehr schnell und gab zunächst eine vorläufige Erklärung heraus und etwas später eine Schrift, in der seine Behauptungen Punkt für Punkt widerrufen wurden.

Émilie und Voltaire waren zu erschöpft, um sich über den Sieg wirklich zu freuen. Der lange Kampf hatte beide außerordentliche psychische Kräfte gekostet; Voltaires Nerven waren überdies jederzeit sehr angespannt, und sein Gesundheitszustand war miserabel. Sein Magen machte ihm zu schaffen, er litt an

häufigen Krämpfen in Beinen und Händen, und er schlief wenig und schlecht.
Hier konnte nur ein Ortswechsel helfen, entschied Émilie. Sie wohnten jetzt seit vier Jahren in Cirey und hatten in den letzten beiden Jahren das Schloß kaum verlassen; es war also an der Zeit, die tägliche Arbeit einmal ruhen zu lassen und sich — zumindest eine Zeitlang — dem Trubel der Außenwelt wieder zuzuwenden, den sie aufgegeben hatten und doch immer noch liebten.
Beide dachten gleich an Paris und wie hübsch es wäre, dort ein eigenes Heim zu haben. Sie konnten nicht gut zusammen im Hôtel du Châtelet wohnen; wenn sie also ein Haus kauften, so konnte das nur in Voltaires Namen geschehen. Natürlich wäre es für Émilie nicht ganz einfach, dort ganz offen zu wohnen, doch bis zu einem gewissen Grade war es immer möglich, Konventionen zu umgehen. Inoffiziell konnte sie dort als Dame des Hauses auftreten und den Haushalt führen, genau wie in Cirey; und auch wenn sie nach außen hin im Hôtel du Châtelet wohnte, so ging es ja niemanden etwas an, wenn sie in dem neuen Hause ihre Mahlzeiten einnahm und die Nächte verbrachte.
Mit dem Plan, für Voltaire ein Haus in Paris zu kaufen, hatte sie sich schon lange vor dem Verfahren gegen Desfontaines beschäftigt. Sie hatte ihre Freunde von dem Vorhaben informiert, und als jetzt ein prachtvoller Besitz auf der Ile Saint-Louis, das Palais Lambert, zum Kauf angeboten wurde, begann sie sofort mit den Verhandlungen. Sie und Voltaire kannten das Haus gut, denn sie waren dort beide schon öfter zu Gast gewesen und waren jetzt sehr beglückt über die Aussicht, es kaufen zu können. Es war ein großartiger Bau, wenn auch nicht wirklich ein Palast zu nennen; es hatte eine Million Livres an Baugeldern gekostet und war ausgezeichnet erhalten. Der Verkaufspreis war sehr niedrig — zweihunderttausend Livres, gewiß eine große Summe, doch sehr wenig für dieses Objekt. Der Wert war gesunken, weil die ganze Gegend für die Aristokratie ihre Anziehungskraft verloren hatte und die Preise überall erheblich nachließen.
Daraus machten sich die beiden gar nichts. Voltaire meinte

scherzend, zu ihnen kämen doch nur Philosophen, Wissenschaftler, Gelehrte und Schriftsteller „und anderer Pariser Abschaum". Sie kauften das voll eingerichtete Haus und brauchten jetzt nur noch einzuziehen. Alle ihre Briefe an die Freunde waren erfüllt von der Vorfreude auf Paris.

Doch als sie Cirey im Mai 1739 verließen, fuhren sie nicht nach Paris, sondern nach Brüssel, mit einem langen Umweg über die Niederlande. Der Grund für den veränderten Reiseplan war ein langwieriger und schwieriger Prozeß wegen eines Besitztums in den Niederlanden, das an den Marquis du Châtelet fallen sollte, wenn er den Prozeß gewann. Er hatte sich zwar mit dem Material beschäftigt, doch fehlte ihm jeder Sinn für Jurisprudenz und Finanzangelegenheiten, so daß schließlich Émilie beschloß, die Sache selbst in die Hand zu nehmen. Da sie Voltaire in seinem Verfahren gegen den Abbé Desfontaines sehr geholfen hatte, hielt er es jetzt für seine Pflicht, ihr ebenfalls beizustehen. Sein Prestige in den Niederlanden war so beträchtlich, daß schon seine Gegenwart ihr zweifellos von großem Nutzen sein würde.

Es mag sein, daß beide noch einen weiteren Grund hatten. Sie hatten jetzt so lange Zeit offen zusammengelebt, daß die Aussicht auf unumgängliche Rücksichten und Heimlichkeiten ihnen vielleicht mißfiel. Wenn sie zusammen nach Brüssel fuhren, so konnten sie praktisch wie ein Ehepaar reisen, und so geschah es auch. Sie reisten überdies in großem Stil und mit einem Auftreten, das eigentlich Fürsten vorbehalten war: zwei Wagen des Hauses Châtelet, die beide von einem ausgesuchten Gespann gezogen wurden, waren für die Fahrt bestellt worden. In dem ersten saßen Émilie und Voltaire sowie ein junger Mathematiker namens Koenig, ein Protégé von Maupertuis, der Émilie in Algebra, und zwar in den schwierigeren Aufgaben unterrichten sollte, die sie noch nicht beherrschte. Sie und Voltaire fanden es völlig selbstverständlich, daß man eine Reise nicht nur zum Vergnügen unternahm, und ein Szenenwechsel mußte noch keine Unterbrechung der Arbeit mit sich bringen. Émilie hatte vor, täglich drei Stunden Unterricht bei Koenig zu nehmen und weitere drei Stunden allein an algebraischen Gleichungen zu arbeiten; und wie stark auch andere

Dinge auf dieser Reise sie und Voltaire zuweilen in Anspruch nahmen, hinter diesem Pensum blieb sie nie zurück.
Im zweiten Wagen fuhr die Dienerschaft, darunter Émilies zwei Mädchen und ihre Schneiderin. Die Friseuse hatte sie diesmal nicht mitgenommen; ihre Frisuren waren unkompliziert, und es schien ihr eine unnötige Ausgabe, ein Mädchen mitzunehmen, das außer Frisieren keine andere Arbeit leistete. Sie gedachte, sich mit den Kammerfrauen der befreundeten Häuser zu begnügen, in denen sie Station machen wollten. Voltaires Bedürfnisse waren bescheidener: Er nahm außer seinem Kammerdiener nur den jungen Sekretär mit, der sich auf der Reise um alles kümmern sollte. Die Kutscher gehörten natürlich zum Hauspersonal und hatten in Brüssel und auch anderswo täglich zur Stelle zu sein. Mit Ausnahme des Sekretärs trugen sie alle Uniformen, die Émilie und Voltaire zusammen entworfen hatten.
Sie ließen sich Zeit für die Fahrt, und beide genossen ein paar Tage wirkliche Ferien. Mittags machten sie häufig längere Pausen mit ausgedehnten Picknicks auf den Besitztümern von Freunden. In jeder Stadt hieß man sie so willkommen, wie es Berühmtheiten zukam. In Valenciennes, einer kleinen Garnison, wurde so viel zu ihren Ehren veranstaltet, daß sie mehrere Tage bleiben mußten. An einem Abend gab man im Theater eine Komödie von Voltaire und an ihrem letzten Abend ein Stück von Molière. Ein festlicher Ball wurde veranstaltet, und ein andermal waren sie die Ehrengäste bei einem Bankett, das mit einer Ballettvorführung beschlossen wurde.
Die Garnisonsoffiziere – einschließlich des Kommandanten und der Obersten – bemühten sich, ihnen jede Aufmerksamkeit zu erweisen, wenn auch aus ganz anderen Gründen. Émilie war schließlich die Ehefrau eines der mächtigsten und bekanntesten Generäle der französischen Armee, und kein Offizier hätte es gewagt, sie zu brüskieren und damit den Marquis zu beleidigen. Aus den Briefen von Émilie und Voltaire ist ersichtlich, daß sie aufrichtig erfreut waren, aber nicht die mindeste Peinlichkeit in den Aufmerksamkeiten sahen, die ihnen nur deshalb erwiesen wurden, weil sie Ehefrau und Freund des Marquis du Châtelet waren.

Am letzten Tag im Mai kamen sie in Belgien — damals den Österreichischen Niederlanden — auf dem umstrittenen Besitz an, dem Gegenstand des Prozesses. Das Gut hatte den Vorfahren des Marquis du Châtelet gehört, und er versuchte, das Eigentum zu erhalten und die Ansprüche entfernter Verwandter anzufechten. Der Besitz hieß Beringhen und lag in der Nähe von Lüttich an der Straße nach Juliers. Für die Familie war es nicht weiter von Nutzen, und Voltaire versuchte, Kronprinz Friedrich zum Kauf zu bewegen, damit man sich, wie er meinte, vielleicht dort treffen könne; dafür schien es ihm sehr geeignet.

Émilie und Voltaire fanden das Gut ganz gräßlich. Sie waren an Luxus gewöhnt, und in den beiden Herrenhäusern, die auf dem Grundstück standen, fehlte es an jeglicher Bequemlichkeit. Die Badezimmer waren primitiv, die Gebäude häßlich, die Möbel unbequem und die Aussicht langweilig. Die ganze Gegend machte einen trübsinnigen Eindruck; in einem Brief an die Herzogin von Richelieu schilderte Émilie sogar die Bäume als krumm und verwachsen. Voltaires Beschreibung, die er d'Argental gab, klang noch weniger anziehend.

„Die Menschen in diesem heillosen Land haben so viele Kriege durchmachen müssen, daß sie vergessen haben, was Zivilisation heißt. Mme. du Châtelet ist der Ansicht, hier habe es nie eine Zivilisation gegeben, und darin mag sie recht haben.

Es ist außerordentlich mühsam, das eigene gepflegte Niveau in einer solchen Umgebung zu halten, und das eben ist hier die Schwierigkeit. Wenn Mme. du Châtelet sich länger in dieser öden Gegend aufhält, wird man sie womöglich die Königin der Wilden nennen.

Morgen gehen wir zu ihrem Haus am anderen Ende des Besitztums, das ist das großartige Schloß Ham; ob wir dort Betten, Fenster und Türen vorfinden, ist keineswegs sicher. Es soll da viele Diebe geben, aber wenn dem so ist, müssen es Diebe sein, die man strafversetzt hat. Wir sind hier die einzigen, die zu berauben es sich lohnen würde.

Das einzig Schöne, das uns bisher hier begegnet ist, das ist die breite baumbestandene Allee, die vom Eingangstor bis hinauf zu dem Schloß Beringhen führt. Ach, und die Gegend ist so karg und die Atmosphäre hier so trübselig, daß Mme. du Châtelets Hunde sich weigern, diese Bäume zu dem von der Natur gewollten Zweck zu benutzen."

Sie blieben nur so lange in Beringhen, wie sie dazu brauchten, sich einen ungefähren Überblick zu verschaffen, und fuhren dann weiter nach Brüssel. Dort mieteten sie ein großes bequemes Haus in der Rue de la Gross-Tour. Voltaires Lebensgeister hoben sich, als ihm Kronprinz Friedrich ein paar Geschenke übermitteln ließ, darunter ein Bernsteintintenfaß für Émilie und ein zweites für ihn selbst, ferner einen Kasten mit Spielen und Spielkarten für beide zusammen. Émilie schrieb einen angemessenen, doch nicht überschwenglichen Dankesbrief an Friedrich.

Sobald sie sich hier eingerichtet hatten, wurde der langjährige Tagesplan wieder aufgenommen. Voltaire beendete seine monumentale *Geschichte der Regierungszeit Ludwigs XIV.* und begann dann mit einem neuen Schauspiel: *Mohammed*. Er fand auch die Zeit, Friedrich um seine Intervention beim Kaiserlich-Österreichischen Gerichtshof wegen des Prozesses zu bitten, was ihm gewährt wurde. Damit war der Fall so gut wie gewonnen.

Auch Émilie hatte viel Arbeit. Außer den Algebra-Studien nahm sie, um die Einzelheiten des Prozesses verstehen zu können, einen juristischen Schnellkursus bei zwei Universitätsprofessoren. In ihrer „freien" Zeit begann sie eine Übertragung des *Oedipus Rex* von Sophokles — eine Arbeit, die mehr als hundert Jahre lang auf dem französischen Theater als klassische Übersetzung gelten sollte. Es ist oft behauptet worden, Voltaire habe ihr dabei geholfen; das ist jedoch unbewiesen und überdies recht zweifelhaft, denn erstens war er vertieft in die eigene Arbeit, und zweitens hatten beide es sich zur Regel gemacht, sich von der Arbeit des anderen fernzuhalten. Darin gerade lag das Geheimnis der langen Dauer ihrer Beziehung. Es hätte sehr nahegelegen, daß Émilie den berühmten Dramatiker um Rat ersuchte, als sie an der französischen Fassung einer Tragödie arbeitete, an die sich bisher kaum ein anderer Gelehrter gewagt hatte. Doch das hätte ihrem ganzen Wesen

widersprochen. Ihr Stolz war zu groß und ihr Bedürfnis nach Unabhängigkeit viel zu stark.
Für kosmopolitische Literaten war das Leben in Brüssel recht hart. Belgien, seit Jahrhunderten als politischer und militärischer Fußball benutzt, war damals eine österreichische Provinz; Österreich hatte es Spanien entrissen. Die hartgeprüften und allmählich zynisch gewordenen Bewohner ersehnten weder politische noch kulturelle Freiheit, sondern konzentrierten sich auf den internationalen Handel, bei dem viel Geld zu verdienen war.
Voltaire kannte die Stadt gut; er machte sich keine Illusionen und schätzte die Atmosphäre richtig ein. An einen Freund in Paris schrieb er: „Hier gibt es keinen gebildeten Menschen in der Stadt — keinen Maler, keinen Drucker, keinen Musiker, der ein Instrument ohne Fehler zu spielen versteht. Brüssel ist die Heimat der Ignoranz und Dummheit, der Gleichgültigkeit und der stummen Befolgung von Gesetzen, die jede Freiheit unterhöhlen. Wer hier zu lange lebt, wird seine Phantasie erstickt sehen."
Für ihn und Émilie war diese Gefahr gering. Als sie beschlossen, eine Gesellschaft zu geben, um sich für viele Einladungen zu revanchieren, bestand Voltaire darauf, das Fest zu Ehren von Émilie zu geben, und auf den Einladungen wurden die Besucher in das Haus an der Rue de la Gross-Tour gebeten, um die „Gesandte aus Utopia" kennenzulernen. Das Kompliment blieb jedoch ohne Wirkung, denn keiner der Gäste hatte je etwas von Utopia gehört und noch viel weniger von Sir Thomas More, dem englischen Philosophen und Staatsmann, der in einem berühmten Buch das Land Utopia geschaffen hatte.
Mehrere Tage lang war das Paar zu Gast beim Herzog von Aremberg, einem der ranghöchsten Adligen des Landes, der einen riesigen Besitz in Enghien hatte. Der Besuch war kein reiner Erfolg. Die österreichischen und ungarischen Weine waren hervorragend, und phantastisch schön waren auch die in voller Blüte stehenden Gärten. Doch für Voltaire war Jagd ein brutales Vergehen gegen die Natur, und er weigerte sich, den Herzog zu begleiten. Was er von dem Aufenthalt hielt, faßte

er in einem Brief in wenigen Worten zusammen: „An Büchern gibt es in diesem Hause nur die, die Mme. du Châtelet und ich mitgebracht haben."

Émilie war stets lieber allein als mit Ignoranten zusammen; die meisten Einladungen wurden daher abgelehnt. Als ihr die Zeit lang wurde, nahm sie zur Erbauung einen Lehrer, der ihr Unterricht im Flämischen gab, und ihr Sprachtalent war so ausgeprägt, daß sie nach vier Wochen die Sprache mühelos lesen konnte und auch fast alles verstand, was man zu ihr sagte. Es ärgerte sie nur, daß sie ihren deutlich französischen Akzent beim Sprechen nicht los wurde, was nicht der Fall war, wenn sie englisch, deutsch oder eine der alten Sprachen sprach.

Ende August fuhren sie für wenige Tage nach Den Haag; dort suchte Voltaire seinen Drucker auf, und dann kehrten sie nach Brüssel zurück, wo bald darauf der Prozeß gewonnen wurde. Aus Briefen ihrer Freunde in Paris ging hervor, daß die kommende Saison besonders anregend werden würde; die älteste Tochter Ludwigs XV. feierte Hochzeit mit einem spanischen Edelmann aus königlichem Geblüt, und der König hatte sich endlich an die Tradition seiner Vorfahren erinnert und eine offizielle Mätresse, Mme. de Mailly, genommen. Das alles war allzu verlockend für die beiden Reisenden. Anfang September waren sie in Paris.

Da Voltaire sein neues Haus für eine sehr hohe Summe vermietet hatte, nahm er sich wie üblich einige billige möblierte Zimmer. Émilie hatte keine Lust, für wenige Wochen das Hôtel du Châtelet zu beziehen, und nahm Wohnung bei ihren Freunden, dem Herzog und der Herzogin von Richelieu, die keine Miene verzogen, wenn sie einmal eine Nacht unter einem anderen Dach verbrachte.

Selten in der Pariser Geschichte hatten sich so viele Bälle und Feste, Galaabende, Bankette und Diners, Soupers und Theatergesellschaften in einen so kurzen Zeitraum gedrängt. Berühmtheiten wetteiferten miteinander, und jeder Gastgeber, der seiner Gesellschaft Erfolg sichern wollte, bemühte sich um das strahlende, berühmte und berüchtigte Paar, das sich vorübergehend in der Stadt aufhielt. Ein hektischeres Dasein hatten Voltaire und Émilie nie gekannt.

Émilie genoß alles in vollen Zügen. Versailles erschien ihr heiterer und ausgelassener denn je, und auch das leichtherzige Leben in Paris gefiel ihr sehr. Sie aß zuviel und zu schwere Sachen, sie trank zuviel erlesenen Wein, sie tanzte in der einen Nacht bis zum Morgengrauen und spielte in der nächsten Karten bis zum Sonnenaufgang. Ihre Kleider waren so gewagt, daß andere sie sofort nachzuahmen versuchten, und sie flirtete, harmlos, doch mit Lust, mit jedem interessanten Mann in Paris.

Das fieberhafte Tempo dieser Amüsements hätte jede andere Frau, die keinerlei sonstige Interessen hatte, längst erschöpft. Émilies Energien schienen unbegrenzt, obwohl diese Gesellschaften nur den kleineren Teil ihrer Tage ausfüllten. Wenn sie gegen Morgen zwei oder drei Stunden geschlafen hatte, erfrischte sie sich vor dem Frühstück durch komplizierte mathematische Aufgaben. Stunden verbrachte sie mit Maupertuis und anderen Freunden bei naturwissenschaftlichen Problemen, und ebenso ernsthaft machte sie sich an das Studium der Philosophie und wissenschaftlichen Theorien von Leibniz, eine Arbeit, über die sie ein Jahr später eins ihrer besten und gründlichsten Bücher herausgeben sollte.

Voltaire hatte sich inzwischen gesundheitlich erholt, fand es jedoch unmöglich, mit ihr Schritt zu halten. Als galanter Mann tat er sein möglichstes, beklagte sich jedoch bald, daß Émilie ihn ins Grab bringe. Nach einem Monat war es ihm klar, daß er in Zukunft immer nur kurze Zeit in der Stadt zu leben vermochte. Er schrieb darüber einen Brief an M. und Mme. de Champbonin, seine Nachbarn und Freunde in Cirey. Der Brief gehört zu den berühmtesten aus seiner Feder.

„Paris ist ein Abgrund, wo man jede Stille und Seelenruhe verliert, ohne die das Leben nichts ist als ein übler Tumult. Ich lebe nicht mehr. Wider Willen werde ich in den Strom gezogen. Ich gehe, ich komme. Abends soupiere ich an einem Ende der Stadt, am nächsten Abend am anderen Ende.

Aus der Gemeinschaft mit drei oder vier nahen Freunden muß ich mich losreißen und in die Oper hasten, in die Komödie, Kuriositäten besehen. Ich muß ein Fremder sein, jeden Tag hundert Menschen umarmen, hundert Proteste ausrufen und entgegennehmen, und ich habe keinen Augenblick für mich selbst, keine Zeit zu schreiben, zu denken, zu schlafen. Ich bin wie jener alte Mann, der von den Blumen erdrückt wurde, die man ihm nachwarf, und darunter starb."

Voltaire war insgeheim ebenso erleichtert wie Émilie verstört war, als die Nachricht kam, daß die Verwandten des Marquis, die in erster Instanz den Prozeß verloren hatten, jetzt die Wiedereröffnung des Verfahrens beantragt hatten. Das erforderte die sofortige Rückkehr nach Brüssel, und nach zwei Monaten in Paris machte sich das Paar Anfang November auf den Weg. Eine Woche blieben sie in Cirey, von wo sie sich nur schweren Herzens losrissen. Von Brüssel aus schrieb Voltaire, sie hätten „den schönsten Zufluchtsort in Europa verlassen, um sich in ein Labyrinth flämischer Schikanen zu stürzen".

Immerhin war ihr Tagesablauf in Brüssel dem von Cirey sehr ähnlich. Sie arbeiteten fieberhaft den ganzen Tag und erholten sich abends bei erlesenen Soupers, entweder allein oder in der Gesellschaft einiger ausgesuchter Gäste. Es kam in diesem Winter häufig zu Streitigkeiten zwischen ihnen; Émilie war erfüllt von den Leibnizschen Theorien, und sie und Voltaire nahmen zu verschiedenen Fragen entgegengesetzte Standpunkte ein und vermochten oft den des andern nicht zu verstehen. Émilie schloß sich den wissenschaftlichen Theorien oder der Philosophie von Leibniz keineswegs immer an, doch hielt sie die eigenen Ansichten für unwichtig in einem Buch, das den Franzosen seine Theorien in konzentrierter Form nahebringen sollte. Leibniz war ein sehr wichtiger Faktor in der wissenschaftlichen und philosophischen Gedankenwelt des Westens, sein Einfluß war besonders in den deutschen Staaten sehr stark, und er hatte es verdient, auch in Frankreich das größtmögliche Verständnis zu finden. Kein neues physikalisches Gesetz, kein neuer philosophischer Begriff entstand jemals von selbst, aus dürrem Boden; eine intellektuelle Parthenogenese gab es nicht. Jeder wichtige und einflußreiche Gedanke verdiente ein gründliches Studium, ohne Rücksicht auf die eigene Meinung.

Voltaire hingegen war der Ansicht, sie denke in dieser Sache nicht klar und scharf genug. Es stand fest, daß die ganze Physik auf den von Newton begründeten und weitergeführten

Begriffen basierte; auch Émilie habe ja seine Theorien bejaht, hielt er ihr vor, und es sei daher reine Zeitverschwendung, sich mit Theorien zu beschäftigen, die Newton widersprachen. Vor allem sei es töricht, Zeit und Kraft zu verwenden auf etwas, das er spekulative Metaphysik nannte. Es mochte amüsant sein, die Werke von Philosophen zu lesen, auch wenn ihre Behauptungen noch so unzutreffend waren, doch für die Lektüre von Leibniz gab es keine Entschuldigung. Er war Deutscher und folglich schwerfällig, humorlos und didaktisch.

Anderen – nicht Émilie – gegenüber fand Voltaire viele Lobesworte für ihre *Institutions de Physique.* Sie hatte nicht nur die schwierigsten der von Leibniz vorgebrachten Theorien gemeistert, sondern sie viel brillanter, klarer und präziser als Leibniz selbst kommentiert.

Im April 1740 war das Buch fertig. Émilie sandte ein Exemplar an den Kronprinzen Friedrich, dessen Vater im Sterben lag und der in weniger als einem Monat Herrscher der Preußen werden sollte. Niemand weiß, ob das Geschenk als diplomatische Geste gemeint war, die den Empfänger besänftigen sollte, weil Voltaire noch immer nicht nach Berlin gekommen war, oder ob Émilie jetzt ihrer eigenen Propaganda Glauben schenkte und meinte, Friedrich werde sie, sobald er seinem Vater auf den Thron gefolgt war, ebenfalls einladen.

Friedrich schrieb im Gelehrtenstil zurück, das Buch sei hinreißend, was für ein Werk über Metaphysik nicht wenig war. Émilies Scharfsinn, schrieb er, verleihe manchen Leibnizschen Feststellungen ganz neue Bedeutung. Ihre Interpretation sei großartig, und er bewundere ihren französischen Stil und wünschte nur, er könne es ihr in dem Buch, an dem er gerade arbeite, gleichtun an Flüssigkeit und Gewandtheit des Ausdrucks. Nur etwas bitte er aussetzen zu dürfen: Leibniz hatte wie viele Deutsche die Angewohnheit, sich zu wiederholen, vielleicht beleuchtete er das gleiche Thema von verschiedenen Standpunkten, doch er komme zu den gleichen Folgerungen. Er, Friedrich, habe den Eindruck, Émilie habe sich zu einer Nachahmung dieser Gewohnheit verleiten lassen, und er glaube daher, das Buch könne durch gewisse Kürzungen nur gewinnen.

Das Buch erschien im Sommer 1740 und erregte viel Aufsehen in den intellektuellen Kreisen Frankreichs. Selbst Émilies Gegner in der Aristokratie, die kein Wort davon verstanden, waren tief beeindruckt. Seit Jahren hatten sie Émilies Talente verspottet und sich über ihre Arbeit lustig gemacht, behauptet, sie sei zu selbständiger Arbeit unfähig und sei völlig abhängig von Voltaire. In diesem Buch jedoch hatte sie einen Gegenstand behandelt, von dem sich Voltaire offen distanzierte, so daß selbst ihre hartnäckigsten Feinde zugeben mußten, daß die *Institutions de Physique* ihr alleiniges Werk waren. Da sie ihre Überlegenheit nicht zugeben wollten oder konnten, betrachteten sie sie hinfort als etwas Sonderbares, einen Ausbund der Natur.

Voltaire machte mit den Kritikern kurzen Prozeß. „Nur Narren und Feiglinge lachen, wo sie nicht mehr zu begreifen vermögen", sagte er.

Auch die wissenschaftliche Welt äußerte Kritik, befaßte sich aber sachlich mit dem ungemein verdienstvollen dreibändigen Werk und bemängelte nicht so sehr den Inhalt wie die Haltung der Autorin. Man warf „Lady Newton" Verrat an den Lehren Isaac Newtons vor, und nur wenige intelligente Geister erkannten, daß Émilie hier nicht unbedingt die eigene Meinung weitergab, sondern sich dafür einsetzte, daß das Leibnizsche Gedankengut auch in Frankreich weite Verbreitung fand. Die kompetenten Vertreter der Akademie der Wissenschaften begannen mit ihr eine lange Korrespondenz, in der die Ausgangsbasis mehrerer Leibnizscher Theorien in Frage gestellt wurde. Émilies Antworten waren angeregt und ebenso ausführlich, und die Korrespondenz nahm einen so speziellen Charakter an, daß nur wenige Gebildete in Europa ihr zu folgen vermochten.

Auch Voltaire trat in die Arena, und zwar auf der Seite der Geliebten. Er war mit dem Tenor ihres Buches nicht einverstanden gewesen, wollte sie aber jetzt keinesfalls im Stich lassen und verteidigte sie gewandt. Sowohl sein Scharfsinn wie die Kenntnis der Materie verliehen den Argumenten besonderes Gewicht.

Der Disput war natürlich völlig legitim und trug trotz der Divergenzen beträchtlich zu Émilies Ruhm bei. Sie war zu dieser Zeit vielleicht die einzige Frau in Frankreich, die die Lehren von Newton und Leibniz kannte und sie für wichtig hielt. Was immer speziell die Wissenschaft in Frankreich und sonstwo von ihrem Werk hielt, Physiker und Philosophen betrachteten ihre Arbeit als große Leistung, die Respekt und Bewunderung verdiente. Die *Institutions* festigten ihren wachsenden Ruhm; sie gehörte jetzt unbedingt in die obersten Ränge der Intellektuellen jener Zeit, was für ein Mitglied der ersten Aristokratie bemerkenswert war, vor allem für eine Frau. Sie war in Europa damals die einzige Frau, die auf gleicher geistiger Stufe mit den großen Denkern der Epoche stand.

In weitestem Sinne war Émilie mit dem Erscheinen der *Institutions* volljährig geworden. Vorher hatte man zwar ihre Arbeit bewundert, sie aber doch im Grunde für einen Poseur gehalten. Jetzt durfte man an ihrer Leistung nicht mehr zweifeln.

Finanziell war das Buch kein Erfolg. Die Herausgabe hatte mehr als zweitausend Louisdor gekostet, eine enorme Summe, die vermutlich von Voltaire aufgebracht worden war. Im Laufe von einigen Jahren brachte das Buch die Unkosten wieder herein, es blieb also kein Verlust, wurde aber auch kein Gewinn. Doch Émilie war nicht enttäuscht – sie hatte mit dem Buch Prestige erringen wollen, und das war ihr über Erwarten gut gelungen.

Der gehobene Status brachte keine Veränderung in ihrem Wesen oder in ihrer Lebensart mit sich. Sie war nach wie vor ultrafeminin, emotional auf allen Gebieten und grimmig eifersüchtig auf Voltaire. Immer noch liebte sie Extravaganzen, trug gewagte Kleider, behängte sich überreichlich mit Schmuck und spielte – nach einer Pause von wenigen Jahren – so leichtsinnig wie eh und je, wobei sie jedoch meistens gewann.

Sie war geistig gereift und erwachsen geworden, hatte aber im Wesen noch viel von ihrer einstigen jugendlichen Unbekümmertheit behalten, und das war ihr großer Charme. Sie war jetzt fast fünfunddreißig Jahre und hatte damit ein Alter erreicht, mit dem für Frauen des achtzehnten Jahrhunderts der physische Höhepunkt überschritten war: sie galten nun als ältere Damen. Émilie dachte nicht ans Älterwerden.

Mehrere Porträts von ihr aus dieser Zeit beweisen, daß sie nichts von ihrer Schönheit verloren hatte, und Zeitgenossen sprachen häufig von ihrem frischen klaren Teint, den leuchtenden Augen und der wirklich unerschöpflichen Energie. Sie war zwar etwas rundlicher geworden, hatte aber keineswegs die Figur einer ältlichen Frau und wurde immer noch beneidet um ihren Busen, die Taille und den langen schmalen Rücken. Sie genoß das Leben in vollen Zügen, und der neugewonnene Ruhm spornte sie zu weiteren Taten und Lorbeeren an.

XIII

Am letzten Maitag des Jahres 1740 bestieg Friedrich von Preußen den Thron, nachdem sein Vater, von niemandem betrauert, nach langer Krankheit gestorben war. Es war noch keine Woche vergangen, als König Friedrich Voltaire einen Brief schickte. Sein Buch *Antimachiavell* sei nun fertig, schrieb er, und er wollte es in Holland erscheinen lassen, und zwar anonym, denn einem regierenden Monarchen stehe es übel an, wenn man herausfände, daß er Bücher schreibe. Außerdem sprach der König — dringlicher als zuvor — von seinem Wunsch, Voltaire bei sich zu sehen.

Nun war es zwar möglich, dem Kronprinzen wiederholt auszuweichen, nicht aber dem König von Preußen. Émilie und Voltaire waren soeben aus Belgien nach Cirey zurückgekehrt; doch Voltaire reiste sofort wieder ab, trotz der heftigen Proteste von Émilie. Er fuhr direkt nach Den Haag und traf dort die notwendigen Vorbereitungen für die Herausgabe des *Antimachiavell.*

Émilie hätte jetzt die Früchte der eigenen Arbeit genießen sollen: die *Institutions* waren eben erschienen, und sie führte einen angeregten Briefwechsel mit einigen der großen Geister in Europa. Doch zum Ausruhen kam sie nicht. Voltaire war fort, und sie war sicher, daß Friedrich ihm immer mehr und dringlichere Briefe schrieb und ihn zu kommen ersuchte. Sie mußte etwas tun, um ihre Interessen zu wahren.

Ihr Entschluß war schnell gefaßt. Auch sie korrespondierte ja mit dem Preußenkönig, sie konnte ihm also klarmachen, daß sie beabsichtigte, den Geliebten zu begleiten, nach Berlin oder jedem anderen Treffpunkt. Besonders in einem Brief war sie nahe daran, die höfliche Fassade fallen zu lassen, die der Umgang mit Königen damals vorschrieb. Es hieß da:

„Endlich naht die Zeit, zu der wir vor Eurer Majestät erscheinen sollen. M. de Voltaire und ich haben dieser Gelegenheit seit so vielen Jahren entgegengesehen, daß wir uns nicht mehr erinnern, etwas anderes als die gemeinsame Vorfreude empfunden zu haben. Dieses Gefühl erfüllt uns jetzt in verstärktem Maße, und wir sind bereit, uns zusammen an jeden Ort zu begeben, der Eurer Majestät für unser Rendezvous zusagt."

Friedrich war sich klar darüber, wie wichtig Émilie für Voltaire war, doch er haßte ihr beharrliches Durchkreuzen seiner eigenen Pläne. Sein Vater hatte ihm vieles vorenthalten; jetzt saß er auf dem Thron und war entschlossen, nur das zu tun, was er wollte, wann er es wollte und wie es ihm am besten paßte. Er respektierte Émilies Starrsinn — doch auch er konnte starrsinnig sein, das bewies er jetzt. In einem privaten Brief an Voltaire nach Den Haag erklärte er:

„Hinsichtlich Mme. du Châtelets Reise möchte ich Ihnen ganz offen sagen: Sie sind es, Voltaire, mein Freund, den ich zu sehen wünsche. Die himmlische Émilie mit allem himmlischen Zubehör ist doch nur ein Accessoire des Newtonschen Apoll. Wenn es unumgänglich ist, daß sie Apoll begleitet, so mag es sein; doch wenn ich Sie allein sehen könnte, so wäre mir das lieber. Ich wäre allzu verwirrt, der Glanz würde mich blenden und überwältigen. Ich würde Moses' Schleier benötigen, um den vereinten Strahlenglanz von Ihnen beiden zu dämpfen."

Das war ein peinliches Dilemma für Voltaire. Ein hartnäckiger regierender Fürst bestand darauf, ihn zu sehen, was gewiß sehr schmeichelhaft war, doch es konnte die Vernichtung seines Privatlebens bedeuten. Er war ganz sicher, daß seine Mätresse es ihn büßen lassen würde, wenn er Friedrichs dringlichen Wünschen nachkam und Émilie zurückließ. Das war ein schwieriges Problem auch für einen so wortgewandten Autor. Voltaire wich aus.

Émilie bedrängte den König inzwischen mit weiteren Briefen und erklärte immer wieder ihre und Voltaires Bereitschaft, ihn zu besuchen.

Friedrich kapitulierte oder gab anscheinend nach, und das war nicht dasselbe. Er wandte diese Taktik auch in den folgenden Jahren beim Aufbau seiner Innen- und Außenpolitik und der Militärstrategie an: er ließ die Gegner annehmen, sie hät-

ten gewonnen, und riß ihnen dann den Sieg aus der Hand. Jetzt sandte er Émilie und Voltaire einen Brief und sagte beiden, er habe ein Haus in Antwerpen genommen und werde sich inkognito dorthin begeben, um den Formalitäten aus dem Wege zu gehen, die ein Besuch in einem anderen Land sonst erfordern würde, und er werde sie dort zusammen begrüßen.
Émilie war hochbeglückt: sie hatte in einem langen Zwist mit einem König den Sieg davongetragen. Doch die Freude dauerte nicht lange. Friedrich verließ Berlin und schrieb am 5. September in seinem Landhaus in Wesel einen Brief an Voltaire, er habe dort Station machen müssen wegen eines heftigen Fieberanfalls. Er schloß mit den Worten: „Wenn das Fieber nicht wiederkommt, werde ich am Dienstag (morgen in einer Woche) in Antwerpen sein, wo mir das große Vergnügen zuteil werden wird, Sie und die Marquise zu sehen. Es wird der charmanteste Tag meines Lebens sein. Vielleicht werde ich daran sterben, doch könnte sich gewiß niemand einen schöneren Tod wünschen."
Émilies Schneiderin in Cirey und ihre Hilfskräfte arbeiteten Tag und Nacht an den neuen Kleidern, die sie mitnehmen wollte nach Antwerpen. Die größte und vornehmste der Familienkutschen erhielt einen neuen Farbanstrich, und der erste Groom des Hauses suchte überall nach einem größeren und schöneren Gespann für die Reise.
Und dann wurden plötzlich alle Vorbereitungen angehalten. Friedrich schrieb, sein Fieber habe sich nun doch verschlimmert, er müsse die Reise nach Antwerpen verschieben. Émilie war ahnungslos und wartete geduldig auf neue Nachricht. Der junge Monarch, der noch nie im Leben ernsthaft krank gewesen war, würde sicher bald genesen.
Friedrich schrieb von neuem, diesmal von einem Pachtgut in Moyland in der Nähe von Kleve. Das Fieber, sagte er, sei „hartnäckiger als ein Jansenist", und das allerbeste Heilmittel sei ein Besuch von Voltaire — allein. Er dürfe es sich nicht erlauben, Émilie zu einem Zeitpunkt zu empfangen, da seine Gesundheit ein solches Treffen nicht zulasse, und er sei untröstlich, weil die Begegnung nun auf unbestimmte Zeit verschoben werden mußte.

Jetzt verstand Émilie, doch es war zu spät. Sie und Voltaire hatten bereits für Antwerpen zugesagt und konnten jetzt nicht behaupten, sie hätten keine Zeit oder seien anderweitig besetzt. Friedrich wußte, sie hatten diese Zeit reserviert. Weigerte sich Voltaire jetzt, die Reise allein zu machen, so war das unter Umständen das Äußerste an Taktlosigkeit. Eine solche Ungehörigkeit konnte ihm sehr wohl die Feindschaft des Preußenkönigs eintragen.

Es gab noch einen weiteren Punkt, den Émilie berücksichtigen mußte. Voltaire war seit langem erpicht darauf, den jungen Regenten kennenzulernen, der ihn mit Schmeicheleien und Lobpreisungen überhäufte und ihn offen als den bedeutsamsten lebenden Europäer bezeichnete. Es wäre ihm nicht nur eine schwere Enttäuschung, wenn er jetzt die Reise nicht antreten konnte: er würde es auch Émilie nicht verzeihen, wenn sie sich zwischen ihn und Friedrich stellte. Nicht jeder Dichter wurde so lange und so hartnäckig umworben von einem der mächtigsten Fürsten der Erde.

Sie machte also gute Miene zum bösen Spiel und schrieb Friedrich einen liebenswürdigen Brief, der ihr zweifellos nicht leicht fiel. „Ich weiß nicht, was mich mehr schmerzt", hieß es in ihrem Schreiben, „das Wissen, daß Eure Majestät krank sind, oder die Enttäuschung, weil ich Ihnen die erhoffte Aufwartung nicht machen kann."

Und mit einem Lächeln ließ sie Voltaire gehen. Er wußte, was sie durchmachte, obwohl sie ihre Eifersucht verborgen hielt, und versprach ihr, nicht lange fernzubleiben.

Émilie ließ ihren Gefühlen freien Lauf in einem Brief an Maupertuis, der bereits in Moyland war, um Friedrich dort zu treffen. „Es ist mir schwergefallen, M. de Voltaire gehen zu sehen; und der König sollte dieses Opfer anerkennen. Ich hoffe, er schickt mir bald denjenigen zurück, mit dem ich den Rest meines Lebens zu verbringen gedenke und den ich ihm nur für wenige Tage geliehen habe."

Sie hatte ebenso wie Voltaire angenommen, daß Friedrich die Krankheit nur vorgeschoben habe. Voltaire war daher überrascht, als er bei seiner Ankunft in Moyland den König tatsächlich mit leichtem Fieber im Bett vorfand. Voltaire nahm ohne Umstände seine Hand, fühlte den Puls und riet ihm zu dem Mittel, das seine Jesuitenlehrer angewandt hatten, Chinin.

Die königlichen Ärzte hatten das westindische Rindenprodukt niemals bei Fieber verwendet und erhoben Protest, doch der Patient hatte Vertrauen zu der Diagnose des Amateurs und ließ sich Chinin geben. Der Erfolg gab ihm recht: er konnte schon abends das Bett verlassen und an einem Galasouper teilnehmen, und die Krankheit kam auch nicht wieder.

Der Besuch war ein glänzender Erfolg. Voltaire las sein neues Stück, *Mohammed,* vor und erntete großen Applaus. Friedrich stellte Fragen, Voltaire beantwortete sie und hielt zuweilen lange Monologe, denen die Zuhörer aufmerksam lauschten. Selbst in England hatte man ihn nicht mit so tiefem Respekt behandelt, und kaum jemals hatte ein regierender König sich so völlig den Ansichten eines Schriftstellers, eines Notarssohns, untergeordnet. Voltaires Eitelkeit blühte, er genoß jede Minute seines Besuchs.

Émilie hing inzwischen den finstersten Gedanken nach; sie war rastlos und nervös und schrieb ihm täglich mahnende Briefe. In seinem Buch über Friedrich den Großen faßte Thomas Carlyle ihre Haltung mit den Worten zusammen: „Madame bewacht alle seine Aus- und Eingänge, alle großen und kleinen Begebenheiten, sie stürzt sich mit Macht jederzeit für ihn ins Gefecht, ohne Rücksicht auf Vorausgegangenes oder Folgen; mit dem Zorn einer Bruthenne im Angesicht der Gefahr verteidigt sie mit ihrem Leibe jedes Flaumfederchen von M. de Voltaire."

Voltaire hielt sein Versprechen und blieb nur wenige Tage beim preußischen König, bevor er nach Den Haag zurückkehrte. Dort blieb er zunächst. Er schrieb Émilie, er müsse sich um die Buchausgabe des *Antimachiavell* kümmern; seine Freundschaft mit Friedrich mache es unumgänglich, daß er dort bleibe, bis das Buch erschienen sei.

Alles, was sie sonst noch wissen wollte, erfuhr Émilie von Maupertuis und anderen. Voltaire hatte einen langen Vortrag über die Hauptthemen der Werke Platos gehalten, und Friedrich hatte ihm wie ein gelehriger Schüler zugehört. Voltaire

hatte ferner eine Rede gehalten über persönliche Freiheit und einen leidenschaftlichen Vortrag über Zensur.
Friedrich hatte sich Notizen gemacht, Fragen gestellt und sich im ganzen verhalten wie ein Schüler vor einem berühmten Professor. Voltaire sah sich bereits als Macht hinter einem großen Thron, als Mann, der einflußreiche Verbindungsfäden zwischen den Völkern in seiner Hand hielt, und war begeistert von der neuen Rolle.
Émilie argwöhnte, er werde König Friedrich in Preußen aufsuchen, wenn er Den Haag verließ. Sie kannte ihn und wußte: der Versuchung, als Mentor des ehrgeizigen jungen Regenten aufzutreten, würde er nicht widerstehen können. Ihr blieben nur zwei Wege offen: sie konnte in Cirey oder in Brüssel auf ihn warten und sich widerspruchslos fügen, wenn er ihr mitteilte, er werde Friedrich jetzt öfter besuchen; oder sie konnte ihren Kopf durchsetzen und darauf bestehen mitzufahren, wenn er nach Preußen reiste. Fügte sie sich, so war das dumm und lächerlich; bestand sie auf ihrem Willen, so war das zu aggressiv. Sie schlug überraschend einen dritten Weg ein.
Was der eine Königshof vollbracht hatte, das war auch einem zweiten möglich; überdies war der zweite weit mächtiger und angesehener als der preußische und lag auch viel näher. König Ludwig XV. ließ sich zwar noch immer viel sagen von seinen stets gegenwärtigen Ministern, doch gewann er allmählich die Oberhand, und er war zudem der reichste und mächtigste Herrscher der westlichen Welt. Es war nicht zu leugnen, daß er Launen hatte, Disziplin nicht kannte und Luxus allzusehr liebte, doch unbeschadet seiner Fehler blieb er immerhin der Herrscher der kultiviertesten, fortschrittlichsten und elegantesten Nation. Und Voltaire, so überlegte Émilie, würde Friedrich sofort vergessen, wenn sein eigener König ebensoviel Wesens um ihn machte. Sie beschloß also, sich um das Interesse und den Beistand Ludwigs zu bemühen. Das verschaffte ihr außerdem eine vernünftige Beschäftigung, und sie brauchte nicht in Cirey oder in Brüssel herumzusitzen und auf ihren Liebhaber zu warten.
Der französische Königshof residierte in Fontainebleau. Dort fuhr sie also hin, fest entschlossen, dem König irgendeine Zu-

sage abzuringen und Voltaires Beziehung zu Kardinal Fleury wiederherzustellen. Der Kardinal war jetzt siebenundachtzig und hatte immer noch beträchtliche Macht in den Händen. Émilie — Wissenschaftlerin, Intellektuelle und Playgirl — bewies eine Vielseitigkeit und listenreiche Raffinesse, die einem erfahrenen Diplomaten Ehre gemacht hätten.

Unauffällig angezogen, bat sie um eine Audienz beim Kardinal und brauchte auch nicht lange zu warten. Das Gespräch soll nach den Aussagen der zeitgenössischen Klatschbasen mehr als drei Stunden gedauert haben, über seinen Inhalt wurde nichts bekannt. Doch die Ergebnisse blieben nicht lange verborgen.

Kardinal Fleury sandte an Voltaire, der sich noch in Den Haag aufhielt, einen dringenden Brief. Früher, so schrieb Seine Eminenz, habe der begabteste der Franzosen der Krone oft Sorgen gemacht durch Mißachtung der Gesetze. Jetzt habe er eine Gelegenheit zur Rehabilitation. Der französische Gesandte in Berlin sei unfähig; man erfahre wenig von der Politik, die Friedrich verfolge. Was waren seine innerdeutschen Pläne? An welche Alliancen mit dem Ausland dachte er? Da er bereits dabei war, die mächtige Armee seines Vaters zu vergrößern, mußte er militärische Ziele im Auge haben. Wo und aus welchen Gründen dachte er anzugreifen? Wenn Voltaire in der Eigenschaft eines inoffiziellen Gesandten hier irgendwelche Informationen beschaffen könnte, so wäre die französische Regierung ihm dafür sehr verbunden und werde, wenn er Erfolg habe, bereit sein, Vergangenes zu vergessen.

Voltaire nahm das Angebot, wie Émilie es vorausgesehen hatte, mit Freuden an. Geheimagent: das war eine Rolle, die er liebend gern spielte, und die Aufgabe war von so hohem Niveau und bewies so deutlich, wieviel auf dem Spiel stand, daß er sich durch das Vertrauen des Kardinals außerordentlich geschmeichelt fühlte. Sein herzliches uneingeschränktes Ja kam, als Émilie noch in Fontainebleau war, und sie war nun beruhigt, daß er nicht die Absicht hatte, sich unter Friedrichs Höflinge zu begeben.

Zwei Eisen im Feuer waren jedoch besser als eines, und Émilie suchte daher auch noch um eine Audienz bei Ludwig XV. nach, auf die sie normalerweise Monate hätte warten müssen. Doch ihr half der Herzog von Richelieu, der im Sommer seine Frau durch den Tod verloren hatte und gern bereit war, etwas für Émilie zu tun. Sie hatte ihm vor ihrer Abreise aus Cirey nach Paris geschrieben, und sie trafen sich in Fontainebleau. Richelieu, ihr guter Freund und einstiger Liebhaber, hielt Friedrich von Preußen für reichlich ehrgeizig und daher nicht ungefährlich für Frankreich; er ließ sich daher gern für ihren Plan gewinnen. Er riet ihr zu einem etwas ungewöhnlichen Audienzgesuch, in dem sie – sämtlichen Protokollvorschriften zum Trotz – darum bat, daß die Mätresse des Königs, eine besonders törichte Komtesse, an der Audienz teilnehmen möge. Der Grund lag auf der Hand: sie wollte verhindern, daß Ludwig oder seine Mätresse auf den Gedanken käme, sie habe es persönlich auf den Monarchen abgesehen. Die Anwesenheit der Komtesse würde den unvermeidlichen höfischen Klatsch auf ein Mindestmaß beschränken.

Émilie überreichte Ludwig XV. ein Exemplar des *Mohammed* mit einer herzlichen Widmung des Autors, und dann erzählte sie ihm ausführlich, wie Friedrich Voltaire seit Jahren umworben und welchen Empfang er ihm bei ihrem ersten Treffen bereitet hatte. Ludwig war ein eitler Mann, dem auch Eifersucht nicht fremd war. Sie wußte, er werde heftig auf ihre Schilderungen reagieren, und übertrieb daher hier und da in ihrer Beschreibung, ohne jedoch zu weit zu gehen und den Zorn Seiner Christlichen Majestät zu entfachen. Richelieu war bei dem Interview zugegen und nannte später ihre Bemühungen „meisterhaft".

König Ludwig machte sofort klar, daß er keineswegs die Absicht hatte, sich seinen berühmtesten Untertan von einem preußischen Emporkömmling entwenden zu lassen. Er kannte Voltaires Schriften nicht, denn ihn interessierten weder die Wissenschaften noch Philosophie oder Dichtkunst, und die Bühnenstücke und geschichtlichen Werke des Dichters waren ihm, dem Liebhaber frivoler Spielereien, viel zu schwer. Geistig konnte er es also keineswegs mit Voltaire aufnehmen. Doch er war ein Menschenkenner. Er schrieb Voltaire einen überaus freundlichen Brief, dem er ein goldenes Medaillon mit einem Bild von sich beifügte.

Voltaire mit seiner großen Schwäche für fürstliche Lobesworte und Aufmerksamkeiten schrieb sofort eine lange blumenreiche Antwort. Er werde, wenn sein Buch über die Regierungszeit des königlichen Großvaters fertig sei, sehr gern ein neues Werk über die Regierungszeit Ludwigs XV. schreiben.
Émilie hatte also ihr Ziel geradezu glänzend erreicht. Sie hatte nicht nur Frieden gestiftet zwischen Voltaire und dem Hof, mit dem er seit Jahren in Fehde gelegen hatte; sie hatte darüber hinaus für einen starken Magneten — neben dem ihrer Liebe — gesorgt, der den Geliebten von Berlin weg und nach Frankreich zurückzog.
Ihr Auftreten in Fontainebleau erstaunte die Umgebung. Wie immer war ihre Kleidung sichtlich teuer, doch sie trug keine der tiefausgeschnittenen Roben, die früher den angeblich nicht leicht zu schockierenden Hof so oft schockiert hatten. Ihr Schmuck war atemberaubend, doch trug sie immer nur wenige kostbare Steine, und von den berühmten Smaragden sah man diesmal gar nichts. Sie benahm sich diskret, hielt sich aus jedem Streit heraus und nahm bei den beiden Festbällen, die während ihres Aufenthaltes in Fontainebleau stattfanden, nur an den letzten Tänzen teil. Wenn sie vorgehabt hatte, dem König und dem Kardinal Fleury zu beweisen, daß sie zu einer selbständigen und verantwortungsbewußten Frau herangereift war, so war ihr das gelungen.
Nur am Spieltisch wurde dieser Eindruck leicht erschüttert. Sie setzte sich nur ein paarmal zum Vingt-et-un nieder, doch das genügte, um die Briefschreiber in Fontainebleau auf Wochen hinaus mit Stoff zu versorgen. Sie spielte gefährlich hoch und setzte Summen ein, die es nur den Mitgliedern der königlichen Familie und einigen schwerreichen Herzögen erlaubten, weiter mit ihr zu spielen. Hätte sie verloren, so hätte ihr Mann nach einem einzigen Spielnachmittag den Bankrott erklären müssen. Sie gewann jedoch, wie es hieß, so viel, daß sie auf Jahre hinaus mit reichlich Geld versehen war, auch wenn sie sich noch so extravagante Gelüste erlaubte.
Als ihre Aufgabe erledigt und ihre Börse reichlich gefüllt war, ging Émilie für ein paar Wochen nach Paris und öffnete dafür das jetzt selten benutzte Hôtel du Châtelet. Auch hier ging sie

vorsichtig zu Werk, empfing nur wenige Freunde aus ihren Kreisen und lehnte Einladungen zu Diners und in die Oper ab. Es war ihr offenbar daran gelegen, daß keinerlei entstellte Geschichten über ihr Auftreten nach Berlin drangen, wo ganz gewiß der Preußenkönig und sein Anhang Voltaire mit Wonne davon überzeugt hätten, daß sie ihm untreu gewesen war. Daher beschränkte sie sich auf lange Gespräche mit Maupertuis und anderen Wissenschaftlern im Café Gradot, wo sie nun in Damenkleidern auftreten konnte, da ihre Kampagne zur Öffnung der Cafés für Frauen erfolgreich gewesen war. Auch nahm sie die Diskussionen über Leibniz und Newton mit den Mitgliedern der Akademie der Wissenschaften wieder auf. Ende Oktober – ungefähr zur gleichen Zeit, als Voltaire aus Den Haag abreiste und sich nach Berlin und Potsdam begab – kehrte sie nach Cirey zurück.

Die Stille und Einsamkeit des Schlosses lagen schwer auf ihr, und obgleich sie versuchte, Trost in der Arbeit zu finden, merkte sie, daß sie eine Erholung von der Arbeit und vom Schreiben brauchte. In all ihren Briefen an Freunde in Fontainebleau und in Paris kehrte ein Thema ständig wieder: sie war unbeschreiblich einsam und wußte nicht, wie lange sie diese Isolierung noch aushalten konnte.

Die Freunde drängten sie, nach Paris zu kommen, und auch der Marquis sandte ihr einen kurzen väterlichen Brief in diesem Sinne. Doch sie fürchtete entweder den Klatsch oder aber die Versuchungen, die zu Redereien führen konnten, und befolgte den Rat nicht. In keinem ihrer Briefe gab sie eine Erklärung dafür, warum sie nicht einfach in die Stadt, die sie so liebte, zurückkehrte.

Statt dessen fuhr sie nach Brüssel und bezog wieder das gemietete Haus in der Rue de la Gross-Tour, wo sie dem fernen Voltaire näher war. Dort las sie Tag und Nacht, unternahm ihre nie endenden physikalischen Experimente, und an den wenigen Tagen in der Woche, wenn die Langeweile allzu groß wurde, dinierte sie mit den Mitgliedern der österreichischen und belgischen Aristokratie. Offenbar hatte sie zuweilen auch nichts Besseres zu tun, als sich in sinnlose Streitigkeiten mit anderen Edelleuten einzulassen.

Die Rückwirkungen eines besonders sensationellen Krachs wurden in ganz Europa fühlbar. Prinzessin Mathilde von Thurn und Taxis war das rangälteste Mitglied der österreichischen Aristokratie in Brüssel, eine recht hochmütige Frau und irgendwie mit den regierenden Habsburgern verwandt. Émilie war eines Abends ihrer Einladung zum Diner in ihrem Palast gefolgt und hörte, wie die Prinzessin verkündete, wenn eines schönen Tages König Friedrich von Preußen nach Brüssel käme, so werde er in ihrem Hause absteigen. Émilie war sofort beleidigt. Wahrscheinlich hatte sie nicht den geringsten Wunsch, den Mann als Gast bei sich zu sehen, der ihr — wenn auch nur vorübergehend — Voltaire weggenommen hatte. Doch jeder Anwesende wußte von ihrer Beziehung zu Voltaire, und jeder wußte auch, daß er gerade in Berlin war; sie konnte also diesen Affront keinesfalls auf sich sitzen lassen. Wenn Friedrich nach Brüssel komme, sagte sie laut, so werde er nur ein Haus aufsuchen, und das sei ihr Haus in der Rue de la Gross-Tour.

Die Prinzessin ließ sich nicht beirren und wiederholte mit eiserner Miene ihre Verkündigung, die von Émilie genauso starrsinnig zurückgewiesen wurde. Sehr bald schrien sie einander an. Émilie, erzürnt und durch Voltaires lange Abwesenheit sowieso über die Maßen erregt, brach schließlich in Tränen aus und verließ das Haus — zum Entzücken der überall vertretenen Klatsch-Briefschreiber, die den Vorfall gehörig aufbauschten. Mit Prinzessin Mathilde wechselte sie hinfort kein Wort mehr, was dem absurden Vorfall noch mehr Gewicht verlieh.

In Berlin wird der Preußenkönig, als er von dem Streit erfuhr, ironisch gelächelt haben. Er wußte weit besser als jeder andere, daß er nicht die Absicht hatte, die belgische Hauptstadt zu besuchen, die noch langweiliger war als seine eigene.

Da der gesamte Briefwechsel zwischen Émilie du Châtelet und Voltaire nicht mehr existiert, weiß niemand, wie oft die beiden Liebenden einander schrieben und noch viel weniger, was der Inhalt der Briefe war. Man weiß nur, daß es Briefe gab, denn Émilie erzählte dem Herzog von Richelieu, Voltaire fände das Berliner Klima unerträglich kalt und ihm mißfalle auch der ländliche Charakter des königlichen Jagdgutes in Potsdam.

Auch d'Argental berichtete sie mit Genugtuung, die königliche Küche verursache Voltaire erhebliche Magenbeschwerden. Es sieht so aus, als habe sie nach jedem Strohhalm gegriffen, um behaupten zu können, daß es ihm schlecht gehe, daß er Heimweh habe und daß sie ihm fehle.

Zweifellos war im ganzen Voltaires zweiter Besuch am preußischen Hofe nicht so befriedigend wie der erste. Nach außen hin sah es zwar so aus, als genössen beide, der König und der Dichter, die Gesellschaft des anderen. Friedrich spielte Flöte, und Voltaire applaudierte. Der König zeigte dem Gast seine Sammlung französischer Gemälde, und Voltaire bewunderte sie alle und schrieb später an Pariser Freunde, sie seien billige Nachahmungen der alten Meister. Voltaire verfaßte ein paar geschliffene Verse mit Lobpreisungen des Königs, und Friedrich revanchierte sich mit einem so holperigen Gedicht, daß sein Gast sich vermutlich beim Zuhören krümmte.

Die homosexuelle Atmosphäre am Hof, die ihn beim erstenmal noch amüsiert hatte, ödete ihn bald an. Er war ein Kosmopolit und großzügig genug, um kein Urteil über Männer zu fällen, weil sie andere Männer liebten; doch die Gesellschaft der hübsch geschminkten jungen Männer in eleganter Frauenkleidung war ihm einfach langweilig. Er war ein Frauenheld und brauchte echte Frauen zur Anregung.

Vor allem aber hatte er große Schwierigkeiten, etwas über Friedrichs Pläne festzustellen angesichts der internationalen Situation, die immer gespannter und bedrohlicher wurde. Ende Oktober starb in Wien Kaiser Karl VI. und hinterließ seiner dreiundzwanzigjährigen unerfahrenen Tochter Maria Theresia die ausgedehnten österreichischen Besitztümer. Er hatte Schwierigkeiten vorausgesehen und daher mit den anderen Monarchen ein Abkommen getroffen, nachdem sie zugesagt hatten, die Rechte der jungen Kaiserin zu respektieren. Doch große Teile des reichen Gebietes lagen allzu nahe und wurden von den landhungrigen Herrschern Europas mit scheelen Augen angesehen. Jede Nation rüstete heimlich auf, und Maria Theresia, die später eine der größten Kaiserinnen der Geschichte werden sollte, machte sich bereit zur Verteidigung.

Friedrich freute sich stets, mit Voltaire über die *Ästhetik* von

Aristoteles zu reden, doch wenn der Franzose das Thema der glänzend trainierten preußischen Armee berührte, lächelte der König nur. Newton interessierte ihn, doch wenn der Gast Fragen stellte nach dem taktischen Nutzen der hervorragenden preußischen Kavallerie, so blickte er ihn nichtssagend an. Der König war begeistert, wenn er seine Kenntnis alter Münzen beweisen konte; aber wenn es um seine wachsende Kriegskasse ging, so hatte er nur ein taubes Ohr.

Der offizielle französische Botschafter ebenso wie der britische und die anderen Diplomaten am preußischen Hofe erfuhren genausowenig und waren aufs Raten angewiesen. Voltaire, dem seine Kenntnis der Geschichte zustatten kam, verwickelte auch die Generäle in Unterhaltungen und kam wiederholt auf das Thema des Heiligen Römischen Reiches zurück, wenn er glaubte, daß der junge König ein Glas zuviel getrunken hatte. Er erfuhr zwar nicht mehr als die anderen, doch seine Schlußfolgerungen waren präziser. Er schrieb an den Kardinal Fleury einen Brief — den er vorsichtigerweise mit der Diplomatenpost sandte, damit Friedrichs Agenten ihn nicht öffneten — und vertrat darin die Meinung, Preußen habe die Absicht, die österreichische Provinz Schlesien zu überfallen und zu annektieren.

Geld war ein Thema, das die Beziehungen zwischen Voltaire — der nicht gern verschwendete — und dem Pfennigfuchser Friedrich etwas abkühlte. Der König hatte seinem wohlhabenden Gast die Erstattung der Reisekosten angeboten und dabei wohl angenommen, er werde das höfliche Anerbieten zurückweisen. Voltaire aber betrachtete sich als Bettler, wenn er an die Reichtümer dachte, die in den preußischen Staatsgewölben ruhten, und nahm das Angebot ohne weiteres an. Er fand außerdem, daß ein Mann von anfälliger Gesundheit auf der Reise eines gewissen Aufwands bedürfe und daß es überdies nicht mehr als recht und billig sei, wenn der König die Kosten für den Aufenthalt in Den Haag übernahm, wo Voltaire die Herausgabe des *Antimachiavell* überwacht hatte. Er legte also eine detaillierte Abrechnung vor, einschließlich eines geschätzten Betrages für die Rückreise nach Frankreich, und Friedrich war entsetzt. Der Gesamtbetrag belief sich auf dreizehnhundert

Louisdor, also ein kleines Vermögen, und der junge Monarch bemerkte pikiert, seine Börse sei nicht so wohlgefüllt wie die von Mme. du Châtelet. Die Worte verrieten nicht nur seine Unkenntnis von der finanziellen Beziehung zwischen Voltaire und Émilie, sondern deuteten außerdem beleidigend und überflüssigerweise an, daß Voltaire sich von seiner Mätresse aushalten lasse.

Normalerweise hätte das vielleicht Voltaire belustigt, doch wenn jemand ihm Geld schuldete, so hörte stets der Spaß für ihn auf. Er hatte auch allmählich die spitzen Bemerkungen der homosexuellen Höflinge satt, die stets mit süßer Stimme, aber unmißverständlich adressiert wurden. Er erwiderte also, er werde die Abrechnung noch einmal prüfen und sie am nächsten Tage neu vorlegen, was auch geschah. Einige unwichtige Posten waren jetzt geändert, doch die Gesamtsumme war die gleiche geblieben.

Friedrich bezahlte knurrend. Die Lehre, daß der berühmteste lebende Autor kein Hofnarr war, sondern ein Mann, der seine Zeit und jede durchgestandene Unbequemlichkeit hoch einschätzte, war ihm teuer zu stehen gekommen. Er erhob auch keine ernsthaften Einwände, als Voltaire erklärte, er könne nicht länger bleiben, da ihn eigene Geschäfte jetzt dringend nach Hause riefen.

Émilie muß die Freudenbotschaft durch einen Expreßkurier erhalten haben, denn sie erfuhr am 8. Dezember von Voltaire, daß er vorhabe, Berlin am 2. Dezember zu verlassen und sie in Brüssel rechtzeitig vor Weihnachten zu treffen. Sie hatte ihren größten Sieg über den hartnäckigsten Gegner errungen und war erfüllt von stiller Freude. An Richelieu schrieb sie: „M. de Voltaire kommt eher heim, als ich angenommen hatte, und ich bin sehr froh darüber. Er schreibt vorsichtig, wahrscheinlich aus Furcht, die Preußen, gleich anderen Barbaren, könnten seine Post lesen, doch aus seinem Brief geht hervor, daß ihn Verachtung erfüllt für den Herrscher, der erst zufrieden war, als er das Haupt meines Liebsten auf einen Pfahl spießen und überall herumzeigen konnte."

In einem Brief an d'Argental drückte sie sich noch offener aus. „Der Honigmond des kleinen Friedrich und M. de Voltaires ist

nun zu Ende, und wir werden nichts weiter erfahren von den herrlichen literarischen Dialogen, mit denen seine Majestät sich unsterblich zu machen hoffte."
Europa sollte bald erfahren, daß Friedrich anderes im Kopf und für seine Unsterblichkeit eigene Pläne hatte. Am 12. Dezember gab er den ersten großen Hofball seiner Regierungszeit, ein blendendes Fest, das viele Gäste für ebenso großartig hielten wie die großen Bälle, die bei besonderen Anlässen in Versailles stattfanden. Am folgenden Morgen, als sich die Gäste noch müde die Augen rieben und den ersten Schluck des Frühstücksweins zu sich nahmen, erfuhren sie, daß Friedrichs kampferprobte Legionen die österreichische Grenze überschritten und mit der Invasion Schlesiens begonnen hatten.
Voltaire erfuhr davon auf der Heimreise und war außer sich. „Der König von Preußen hält sich für einen zivilisierten Mann", schrieb er, „doch unter der dünnen Außenhaut des Ästheten liegt das Fell und die Seele eines Schlachters."
Émilies Reaktion war ebenso intensiv, doch sehr viel begrenzter. „Was zählt es schon, wie viele Provinzen Friedrich einnimmt, solange er mich meines Glücks beraubt?" hieß es in einem Brief an Maupertuis.
Das Glück ließ jedoch noch auf sich warten, und schuld daran war der schlimmste Frühwinter, den Europa seit dreißig Jahren erlebt hatte. Émilie mußte noch sorgenvolle Wochen durchmachen, bevor sie Voltaire wiedersah. Eisige Stürme und tagelange schwere Schneefälle machten das Reisen so gut wie unmöglich. Auch die Postwagen mußten ihre Fahrten unterbrechen. Die Briefe, mit denen Voltaire die Freundin von den Änderungen seiner Reiseroute benachrichtigte, blieben viele Tage liegen.
Voltaire machte fieberhafte Anstrengungen, nach Hause zu kommen. Zuerst hatte er einen anderen Weg eingeschlagen, konnte jedoch auch dort nur wenige Meilen weiterkommen, und es war ihm klar, daß ein Unfall unvermeidlich war, wenn er die Fahrt fortsetzte. Doch in den deutschen Gasthäusern fehlte ihm jeglicher Komfort: die Zimmer waren kalt, die Betten hart und das Essen unverdaulich. Er hatte jedoch keine Lust, auf unbestimmte Zeit zu warten, bis sich der Zustand der

Straßen besserte, und kam daher auf die Idee, die Reise mit einem der Schiffe fortzusetzen, die an der Küste entlang fuhren, dann aus der Ostsee heraus über Kattegat und Skagerak um Dänemark herum in die Nordsee zu gelangen und in Holland oder Belgien an Land zu gehen, sobald das Wetter sich gebessert hatte.

Doch er hatte Pech, denn neue Stürme brachten neue lange Verzögerungen. Die kleinen Küstenschiffe wurden von den Wogen hin und her geschleudert, und Voltaire wurde seekrank. Manchmal mußte ein Schiff vorübergehend in einer kleinen Bucht Zuflucht suchen, doch es gab dort keinerlei Gasthäuser in der Nähe, und selbst wenn es mittelmäßige Unterkünfte gegeben hätte, so hätten die tobende See und die nicht aufhörenden Regen-, Schnee- und Hagelstürme es Voltaire unmöglich gemacht, an Land zu gehen.

Weihnachten kam, aber Voltaire erschien nicht in Brüssel, und es kam auch keinerlei Nachricht. Die Tage wurden zu Wochen, und als sie immer noch nichts hörte, war Émilie allmählich überzeugt, er sei entweder tot oder liege zumindest todkrank an irgendeinem entfernten Ort, wo er sie sehnlichst herbeiwünsche, aber nicht benachrichtigen könne. Ihre Hysterie wuchs, und Ende Januar 1741 waren ihre Briefe an Pariser Freunde kaum noch verständlich.

Vergebens bemühten sich die Freunde, ihr klarzumachen, daß infolge des Wetters alle Reisen nur im Schrittempo vor sich gingen und daß es aus dem Ausland auch keinerlei Post gab. Émilie war sicher, daß Voltaire jetzt tot war, und sie bestellte bei ihrer Schneiderin eine komplette neue Garderobe in Schwarz. Bevor sie jedoch fertig war, erschien plötzlich Voltaire am 27. Januar in Brüssel.

In den nächsten acht Tagen wurde weder von ihm noch von Émilie ein einziger Brief geschrieben.

XIV

Im Laufe des Jahres 1741 reiste das wiedervereinigte Paar sehr viel und blieb selten länger als einige Wochen an einem Ort. Zum erstenmal seit sie erwachsen war, stellte Émilie die eigene Arbeit zurück, um Voltaire ihre ganze Zeit und Kraft zu widmen. Gewiß brachte sie täglich noch immer sechs bis acht Stunden mit Lesen zu, doch das war ein ganz normaler Zeitvertreib. Die physikalischen Experimente und auch das Schreiben eines eigenen Buches hatte sie in dieser Zeit aufgegeben.
Den Februar und März verbrachten sie in Brüssel, mit einem kurzen Abstecher nach Cirey; dann fuhren sie nach Lille, wo die Uraufführung des *Mohammed* vorbereitet wurde. Sie wohnten dort bei Mme. Denis, Voltaires Nichte, zu der er — wie Émilie es nannte — „eine wunderbare innere Bindung" entwickelte. Mit etwas mehr Scharfsinn hätte sie diese Familienanhänglichkeit wohl nicht mehr ganz so wunderbar gefunden.
Voltaire gab sich viel Mühe mit der Aufführung des *Mohammed,* und Émilie saß im Zuschauerraum und sah sich schweigend — zum erstenmal — die Proben des Stückes an. Das Schauspiel wurde sehr gut aufgenommen, was auch für Paris einen Erfolg versprach, nur schien niemand sich klarzumachen, daß die Gestalt des Mohammed in Wirklichkeit Christus war und daß Voltaire mit diesem Bühnenstück an den Grundfesten des Katholizismus rüttelte. Es war ein Angriff, der ihm noch viel Schwierigkeiten machen sollte, als es den Behörden zu dämmern begann, was er da auf die Bühne gebracht hatte.
Nach vier Wochen in Lille fuhren Voltaire und Émilie nach Cirey und dann wieder nach Brüssel, und einige Monate lang pendelten sie ständig zwischen Cirey und Brüssel hin und her. Im Herbst waren sie dann kurz in Paris, wo Voltaire eine Aufführung des *Mohammed* für das kommende Jahr vereinbarte,

und nahmen dann die Fahrten zwischen Cirey und Brüssel wieder auf.

In mancher Hinsicht war das Jahr 1741 das stillste für die beiden Liebenden. Bei beiden gab es, soviel man weiß, keine großen Dramen, ihr Alltagsleben verlief ruhig, und Voltaire hatte keinerlei Fehden mit den Behörden, was für ihn allerhand besagte. Im nächsten Jahr sollte es dann gründlich anders werden.

Als die Pariser Aufführung des *Mohammed* bevorstand, kehrten sie in die Hauptstadt zurück und zogen offen zusammen ins Palais Lambert, das große Haus auf der Ile Saint-Louis, das Voltaire gekauft hatte. Sie lebten nun seit so vielen Jahren zusammen, daß es absurd schien, jetzt getrennte Wohnungen zu nehmen, da doch jeder, angefangen vom König und Kardinal Fleury bis hinab zu den kleinen Straßenhändlern, ihre Beziehung kannte und keinen Gedanken mehr daran verschwendete.

Das große Haus war jedoch noch nicht in dem Stil möbliert und eingerichtet, den sie gewohnt waren, und weder Émilie noch Voltaire — vor allem er nicht — hatte Lust, ein Vermögen dafür auszugeben. Sie waren in Paris nicht mehr zu Hause und besaßen überdies zwei Operationsbasen, Cirey und Brüssel. Voltaires Gründe waren sicher vorwiegend finanzieller Natur, während Émilie noch andere Überlegungen anstellte. Sie hatte die Arbeit mit doppelter Intensität wiederaufgenommen und wollte jetzt ihre Zeit und Kraft nicht für die Einrichtung des enormen Hauses verwenden.

Voltaire — geschäftstüchtig wie immer — brauchte nur kurze Zeit, dann hatte er das Palais Lambert für die doppelte Summe des einstigen Kaufpreises weiterveräußert, was ihm also einen hübschen Gewinn einbrachte. Jetzt brauchten sie eine neue Wohnung. Das Abkommen der früheren Jahre — als Émilie im Hôtel du Châtelet residierte und Voltaire sich irgendwo ein paar billige Zimmer nahm — mißfiel beiden gründlich. So suchten sie also ein zusagendes neues Domizil und fanden nach kurzer Zeit ein hübsches kleines Haus im Faubourg Saint-Honoré, das sie „gemeinsam" kauften. Die Fiktion des gemeinsamen Kaufes hatten sie sich ausgedacht, um Émilie Peinlichkeiten zu ersparen, obgleich nicht recht einzusehen ist, wieso es ihr peinlich gewesen wäre, wenn jemand behauptet hätte, sie lebe im Haus ihres Liebhabers, denn genau das hatte sie ja auch im Palais Lambert schon getan.

Angeblich hatte sie die Hälfte des Kaufpreises für das neue Haus erlegt, und dieser Mythos wurde auch aufrechterhalten, solange sie und Voltaire zusammenblieben. Bei ihrem Tode bestritt jedoch kein Mensch Voltaire das alleinige Eigentum an dem Hause, und ihre Erben erhoben keinen Anspruch darauf.

Die Einrichtung des neuen Hauses dauerte nicht lange; und während Émilie die mehr fraulichen Aufgaben erledigte, braute Voltaire sich ein neues Problem zusammen, und diesmal ein für ihn einzigartiges. Friedrich von Preußen hatte beschlossen, mit Österreich Frieden zu machen, und Voltaire, der jeden Krieg haßte, schrieb ihm dazu einen herzlichen Glückwunschbrief. Eine Kopie dieses Briefes wurde veröffentlicht, und Paris heulte vor Wut.

Die Situation, die diese Reaktion hervorgerufen hatte, war einfach und doch paradox. Zu Anfang des Jahrhunderts hatten im Spanischen Erbfolgekrieg die vereinigten Heere Englands und Österreichs die tapfersten Legionen Ludwigs XIV. vernichtend geschlagen. Seitdem waren sich die Franzosen betrogen vorgekommen und hatten Österreich gehaßt. Jetzt, als es so aussah, als werde Maria Theresia ihr Reich nicht verteidigen können, sahen die Franzosen ihre Chance, nicht nur Genugtuung zu erlangen, sondern auf billige Weise das Staatsgebiet zu vergrößern. Man verlangte also überall im Volke nach Krieg — Krieg gegen Österreich auf der Seite Friedrichs von Preußen.

Voltaires Stellungnahme für den Frieden kam der Krone, die immer noch von dem alten schlauen Kardinal Fleury manövriert wurde, außerordentlich zustatten. Auch der Kardinal verabscheute den Krieg und war überzeugt, Frankreich könne nur gedeihen, wenn es den Frieden bewahrte. Doch Voltaire hatte ihm jetzt einen handlichen Sündenbock verschafft, und der Kardinal hatte nichts dagegen, daß die Öffentlichkeit ihren Zorn gegen den Dichter sichtbar zur Schau trug. Auf diese

Weise wurde die Erregung von der Regierung abgelenkt, die auch weiterhin den Frieden wahren konnte.

Vor dem Haus im Faubourg Saint-Honoré wurde also eine Militärwache postiert, die Aufruhr und Eigentumsdelikte verhindern sollte, und der Kardinal konnte insgeheim aufatmen. Voltaire hatte eine so starke Reaktion der Allgemeinheit niemals erwartet und war sehr bestürzt. Ausgerechnet jetzt, da *Mohammed* eine Sensation zu werden versprach, hatte er keine Lust, den Erfolg aufs Spiel zu setzen. Er gab daher mehrere energische Dementis heraus und behauptete, einen solchen Brief an Friedrich niemals geschrieben zu haben.

Es gab manche Leute, die diese flagrante Unwahrheit nicht glaubten. Émilies Stellungnahme jedoch war für Voltaire eine große Hilfe. Sie war heute wie immer ein völlig apolitischer Mensch. Ihre Interessen im Leben waren Voltaire, Naturwissenschaft, Literatur und Philosophie; die Beziehungen der Völker untereinander langweilten sie. Staatsmänner, Diplomaten und Krieger waren für sie einfach Menschen, von denen ihr keiner besonders imponierte, von Friedrich über Kardinal Fleury bis zu ihrem eigenen Ehemann.

Sie hatte daher nichts als Verachtung für die Erregung, die durch Voltaires Brief entstanden war. Er hatte schließlich ein Recht, den Krieg zu hassen und das auch in Worte zu fassen. Einige der Leute, die ihm früher Beifall gezollt hatten, wenn er sich für die Freiheit der Rede einsetzte, fanden sich jetzt unter seinen schärfsten Kritikern, und sie fand das — mit Recht — sehr wetterwendisch. Außerdem fühlte sie sich hoch erhaben über den Mob. Gleich vielen der Aristokraten, die später in der Revolution umgebracht wurden, hatte sie stets ein behütetes Leben geführt; sie kannte das Volk gar nicht und war überzeugt, daß der Volkszorn sie unberührt lassen werde. Kein gewöhnlicher Mensch würde es doch wohl wagen, die Hand zu erheben gegen die Marquise du Châtelet, die Frau eines Generals und blaublütige Aristokratin.

Unbekümmert um die drohenden Menschenmengen jenseits des Militärkordons ging Émilie ihren täglichen Aufgaben mit einer Gelassenheit nach, die nur auf Ignoranz beruhen konnte. Sie verließ wiederholt das Haus und fuhr in die Stadt, meistens in ihrem kleinen Wagen, um dann, wie seit Jahren üblich, ihre Besorgungen zu erledigen. Sie trug den Kopf sehr hoch und tat, als seien die böse grollenden Menschen da draußen höchstens in die Irre geleitete Zeloten, von denen man keine Notiz zu nehmen brauchte. Die Wartenden auf den Straßen hielten sie für überaus mutig; den Grund kannten sie nicht. Die elegant gekleidete Dame wurde allgemein bewundert, und nach ein paar Tagen begannen sich die Menschen zu fragen, ob Voltaire tatsächlich so etwas wie Verrat begangen habe. Mme. du Châtelet wäre doch kaum imstande, soviel Gelassenheit zur Schau zu tragen, wenn ihr Liebhaber schuldig war. Die Mengen verloren sich und waren nach einer Woche verschwunden. Émilie hatte dem Freunde einen großen Dienst geleistet.

Als der Tag der *Mohammed*-Aufführung kam, war die Erregung abgeklungen; auch die angedrohten Demonstrationen bei der ersten Aufführung blieben aus. Das Stück war ein rauschender Erfolg, einer der größten, die Voltaire je erlebt hatte, und er freute sich auf die fälligen Tantiemen. Doch wenige Tage nach der Erstaufführung gingen den klugen Zensoren plötzlich die Augen auf, sie sahen jetzt die tiefere Bedeutung und waren entsetzt. Das Stück wurde ohne Umstände vom Spielplan abgesetzt und weitere Aufführungen untersagt.

Kardinal Fleury war ein kluger Mann: er gab den wahren Grund des Verbotes nicht bekannt. In militärischen und anderen patriotischen Kreisen hatte man Voltaires Brief an den Preußenkönig keineswegs vergessen, und es war der Regierung jetzt ganz recht, daß er die Reaktion zu spüren bekam. Es wurde also gesagt, das Stück sei verboten worden, weil das Leben der Schauspieler in Gefahr gewesen sei.

Es ist nicht sehr wahrscheinlich, daß Voltaire und Émilie dieser offiziellen Version Glauben schenkten; doch wenn der Dichter den wahren Grund vermutete, so war er vorsichtig genug, ihn für sich zu behalten. Er kannte die wahre Bedeutung des Schauspiels und hatte nicht die Absicht, sich hier noch zusätzliche Schwierigkeiten zu machen.

Und dann kam Fleury plötzlich mit einer neuen Sache. Die Regierung tappte immer noch im dunkeln hinsichtlich der Zukunftspläne Preußens. Angesichts der ständigen Vergrößerung seiner Armeen sah es nicht so aus, als werde der Frieden sehr lange dauern. Der Kardinal bat daher Voltaire und Émilie nach Versailles zu einem Gespräch. Voltaire, sagte er, sei eher als irgend jemand sonst in der Lage festzustellen, was Friedrich vorhatte, und mit Émilies Unterstützung könne er Frankreich einen großen Dienst leisten. Man wußte, daß Friedrich im September einen Besuch in Aachen zu machen beabsichtigte, das von Cirey aus auf einer kurzen Fahrt durch die Niederlande zu erreichen sei. Es dürfe, sagte Fleury, Voltaire nicht schwerfallen, von Friedrich eine Einladung nach Aachen zu erhalten. Dort werde er dann keine offiziellen Briefe mit der diplomatischen Post schicken, wie damals von Preußen aus, sondern werde ausschließlich an Mme. du Châtelet schreiben. Nach außen hin sei dies der Besuch eines Privatmannes beim König von Preußen, und Voltaire werde mit niemandem korrespondieren außer mit der Freundin. Vielleicht werde Friedrich darauf hereinfallen und etwas mehr als beabsichtigt reden. Die Briefe an Mme. du Châtelet mußten natürlich verschlüsselt gefaßt werden, und Kardinal Fleury hielt die beiden für intelligent genug, sich einen solchen Geheimcode auszudenken.

Voltaire war immer begeistert, wenn er die Rolle eines Spions übernehmen sollte. Er sagte sofort zu. Émilie war weniger angetan von dem Plan, konnte aber nicht gut nein sagen und willigte ebenfalls ein.

Voltaire schrieb also an Friedrich, er kehre jetzt nach Cirey zurück, und wie erwartet, lud ihn Friedrich sofort nach Aachen ein, vermied es allerdings, irgend etwas von den Reisekosten zu erwähnen, die sich dann Voltaire von der französischen Regierung erstatten ließ, obgleich die Fahrt ganz kurz und die Kosten völlig unbedeutend waren.

Der Besuch erbrachte keine nennenswerten Resultate. Der preußische König war durchaus liebenswürdig und rücksichtsvoll, aber es war nichts von ihm zu erfahren. Voltaire mühte sich in den angeblichen Liebesbriefen an Émilie mit dem komplizierten Code ab, und sie strengte sich ebenso an bei der Entzifferung, doch die Informationen, die Kardinal Fleury erhielt, waren mager.

Anfang Oktober schrieb Émilie in einem Brief an d'Argental über den Besuch: „M. de Voltaire hat seine Freiheit gewiß nicht mißbraucht, denn er fuhr am Montag von hier ab und war am Sonnabend zurück." Sie berichtete d'Argental auch von dem schönen Stadthaus in Berlin und dem ansehnlichen Landsitz, den der König Voltaire angeboten hatte. Er hatte jedoch beides abgelehnt und gesagt, seine bequeme Wohnung im zweiten Stock von Mme. du Châtelets Haus sei ihm lieber. Ferner hatte der preußische König den Dichter gebeten, ihn Ende November oder Anfang Dezember in Berlin zu besuchen, und diese mündliche Einladung schriftlich wiederholt. Émilie sah jetzt, daß Voltaire von dem Monarchen enttäuscht war; was ihn hielt, war nur noch seine Neigung, sich gelegentlich mit der Freundschaft eines regierenden Fürsten zu brüsten. Ihr Kommentar in dem Brief an d'Argental zeigte nicht nur, daß sie sich über die Situation im klaren war, sondern auch ihre etwas gewandelte Beziehung zu Voltaire. „M. de Voltaire hat abgelehnt", schrieb sie trocken, „aber ich kann Ihnen versichern, diese Ablehnung ist nicht gerade wie ein Opfer zu werten." Offenbar war die Zeit der romantischen Leidenschaften nun vorbei und hatte einer realistischeren Einstellung Platz gemacht, wie sie unter lange verheirateten Leuten üblich ist.
In Cirey ging in diesem Winter 1742/43 alles seinen alten geschäftigen Gang. Voltaire schrieb an *Mérope*, einem Schauspiel über Mutterliebe, und Émilie übte sich in einer Rolle, die sie selten spielte: die der liebenden Mutter. Sie war durch Redereien ihrer Freunde auf eine Situation aufmerksam gemacht worden, die sie für ihre Tochter auszunutzen gedachte. Ein freundlicher Neapolitaner mittleren Alters, der Herzog von Montenegro-Caraffa, von dem man nicht viel mehr kannte als seinen hohen Rang in der Aristokratie, hatte sich in Frankreich verliebt und sah sich offenbar nach einer französischen Frau um. An einer besonders großen Mitgift schien er nicht interessiert, er hatte genug, um angenehm zu leben. Émilie sah im Geist schon ihre junge Tochter, Gabrielle-Pauline, als Herzogin und nahm die Sache in die Hand.
Montenegro-Caraffa wurde nach Cirey eingeladen, wo sich auch Gabrielle befand, der Voltaire soeben eine komplette

neue Garderobe gekauft hatte. Niemand ließ sich die seltene Gelegenheit entgehen, Voltaire und Émilie in ihrer ländlichen Umgebung zu sehen, und der Herzog nahm die Einladung gern an. Auch der Marquis du Châtelet kam eigens nach Cirey, begleitet von seiner neuen Mätresse, einer ebenso bildschönen wie beschränkten Kreatur mit flammendrotem Haar und grünen Augen, die er bereitwillig als Freundin seiner Tochter ausgab.

Der Besuch war überaus erfolgreich. Émilie war die Liebenswürdigkeit selbst und stellte sich in keiner Weise zur Schau. Der Marquis brachte es fertig, abends nach dem Essen wach zu bleiben und sich an der allgemeinen Unterhaltung zu beteiligen. Seine Freundin hielt sich im Hintergrund und ging auf die wenigen Flirtversuche des Herzogs Montenegro nicht ein. Voltaire, dem es zuweilen Spaß machte, eine Rolle aus einer seiner Komödien zu übernehmen, spielte ebenfalls den Freund des Hauses, was ihm nicht weiter schwerfiel, denn er ließ sich nur abends sehen. Bei Tisch dann teilte er sich, wie üblich, mit Émilie die Konversation.

Émilie hatte die Hauptlast zu tragen. Als der Gast genügend beeindruckt war und auf das Ziel seines Besuches zu sprechen kam, war sie es, die die Verhandlungen führte; der Marquis saß dabei und hörte zu. Nach einem Bericht Voltaires an die reizende Herzogin de Boufflers brachte Émilie einen Ehekontrakt zustande, der die kleinste jemals niedergelegte Mitgiftsumme aufwies — wirklich genial, schrieb er.

Alle fuhren im Frühjahr nach Paris, wo die Hochzeit stattfand. Hunderte von Gästen erschienen in der Kathedrale von Notre-Dame und bewunderten die phantastisch gekleidete und juwelengeschmückte Brautmutter, die die Braut weit in den Schatten stellte. Gabrielle mußte sich damit trösten, daß sie im Rang nun höher stand als die Mutter, doch Émilie betonte gern und oft, daß sie die Mutter einer Herzogin sei.

Nach der Hochzeit kehrte der Alltag wieder ein. Der Marquis du Châtelet fuhr zurück nach Lothringen zu seinen Divisionen, die einen überraschenden Invasionsversuch der Preußen nicht für ausgeschlossen hielten. Friedrich war zwar ein geschworener Franzosenfreund und stand auch auf gutem Fuß mit Paris;

doch nachdem Verbindungsoffiziere seine glänzenden Truppen in Aktion gesehen hatten, hielt die Armee es für besser, kein Risiko einzugehen.
Émilie und Voltaire zogen in das kleine Haus im Faubourg Saint-Honoré; das Hôtel du Châtelet war geschlossen. Voltaire begann sofort, die Aufführung der *Mérope* vorzubereiten. Er schien zu ahnen, daß dieses Werk etwas Außergewöhnliches war, und nahm sich sorgfältig jeder Kleinigkeit an. Gewöhnlich weigerte er sich, an einem fertigen Stück noch etwas zu ändern, in diesem Falle jedoch nahm er buchstäblich Hunderte von kleinen und größeren Korrekturen vor — die letzte noch vierundzwanzig Stunden vor der Aufführung.
Die Tragödie wurde nicht nur zu Voltaires größtem Erfolg, sondern zur Sensation des Jahrhunderts. Mehr als dreißig Minuten dauerte der Beifall nach dem letzten Vorhang, und zum erstenmal in der Geschichte des französischen Theaters hörte man an diesem Abend Rufe nach dem Autor des Stückes.
Doch Voltaire verhielt sich sehr zurückhaltend vor dem großen Publikum; nachdem er sich einmal kurz in einer Loge gezeigt hatte, verschwand er und erschien nicht wieder. Émilie hatte während der Aufführung mit ihm hinten im Parkett gesessen, wo nur wenige Zuschauer sie gesehen hatten; sie verschwand jetzt mit ihm.
Mérope war über Nacht zum erfolgreichsten Stück der Comédie Française geworden. Es blieb monatelang auf dem Spielplan und schlug alle bisherigen Rekorde; es wurde regelmäßig wieder hervorgeholt und immer vor ausverkauftem Haus gespielt. Viele berühmte Schauspielerinnen verdankten ihm im Laufe der Jahrzehnte ihren Ruhm.
Voltaire scheffelte Geld, das er nicht brauchte. Sein Brief an König Friedrich vom vorigen Jahr war vergessen. Er wurde sogar — was damals ein Novum war — auf den Straßen mit Hochrufen begrüßt, wenn man ihn erkannte.
Émilie hätte an seinem Ruhm teilhaben können, wenn sie es gewünscht hätte, doch sie war zu sehr vertieft in ihre Arbeit. Allzuoft hatte sie ihre Übersetzung der Gedichte von Catull aus dem Lateinischen unterbrechen müssen. Jetzt wollte sie bei

der Arbeit bleiben, die fast jeden ihrer Tage in Anspruch nahm.
Sie hatte manche Feinde, die stets bereit waren, ihr etwas am Zeuge zu flicken, und die auch jetzt behaupteten, sie lasse sich so selten bei Hofe sehen, weil sie Voltaire den neuen Ruhm neidete. Das war jedoch Unsinn, denn weder ihr noch Voltaire war es um den Ruhm zu tun, wie ihn Schauspieler oder Soldaten suchen. Aus ihren Briefen – darunter mehrere begeisterte an ihre Tochter – ging überdies hervor, wie stolz sie war auf Voltaires neue Triumphe.
Dies war die Zeit, da Frankreich 1743 durch den plötzlichen, wenn auch nicht unerwarteten Tod des Kardinals Fleury auf einmal den Boden unter sich schwanken fühlte. Ludwig XV., der es seinem Großvater gleichtun wollte, nahm jetzt die Zügel selbst in die Hand und ernannte Minister, die fähige Verwaltungstechniker waren, jedoch weder Phantasie noch irgendwelche Autorität besaßen. Der Außenminister, Jean-Jacques Amelot de Chaillou, war ein Mann von besonders beschränkten Gaben. Das wog schwer zu einer Zeit, da die nächste Zukunft Frankreichs in hohem Maße davon abhing, was Preußen zu unternehmen gedachte.
Der Herzog von Richelieu, Soldat und Staatsmann, besaß das Ohr des Königs, und als er einen Plan entwickelte, stimmte der König, unterstützt von Amelot, begeistert zu; beide hielten ihn für narrensicher. Er bestand darin, Voltaire bei Friedrich in einem neuen Licht erscheinen zu lassen. Bei seinen früheren Besuchen war es Voltaire nicht gelungen, irgendwelche wichtigen Informationen zu erlangen; das hatte aber daran gelegen, daß Friedrich mit Recht argwöhnisch gewesen war, denn er hatte ja gewußt, daß der Dichter mit den Machthabern Frankreichs auf gutem Fuße stand. Jetzt mußte es, nach Richelieus kompliziertem Plan, so dargestellt werden, als befinde sich Voltaire in ernsten Schwierigkeiten mit der Regierung.
Sein Schauspiel *La Mort de César* hatte keine Aufführungserlaubnis bekommen, weil darin Bemerkungen zur Diktatur, vor allem über die Freiheit der Rede, gemacht wurden, die der Realität allzu nahe kamen. Um so besser: angesichts des enormen Erfolgs der *Mérope* sollte Voltaire jetzt den *César* der

Comédie Française zur Vorbereitung der Aufführung übergeben. Wenige Tage vor der festgesetzten Aufführung sollte ihm dann die Lizenz verweigert und er mit Verhaftung bedroht werden. Er würde dann aus Paris verschwinden, und über den französischen Botschafter würde man gerüchtweise in Berlin erfahren, daß er aus Frankreich floh, um nicht festgenommen zu werden. Dann sollte ein langes Schweigen folgen.

Nach zwei oder drei Wochen mußte dann Émilie aus Cirey einen Brief an König Friedrich schreiben und ihn im Namen der Freundschaft bitten, Voltaire Asyl zu gewähren vor seinen Feinden im eigenen Lande. Der König brauche, so würde es in dem Brief heißen, ihr nicht zu antworten; M. de Voltaire werde ihm sehr bald von einem sicheren Orte aus selbst schreiben.

Der nächste Schritt war dann der Brief von Voltaire, den er von Brüssel aus an Friedrich schreiben mußte. Er sollte vehemente Schmähungen gegen seine Landsleute enthalten und den König bitten, er möge ihm — Voltaire — erlauben, nach Berlin zu kommen. Eine Adresse in Den Haag, wo er zu erreichen sei, sollte ebenfalls angegeben werden.

Diesem Köder würde Friedrich nicht widerstehen können; er würde Voltaire nicht nur zum Kommen auffordern, sondern wäre unter diesen Umständen sicher auch bereit, offener über seine Zukunftspläne zu sprechen.

Richelieu hatte jedoch noch einen weiteren Pfeil in seinem Köcher. Voltaire war dann in Berlin und Émilie in Cirey, und beide würden einander schreiben und so tun, als sei das Exil ganz echt. Die preußische Geheimpolizei, die sicher Friedrich Bericht erstattete über den Briefwechsel, mußte dann überzeugt sein, daß hier keinerlei Trug vorlag, und das würde auch den Monarchen überzeugen.

Richelieu legte den Plan Voltaire vor, der darauf reagierte wie ein Kind auf ein neues Spielzeug.

Jetzt aber weigerte sich Émilie mitzumachen, und zwar ganz entschieden und sehr wortreich. Sie hatte genug von den Spielen mit internationalen Mächten und Intrigen, die Männer so gern spielten. Sie fand sie kindisch. Sie hatte auch nichts übrig für komplizierte Pläne und erst recht nicht für die Männer, die sie erdachten. Voltaire hatte soeben den größten Triumph seines Berufslebens errungen, er verdiente jetzt Ruhe, die Möglichkeit sich aufzufrischen, über die vielen Projekte nachzudenken, die er noch im Kopf hatte. Sie selbst war ebenfalls müde; zwei Jahre lang war sie von einem Ort zum andern gezogen, jetzt sehnte sie sich danach, mit dem Freunde nach Cirey zurückzukehren. Sie sehnte sich nach Einsamkeit und nach der Möglichkeit, ohne Unterbrechung zu arbeiten, und der Gedanke an die Anspannung, die eine neue Trennung, eine neue Mission in Preußen für Voltaire und auch für sie mit sich bringen würde, war ihr verhaßt.

Vergebens redete Richelieu ihr zu — Émilie wollte nicht. Sie weigerte sich entschieden und hartnäckig, und als er nicht aufhören wollte mit Zureden, verlor sie die Geduld und machte ihm eine ihrer berühmten Szenen. Es war das einzige Mal in den langen Jahren ihrer Freundschaft, daß sie eine Zeitlang die Beziehung zu ihm abbrach und diesen Zustand mehrere Monate lang aufrechterhielt.

Jetzt war Amelot an der Reihe. Auch er versuchte sie zu einer Sinnesänderung zu bewegen, doch er war schlecht geeignet für diese Aufgabe. Er kam aus einem kleinen Adelsgeschlecht und fühlte sich deutlich unsicher in der Gegenwart Höhergestellter. Jahrelang hatte er Kardinal Fleurys Anweisungen ausgeführt; eigentlich war ihm nur wohl, wenn er eine Meldung von einem seiner Botschafter zu analysieren hatte: auf diesem Gebiet leistete er Ausgezeichnetes. Er trat zögernd und voller Entschuldigungen auf, als er zu Émilie kam, und sie hörte ihm nicht nur gar nicht zu, sondern wurde auch noch ausfallend. Voltaire bemerkte später, wahrscheinlich habe ihn noch nie eine Frau — mit Ausnahme seiner Ehefrau — mit solcher Verachtung behandelt.

Es war nun notwendig geworden, daß sich Ludwig XV. selbst mit der Sache befaßte. Er schätzte es nicht, sich direkt um Details der Staatsangelegenheiten zu kümmern, doch hier hatte er keine andere Wahl. Mme. du Châtelet wurde nach Fontainebleau bestellt und erschien in einer phantastischen neuen Robe und angetan mit fast ihrem gesamten Schmuck. Sie wollte offenbar eine Atmosphäre schaffen, die eher einer gesellschaftlichen Audienz als einem offiziellen Interview angepaßt war; auch hatte sie dafür gesorgt, daß die neue Mätresse des Königs, die Herzogin de Châteaurouge, bei dem Gespräch anwesend war.

Marie Anne de Mailly-Nesle, Herzogin de Châteaurouge, war eine Schwester der letzten königlichen Mätresse und zufällig auch eine alte Freundin von Émilie, die deshalb glaubte, auf sie zählen zu können. Sie hatte jedoch vergessen oder nicht bedacht, daß die Herzogin eine Nichte Richelieus war und unter seinem Einfluß stand; und sie hatte keine Ahnung, daß Richelieu bei der Abfassung seines Plans sich der Unterstützung seiner Nichte versichert hatte. Ihr machten solche Intrigen Spaß, und sie hielt sich für den Mit-Initiator des Vorhabens.

Die Audienz verlief von Anfang an peinlich für jeden der Beteiligten. Ludwig XV. war es gewöhnt, daß seine Untertanen ohne nachzudenken seinen Weisungen folgten; er war nie in der Lage gewesen, jemanden um einen Gefallen zu bitten, und wußte daher nicht, wie man so etwas anstellte. Mme. de Châteaurouge war zwar unbedingt für den Plan, konnte aber auch Émilies Opposition verstehen und fühlte sich gar nicht wohl in ihrer Rolle, weil sie sich hier gegen die Freundin stellen sollte, was ihr vorher nicht klar gewesen war.

Émilie hielt sich tadellos; sie erhob nicht ein einziges Mal die Stimme und ließ sich nichts anmerken von dem Zorn, der sie erfüllte. Sie lauschte dem König, hörte zu, was seine Mätresse vorbrachte, und lächelte. Sie sei, sagte sie, der Ansicht gewesen, daß M. de Voltaires Mission freiwillig sei — ob man ihr das bestätigen könne.

Der König versicherte ihr, sie habe recht. Die Regierung könne Voltaire nicht befehlen, eine so prekäre Mission zu übernehmen.

Sicher geworden, entgegnete Émilie darauf, sie würde sich nicht erkühnen, M. de Voltaire einen Rat zu geben. Auch wäre es unter allen Umständen unschicklich, wenn sie ihm riete, ein Ersuchen des Königs zu ignorieren oder abzuschlagen.

Wenn der König hier insgeheim triumphierte und den Sieg in der Tasche glaubte, so irrte er sich.

M. de Voltaire, so fuhr sie fort, mochte es für seine Pflicht halten, Friedrich unter falschen Voraussetzungen aufzusuchen, um für Frankreich wertvolle Informationen einzuholen. Sie werde keineswegs den Versuch machen, ihn in irgendeiner Weise, die seiner Pflicht entgegenstand, zu beeinflussen. Was sie selbst jedoch betraf, so machte es ihr das Gewissen, zusammen mit dem fehlenden Verständnis für internationale Angelegenheiten, unmöglich, sich an einem solchen Vorhaben zu beteiligen. Jedenfalls werde sie nicht freiwillig König Friedrich, mit dem sie seit Jahren in Briefwechsel stand und dessen Respekt und Bewunderung sie seit langem schätzte, eine Unwahrheit mitteilen. Wenn M. de Voltaire ihr aus Preußen Briefe schreiben wolle, die der Wahrheit zuwiderliefen, so könne er das tun. Sie jedenfalls könne sich nicht dazu bereit finden, ihm ähnliche Schriftstücke zu senden.
Ludwig XV. sah sich in einem Dilemma. Er konnte nicht gut Mme. du Châtelet geradezu befehlen, an dem Plan teilzunehmen. Ihre abwehrende Haltung würde sich fast unvermeidlich in den Briefen widerspiegeln, die sie an Voltaire schrieb, und dann hatten die Preußen bald heraus, daß die ganze Sache eine Falle war, mit der man Friedrichs Vertrauen zu gewinnen hoffte. Ludwig konnte also nicht mehr tun als sie bitten, sich die Sache noch einmal zu überlegen, denn sie sei für Frankreich von großer Bedeutung, und ihr zu verstehen geben, daß sie im Weigerungsfalle mit seiner Ungnade zu rechnen habe.
Es gab buchstäblich nichts, das sich Émilie vom König wünschte; es konnte ihr also völlig egal sein, ob er mit ihr unzufrieden war. Das gab sie ihm auf eine Weise zu verstehen, die aus der späteren Korrespondenz anderer Briefschreiber nicht ganz genau hervorging.
Die Audienz beim König endete sehr steif — noch steifer, als sie begonnen hatte. Émilie verließ den Palast sofort, ohne sich noch mit einem ihrer Freunde zu unterhalten oder sich an einen der Kartentische zu setzen — ein sicheres Zeichen, daß sie innerlich erregt war, vielleicht aber auch dafür, daß der König ihr bereits seine Mißbilligung ausgedrückt hatte.
Es wäre unter der Würde Seiner Christlichen Majestät gewesen, an einer Verschwörung teilzunehmen: solche schmutzi-

gen Aufgaben mußte der Herzog von Richelieu für ihn erledigen. Er setzte sich sofort hin und schrieb einen Brief an den Marquis du Châtelet, in dem er ihn in einer dringenden Staatsangelegenheit um eine baldige Unterredung bat.

Das Gespräch fand in Orléans statt, fern von den neugierigen Augen und Ohren des Hofes. Kein Wort durfte laut werden von dem Plan, dessen Gelingen einzig davon abhing, daß jeder in Frankreich ihn für echt hielt. Alles, was man von dem Gespräch weiß, ist, daß es stattfand. Zweifellos erklärte Richelieu den Plan und bat den General um seine Unterstützung. Ob er andeutete, daß andernfalls der ersehnte Marschallstab ein Wunschtraum bleiben werde, läßt sich nur erraten.

Nur weniges kann mit Sicherheit gesagt werden. Der Krieg war im achtzehnten Jahrhundert noch eine Sache für Gentlemen. Natürlich brauchte man Spione, aber das waren Bürger, Zivilisten, die auch von Zivilisten angeleitet wurden. Kein anständiger Soldat hätte sich mit Spionage die Hände schmutzig gemacht. Es ist also unwahrscheinlich, daß ein Offizier von Rang sich bereit erklärt hätte, seine eigene Frau — gleichgültig wie er selbst zu ihr stand — zur Teilnahme an einer Spionageaffäre zu überreden.

Was immer also bei dieser Unterhaltung besprochen wurde: der Marquis setzte sich nicht mit seiner Frau in Verbindung und versuchte auch nicht, sie irgendwie zu beeinflussen. Er nahm sich bei diesem kurzen Aufenthalt nicht einmal die Mühe, Émilie aufzusuchen, sondern fuhr sofort nach Lothringen zurück. Es mag bedeutsam gewesen sein, daß er nicht zu ihr ging, denn eigentlich war es für einen hohen Offizier, der den größten Teil seines Lebens im Felde zubrachte, ungewöhnlich, daß er nicht die Gelegenheit wahrnahm, sich ein paar Tage in Paris aufzuhalten. Offensichtlich wollte der Marquis also mit der ganzen Affäre nichts zu tun haben, und wenn er sich nicht in der Lage sah, dem Gebot seines Königs zu folgen, so konnte er sich wenigstens dadurch schützen, daß er nichts unternahm.

Es gibt aus dieser Zeit keinen Briefwechsel zwischen Émilie und ihrem Mann, doch auch das braucht keine Bedeutung zu haben. Sie schrieben einander fast nur, wenn es den Familienprozeß in Brüssel betraf oder Fragen wegen der Kinder oder — sehr selten — wegen der Hausverwaltung in Cirey.

Jedenfalls war es nun an Voltaire, Émilie von der Notwendigkeit der Teilnahme an dem Komplott zu überzeugen. Er allein war dazu imstande, und es gelang ihm auch — mit Hilfe von Mitteln, die nur er und Émilie kannten. Sie gab nach, aber nicht mit guter Miene. Es war schlimm genug, daß sie zu etwas gezwungen wurde, das sie für unsinnig hielt, doch es war noch viel schlimmer, daß sie eine Schlacht verloren hatte. Sie kämpfte gern, aber sie war kein guter Verlierer.

Sie blieb also nach Voltaires Verschwinden noch einige Tage in Paris und fuhr dann nach Cirey und blieb dort. Erst als der erste Teil des Planes erledigt war und jedermann annahm, Voltaire sei wieder auf der Flucht vor der Geheimpolizei, erwähnte sie, daß er nicht bei ihr in Cirey sei.

Jetzt aber stand sie vor einer neuen Schwierigkeit. Sie war an dem Täuschungsmanöver beteiligt, wenn auch gegen ihren Willen, und konnte deshalb zu niemandem über die wirkliche Lage sprechen, auch nicht zu den nächsten Freunden. Der Klatsch in Paris schlug hohe Wellen, die natürlich auch den preußischen Gesandten erreichten, und es war ihre Pflicht, der Legende von Voltaires Flucht immer neue Nahrung zu geben.

Hinzu kam noch ein wichtiger Faktor, der in der Korrespondenz zwischen Richelieu und seiner gegenwärtigen Geliebten, Madame de Tencin, einer guten Freundin von Émilie, erwähnt wurde. Sie kannte das Geheimnis und war auch der einzige Mensch, dem Émilie in dieser Sache vertrauen konnte. Émilie lebte in großer Angst davor, daß Friedrich die Wahrheit erfuhr, und sie hatte ein viel klareres Bild von seinem Charakter als manche seiner Zeitgenossen. Sie wußte, er war rücksichtslos, kaltblütig und rachsüchtig und außerdem imstande, völlig gefühllos vorzugehen, wenn es in seinem Interesse lag. Er hatte Voltaire in Berlin begrüßt und offensichtlich der Geschichte von der drohenden Verhaftung wegen der Angriffe auf die Würde der Krone im *César* Glauben geschenkt. Was würde passieren, wenn er erfuhr, daß die ganze Sache eine Falle war, die man ihm gestellt hatte? Er würde es nicht riskieren, seinen sorgfältig gehüteten Ruf als Intellektueller und Kunstmäzen aufs Spiel zu setzen. Doch in Preußen war er der unbestrittene Herrscher, und Berlin war weit entfernt von Frankreichs Grenzen. Es war daher durchaus denkbar, wenn nicht sogar wahrscheinlich, daß Voltaire nach seinem Abschied vom preußischen Hof einen tödlichen „Unfall" erlitt, und Émilie traute es Friedrich auch zu, daß er die Rolle des Tieftrauernden vollendet spielen würde.

Émilie war mit ihrer lebhaften Phantasie allein in Cirey, und die Hysterie, die sich in ihren Briefen zeigte, war sicher mindestens zum Teil echt. Sie sagte die Wahrheit, wenn sie schrieb, sie habe Angst, Voltaire nie wiederzusehen, Friedrich habe ihn ihr genommen. Ihre Freunde lasen natürlich etwas anderes aus diesen Worten, das war ja auch ihre Absicht. An die Möglichkeit, daß Voltaire das höfische Treiben in Berlin gut gefiel oder daß er ganz in Preußen zu bleiben beabsichtigte, dachte sie gar nicht. Voltaire schrieb nur selten an Émilie. Vielleicht war er nicht sicher, daß sie die Täuschung aufrechterhalten könnte; vielleicht auch lag es daran, daß die Liebe nachzulassen begann. Jedenfalls erhöhte es ihren Kummer. Einmal erfuhr sie aus der Zeitung, daß er nach Braunschweig gefahren war, ein andermal, daß er ein paar Wochen in Bayreuth verbrachte. Als einer der Sekretäre des französischen Botschafters nach Paris zurückkehrte, setzte sie sich sofort mit ihm in Verbindung und fragte, ob Voltaire jetzt in Berlin sei, wie es ihm gehe und ob er noch unter seinen Magenbeschwerden zu leiden habe.

„Mir wird schlechter Dank zuteil für alles, was ich für M. de Voltaire getan habe", schrieb sie traurig an d'Argental. „Ohne es zu wünschen, habe ich doch das Gefühl, daß er mich los sein möchte und mir das auf eine Weise beibringt, wie es nur ein Feigling tut."

Die Wochen wurden zu Monaten, und Émilie schien den wahren Zweck von Voltaires Reise nach Preußen vergessen zu haben. Selbst in ihren Briefen an Mme. de Tencin erwähnte sie nichts mehr von der geheimen Mission, ebensowenig wie gegenüber Richelieu, nachdem sie sich vertragen und ihren Briefwechsel wieder aufgenommen hatten. Der Kummer überwältigte sie. Sie war eine verlassene Frau und überließ sich einer Trauer, die nicht zu lindern war. Der Herbst kam und mit ihm rauhes kaltes Wetter. Émilie machte täglich lange Spaziergänge — sie ertrug die Einsamkeit im Schloß nicht länger. Als sie dann eine heftige Erkältung bekam, legte sie sich mit Fieber und hartnäckigem Husten zu Bett, überzeugt, sie habe schwache Lungen und werde wie Mme. de Richelieu an Schwindsucht sterben.

Inzwischen wurde Voltaire in Berlin auf Banketten, Opernvorstellungen und Soupers gefeiert, ohne daß er viel Freude daran hatte. König Friedrich konnte ein liebenswürdiger Gastgeber sein, hatte aber sehr viel zu tun, und die dauernde Gesellschaft der reizenden jungen Homosexuellen war Voltaire zuwider. Doch was ihm am meisten zu schaffen machte, war die Tatsache, daß der gewitzte Monarch sich standhaft weigerte, mit dem Gast über seine Zukunftspläne zu reden.

Dann aber, im Oktober, als Voltaire fast fünf Monate bei ihm zugebracht hatte, begann Friedrich plötzlich eine Unterhaltung über außenpolitische Fragen, und aus seinen Bemerkungen zeigte sich deutlich, daß er sich von dem großen Plan seines Gastes keineswegs hatte täuschen lassen. Für ihn war jedoch Voltaire ein idealer Botschafter, der einen präzisen Bericht über Friedrichs Vorstellungen nach Paris bringen konnte.

Preußen, so erklärte der König, sei im Augenblick nicht bereit, einen neuen Krieg mit Österreich anzufangen, denn Maria Theresia hatte das traditionelle Bündnis Österreichs mit England erneuert, und der junge König hatte keine Lust, sich von zwei Gegnern in die Zange nehmen zu lassen. Frankreich hingegen sei auf dem Kontinent immer noch die stärkste Macht und imstande, England zu blockieren. Wenn daher Frankreich bereit wäre, gegen England zu kämpfen, dann werde er mit Ludwig XV. ein geheimes Bündnis abschließen und einen neuen Feldzug gegen Österreich beginnen.

Voltaire wußte nun alles, was er in Preußen hatte erfahren wollen, und schrieb sofort an Émilie, er reise jetzt ab und hoffe, sie in Brüssel zu treffen. Sein Brief wirkte Wunder. Émilie war plötzlich wieder gesund, die Angst vor der Schwindsucht war vorbei, und sie traf eilig die Vorbereitungen für die Fahrt nach Brüssel, wo sie zwei Tage vor Voltaire ankam, der die Stadt am 6. November erreichte.

Über das Wiedersehen gibt es keine Zeugnisse, doch zweifellos war Émilie erleichtert.
Drei Tage später fuhren sie zusammen nach Paris und machten unterwegs kurz Station bei M. und Mme. Denis in Lille. Voltaire wollte in Paris Bericht erstatten und rechnete mit einem großen Lob von seiten des Königs, das Émilie in der Form einer Pension für ihn voraussah, wie sie an Mme. de Tencin schrieb.
Doch in Paris herrschte das Chaos, und in Fontainebleau sah es noch schlimmer aus. Amelot und Mme. de Châteaurouge hatten gegeneinander intrigiert, der Minister war entlassen worden und nach dem, was Voltaire erfuhr, hatte jetzt die Mätresse des Königs die außenpolitischen Fäden in der Hand. Voltaires Bericht wurde gelassen aufgenommen, denn der König und Richelieu hatten längst erraten, was er zu berichten hatte. Man entließ ihn mit kurzen Dankesworten.
Voltaire schloß sich in seine Zimmer im Hause am Faubourg Saint-Honoré ein und war für niemanden zu sprechen. Doch Émilie besuchte alle ihre alten Freunde — glücklich und strahlend wie nie. Sie genoß den Triumph, obwohl nicht sie ihn herbeigeführt hatte.

XV

Im Winter und Frühjahr 1744 machte sich eine gewisse Spannung bemerkbar zwischen Voltaire und Émilie. Sie hatte ihm sein rücksichtsloses Verhalten noch nicht verziehen, und er konnte nicht vergessen, wie wenig ihm die Regierung seine Bemühungen gedankt hatte. Vielleicht wäre das Zusammenleben in Cirey oder in Brüssel leichter gewesen, doch sie hatten beide keine Lust, in die trübe belgische Hauptstadt zurückzukehren, und das Schloß Cirey konnten sie im Augenblick aus triftigen Gründen nicht bewohnen.

Der Marquis du Châtelet hatte nämlich zum erstenmal seit vielen Jahren längeren Urlaub erhalten und war mit seiner törichten rothaarigen Mätresse in Cirey eingezogen. Émilie und Voltaire hätten gegen einen gemeinsamen Aufenthalt von wenigen Tagen nichts einzuwenden gehabt, doch die Vorstellung, monatelang mit den beiden anderen zusammenzuleben, war ihnen unerträglich. Zwar war das Schloß mit Voltaires Geld renoviert worden, doch war es immerhin das Eigentum des Marquis, den man daher nicht gut zum Gehen auffordern konnte. Émilie und Voltaire blieben in Paris.

Voltaire grollte; Émilie, die zur Selbstgerechtigkeit neigte, war überaus fröhlich. Täglich verließ sie mittags das Haus, um die Salons ihrer Freunde aufzusuchen, sich in Fontainebleau sehen zu lassen oder die Mathematiker und Naturwissenschaftler in ihren Cafés aufzustöbern. Jeden Abend sah man sie auf Gesellschaften, im Theater oder in der Oper, vor allem aber an den Spieltischen.

Nie hatte sie so beharrlich Vingt-et-un gespielt und niemals um so hohe Summen. Und nie im Leben hatte sie solche Verluste einstecken müssen. In kurzer Zeit hatte sie Summen verloren, die über die eigene Börse weit hinausgingen. Voltaire mußte helfen.

„Mme. du Châtelets Partner beim Spiel", schrieb er damals, „machen sich nicht klar, daß sie im Kopf erhebliche Rechnungen anstellt und angeblich immer weiß, welche Karten die Gegner in der Hand halten. Daß sie verliert, liegt, wie man annehmen muß, am Zufall."

In Wirklichkeit jedoch war er, wie er einigen vertrauten Freunden schrieb, der Ansicht, Émilie wolle ihn mit ihrem tollkühnen Spiel bestrafen für die monatelange Vernachlässigung während seines Besuches in Preußen. Immerhin: er bezahlte ihre enormen Schulden, die sich nach heutigem Wert auf etwa hundertsechzigtausend Mark beliefen; und schließlich nahm sie Vernunft an und hörte auf zu spielen.

Es war nun schon eine ganze Zeitlang her, daß die beiden eine produktive Arbeit unternommen hatten. Jetzt plötzlich machten sie sich daran. Ludwig XV. gab bei Voltaire ein Schauspiel in Auftrag, das bei den Hochzeitsfeierlichkeiten seines Sohnes, des Dauphin, aufgeführt werden sollte; er ließ dabei keinen Zweifel, daß er Voltaire einen Gefallen erweise. Voltaire hingegen war der Meinung, der Regent schulde ihm Dank, denn nicht für jeden war der berühmteste Autor Frankreichs bereit, ein solches Stückchen zu schreiben.

Was Émilie inzwischen tat, wußte niemand, auch Voltaire nicht. Sie schloß sich jeden Tag stundenlang in ihrem Arbeitszimmer ein und lehnte es ab, über ihr Vorhaben zu sprechen. Voltaire wußte, was kreative Arbeit hieß, und drängte sie nicht.

Mittlerweile zogen sich drohende Wolken über Frankreich zusammen, das in den Streit zwischen Preußen und Österreich hineingezogen werden sollte. England und Holland standen zu ihrem österreichischen Verbündeten, und schon wurden die Kampflinien abgesteckt für das große Ringen, das als Österreichischer Erbfolgekrieg in die Geschichte eingehen sollte. Für Émilie jedoch gab es Anlaß zum Jubel, und auch Voltaire protestierte zum erstenmal nicht allzu heftig gegen den drohenden Krieg. Der Marquis du Châtelet war ins Feld zurückgerufen worden und nahm seine Mätresse mit sich. Anfang April 1744 erfuhr Émilie, daß ihr Mann Schloß Cirey verlassen hatte, und sie nahm sofort die Chance wahr und kam zehn Tage später mit Voltaire in Cirey an.

„Wir sind wieder hier in unserem schönen Cirey", schrieb sie in einem eiligen Brief an d'Argental. „Es ist lieblicher als je zuvor. Niemals haben wir solche Ruhe erlebt, nie war der Frühling bezaubernder und die Sonne heller und wärmer. Auch Ihr Freund scheint sehr glücklich über die Rückkehr."
Man nahm das alte Leben im alten Rhythmus und mit den alten Gewohnheiten wieder auf. Die Tage wurden getrennt und mit viel Arbeit verbracht, und abends traf man sich entspannt beim eleganten Souper mit intellektueller Unterhaltung. Zur Zeit hatten sie nur einen Gast, der niemals störte: François Jacquier, ein Jesuit. Er war ein bekannter Mathematiker und Philosoph, der eine Analyse von Newtons *Mathematischen Prinzipien der Naturphilosophie* verfaßt hatte und jetzt in Cirey einen weiteren wissenschaftlichen Aufsatz schreiben wollte. Er war ein sehr willkommener Besucher.
Voltaire saß tief in der Arbeit an seinem Schauspiel über die Prinzessin von Navarra, doch ging es nicht so flüssig voran, wie er es wünschte. In einem Brief an d'Argental klagte er:
„Ich zweifle manchmal, ob ein Leben im Paradies der Abfassung eines Stückes, wie es jetzt von mir erwartet wird, förderlich ist. Ich fürchte, der Dauphin und die Dauphine werden gähnen; ich jedenfalls muß gähnen. Aber möglicherweise macht es Ihnen Spaß, denn Mme. du Châtelet gefällt es — vielleicht also auch Ihnen.
Die kleine Sache macht mir endlose Schwierigkeiten, und immer muß ich an das junge Paar denken, für das es geschrieben wird und dem jeder Witz, wie Sie und ich ihn kennen, fehlt. Wie kann man sie amüsieren, zum Lachen bringen? Und ausgerechnet ich muß so etwas für einen König schreiben! Ich komme mir degradiert vor, zum Hofnarren herabgewürdigt. Doch es hilft nichts, ich habe diese Aufgabe übernommen und muß mein Wort halten. Nur fürchte ich, lauter Unsinn zu schreiben. Man schreibt nur dann gut, wenn man Freude an dem selbstgewählten Gegenstand hat."
Schließlich las er Émilie einen Entwurf des Stückes vor, und sie war so angetan davon, daß sie viele Tränen vergoß. Voltaire bemerkte dazu, ihr kritischer Sinn sei abgestumpft, sie sei so voreingenommen für ihn, daß sie nicht mehr gerecht zu

urteilen vermöge. Er war nicht zufrieden mit dem Stück und machte sich von neuem an die Arbeit.

Im Sommer 1744 hatte Émilie die eigene Arbeit beendet, einen langen philosophischen Essay mit dem Titel *Traité sur le Bonheur*. Es war ihr einziges nichtwissenschaftliches Werk. Im Vorwort sagte sie, sie habe es nicht für die Allgemeinheit geschrieben, sondern für Leute von Stand, womit sie arrivierte Leute der Gesellschaft mit gesicherter finanzieller Position meinte.

Das Schriftstück war ungewöhnlich, nicht nur, weil es in der ersten Person Singular geschrieben war. Es war eine unverhüllte Autobiographie, und dank der Offenheit der berühmten Autorin wurde es sehr schnell zu einem Erfolg.

Der erste Teil begann mit einer Abhandlung über Glücksspiele. Das Spiel, sagte die Verfasserin, besitze für sie so viel Attraktion, weil sie nicht reich sei und den Verlust großer Summen nur schwer verschmerzen könne. Hätte sie Geld im Überfluß, so wäre das Spiel für sie ohne Reiz.

Die Karten seien eine der drei Freuden einer alternden Frau. Die zweite Freude war Lernen, Studium, und zwar in jedem Alter, solange das Gehirn nicht nachließ. Die dritte war Essen — viel essen. Sie stellte sich zuweilen vor, daß sie ihren Teller hoch auffüllte, wie es viele alte Frauen taten. Ob es mit ihr auch soweit kommen würde? Vorläufig erhalte das Spiel sie noch jung. Die stagnierende Seele des Menschen bedürfe der Erregung durch die beiden gegensätzlichen Emotionen Furcht und Hoffnung. Glücksspiel enthalte die ganze Skala, von extremer Hoffnung bis zu größter Angst, und sei deshalb notwendig für die innere Gesundheit.

Es folgten philosophische Überlegungen und schließlich Émilies Rezept zum Glücklichsein, das die meisten Menschen erst beim Herannahen des Alters entdeckten.

Ihr Rezept war einfach:

Tugendhaftes Leben.

Verzicht auf alle Vorurteile gegenüber Menschen und überkommenen Sitten.

Bewahren der Illusionen aus der Kindheit.

Vernünftiges, der Gesundheit zuträgliches Leben.

Förderung starker Neigungen.
Entwicklung starker Leidenschaften.
Offenbar hielt sich Émilie für eine tugendhafte Frau — eine überraschende Vorstellung für alle, die die berüchtigte Mme. du Châtelet seit Jahren kannten. An ihr Rezept hielt sie selbst sich jedenfalls nicht, und sie gab den Lesern auch keine Anhaltspunkte, wie die gesteckten Ziele zu erreichen waren. Niemand erfuhr, wie man sich seiner Vorurteile entledigte oder wie man die Illusionen aus der Kindheit beibehielt.
Leidenschaften wurden ausführlich behandelt, und zwar in etwas kryptischen Formulierungen, aus denen nicht klar hervorging, was sie meinte. Sicher werde der Leser sich fragen, hieß es da, ob nicht durch Leidenschaft eher Unglück als Glück über die Menschen gebracht werde. Das wisse man nicht, und solche Fragen seien auch nicht genau zu beantworten, aus sehr einfachen Gründen. Es seien nämlich, wie jedem bekannt, immer die Unglücklichen, die viel über sich redeten. Die Glücklichen hielten ihr Glück geheim; niemand kenne sie, und häufig blieben sie anonym.
Kein Mensch, behauptete Émilie weiter, schreibe Theaterstücke oder Opern über glückliche Menschen. Man zeige ihr ein Schauspiel, das von glücklichen Menschen handele, die auch glücklich blieben. Aber, fügte sie hinzu, sie rede nicht etwa großen hemmungslosen Leidenschaften das Wort, die viel Leid mit sich brächten. Innerhalb vernünftiger Grenzen seien Leidenschaften durchaus zu bejahen, denn ohne sie gäbe es keine wahren Freuden.
Gesundheit sei, so fuhr sie fort, das wichtigste Erfordernis für den ungetrübten Genuß von Leidenschaften. Dann behauptete sie schlankweg, alle Menschen seien von Geburt aus gesund, genauso wie jedem auf Erden eine bestimmte Spanne Zeit zugemessen sei, die auch eingehalten werde, wenn sich der Mensch nicht selber Schaden zufüge. Übermäßiges Essen oder Trinken könne der Gesundheit ebenso schaden wie ein Zuwenig an Schlaf.
Sie fand trostreiche Worte für alle, die gern aßen. Essen sei, so hieß es, eine legitime Quelle des Glücks; auch der Vielfraß müsse sich nicht schämen, wenn er sich nicht zu häufig der

Völlerei ergebe. Es sei durchaus möglich, in regelmäßigen Abständen immer wieder zuviel zu essen, ohne der Gesundheit zu schaden. Da sich aber stets gleich Kritiker einfänden, so rate sie den Vielessern, in der Öffentlichkeit das Dekorum zu wahren und dem übermäßigen Essen nur im stillen Kämmerlein zu frönen.

Mit großer Offenheit sprach Émilie über das eigene Trinken. Nichts gehe ihr über ein Glas starken Alkohols, womit sie nicht die üblichen Tafelweine oder den verwässerten Frühstückswein meinte, sondern die destillierten Weine, die ein Gefühl des Brennens hervorriefen. Sie selber habe leider diese destillierten Weine aufgeben müssen, erklärte sie; ihr wurde danach sehr heiß und unwohl, und sie mußte dann am nächsten Morgen verschiedene Elixiere zu sich nehmen, um sich zu erholen. Das habe ihr den Genuß verdorben.

Schlemmerei beim Essen sei jedoch etwas anderes, jedenfalls für sie. Sie habe zuweilen einen Wolfshunger und esse dann, soviel sie möchte, und das hieß in Wahrheit, bis sie keinen Bissen mehr herunterbrächte. So sei es ihr zuweilen tagelang ergangen, und jedesmal habe sie ihrem Heißhunger nachgegeben. Sie warne jedoch jeden Gourmand, diesem Beispiel zu folgen. Für die Gesundheit sei es unumgänglich notwendig, daß man auf Perioden der Völlerei noch längere Perioden strikter Mäßigung folgen lasse. Wer viel essen wolle, müsse viel fasten, das sei eins der Grundgesetze der Natur, die man nicht ungestraft mißachten dürfe.

Glück könne man nur erreichen, hieß es dann, wenn man sich genaue Ziele setze und unermüdlich auf sie zustrebe. Allzu viele Menschen lebten ziellos in den Tag hinein und fragten sich, warum sie nicht glücklich seien. Der Grund läge auf der Hand: weil sie an einem Tag planten und bauten und das Gebaute am nächsten Tag zerstörten — und dann bereuten.

Émilies Definition der Reue brachte sie in Konflikt mit jeder Glaubensgemeinschaft der jüdisch-christlichen Traditionen und empörte vor allem die französische Hierarchie der römisch-katholischen Kirche. Reue, so verkündete sie, sei ein Fluch der Menschheit, ein von Menschen erdachtes Mittel zur Selbstzerfleischung, eine Form des Sich-an-die-Brust-Schlagens, das niemandem half und viel Elend hervorrief. Von allen Gemütsregungen sei das Bereuen eine der unerfreulichsten. Ein verzweifelnder Mensch sei eine elende Kreatur, denn die Verzweiflung bereite ihm nicht nur Schmerz, sie vernichte auch Lust und Liebe zum Leben. Der Mensch müsse daher stets vor sich selbst auf der Hut sein und jeden Anflug von Reue in sich ersticken. Reue sei überdies etwas ganz Nutzloses, trotz aller Ermahnungen der Geistlichkeit. Ein Mensch, der einen Fehler gemacht habe, bereue ihn, um ihn nicht ein zweites Mal zu machen. Doch nichts im Leben geschehe zweimal auf genau die gleiche Art und Weise. Immer werde behauptet, die Geschichte wiederhole sich, doch ein bekannter Historiker habe ihr versichert, das stimme nicht: es sei vielmehr so, daß die Geschichte sich nur *scheinbar* wiederhole. Das treffe auch auf persönliche Erfahrungen zu: es gebe nur eine scheinbare, nicht eine wirkliche Wiederholung. Deshalb sei Reue nichts als eine nutzlose Form der Selbstquälerei.

Statt dessen, so riet sie den Lesern, solle man von jetzt an vorwärtsgehen und niemals zurückblicken. Immer sei es dabei ratsam, an erfreuliche Dinge zu denken. Unerfreuliche belasteten den Menschen, machten ihn trübsinnig und zerstörten seine Fähigkeit zum Lebensgenuß; er schade also nur sich selbst. Wenn er sich jedoch auf das Angenehme konzentriere, so werde er feststellen, daß seine Fähigkeit zum Genießen stetig zunehme.

Das beste Beispiel für unerfreuliche Vorstellungen sei der Gedanke an den Tod. Sterben sei unvermeidlich, jeder müsse einmal gehen. Es sei daher sinnlos, sich mit etwas Unabänderlichem zu beschäftigen, sei es der eigene Tod oder der eines anderen. Der Tod sei etwas Trauriges und für Menschen, die das Leben liebten, sogar etwas Demütigendes; es könne daher keinen Sinn haben, sich viel damit abzugeben.

Für weibliche Leser hielt Émilie noch einige Extraratschläge bereit. Es sei für Frauen, sagte sie, viel schwerer, ihr Glück zu finden, weil ihr Leben in eingeengten Bahnen verlief. Ein Mann konnte tun, was er wollte, leben, wie er wollte, und jeden Beruf ergreifen, der ihm zusagte. Das war Frauen nicht möglich. Angeblich hatte es Jeanne d'Arc bis zum General gebracht, doch

Émilie hielt das für eine Legende, erfunden, um Frauen zu entwaffnen, die als Kind von einer militärischen Karriere geträumt hatten. Die meisten Frauen seien jedoch vernünftig und haßten den Krieg; um die wenigen anderen brauche man sich daher den Kopf nicht zu zerbrechen.
Es gab jedoch viele Frauen mit ausgesprochenem Talent für Politik. Sie kenne, berichtete Émilie, mehrere Frauen, die die komplizierten bindenden oder trennenden Beziehungen der Völker mindestens so gut verstanden wie jeder Mann. Doch auch hier hüteten die Männer eifersüchtig ihre Vorrechte und schlossen Frauen von der Politik aus. Auf vielen anderen Gebieten war es ähnlich: Frauen wurden immer wieder ausgeschlossen und mußten daher ihr Glück auf eigene Weise finden, die dem der Männer nicht glich.
Lernen, fuhr sie fort, sei das reichste Reservoir, das einer Frau offenstand. Niemand konnte sie daran hindern zu lesen, Unterricht bei einem großen Lehrer zu nehmen, eigene Studien zu unternehmen auf einem Gebiet, das sie interessierte. Wenn eine Frau sich anstrengte, so konnte sie durch das Gelernte jeden Gegenstand meistern, mehr darüber erfahren als jeder Mann, und aus diesem Wissen bleibende Befriedigung erzielen.
Auch auf oberflächlicheren Gebieten war Glück auf mancherlei Art zu finden. Jede Frau, auch die unansehnlichste, liebte hübsche Kleider. War eine Frau betrübt, so solle sie, riet Émilie, sich bei der Schneiderin ein neues Kleid bestellen, und zwar lieber ein sehr hübsches als ein nur praktisches. Wenn sie sich darin attraktiv vorkam, so werde das ganz gewiß die Stimmung heben. War die Laune jedoch so gedrückt, daß auch ein Kleid nicht mehr half, so riet Émilie zum Kauf eines neuen Möbelstücks. Ein Kleid könne man nur alle drei oder vier Wochen tragen, wenn die Garderobe beschränkt sei; doch ein neuer Stuhl, ein Chaise oder ein Tischchen könne jeden Tag von neuem benutzt werden. Ein neues, hübsch anzusehendes Möbel garantiere auch bei der stärksten Depression eine Verbesserung der Stimmung.
Es gebe jedoch, hieß es, noch andere Wege zum Glück. Schmuck zum Beispiel erfreue das Herz jeder Frau, nur sei er, das gebe

sie zu, leider sehr teuer. Eine Frau, die sich echten Schmuck nicht leisten könne, solle sich daher auf das Sammeln anderer Gegenstände konzentrieren, die ihr Freude machten. Schnupftabakdosen seien zum Beispiel etwas sehr Hübsches, und sie wisse aus eigener Erfahrung, daß eine neue Dose für ihre Sammlung einer Frau sehr viel Vergnügen bereiten könne.
Man könne auch sonst noch manches tun, um das Leben erfreulicher zu machen und den Frohsinn zu verstärken. Émilie riet ihren Leserinnen, die Schuhe auszuziehen, wenn sie drückten; das könne man auch in Gesellschaft auf diskrete Weise tun. Regelmäßiges Aufsuchen der Toilette erhöhte ebenfalls das Wohlbefinden, wie sie aus eigener Erfahrung sagen könne. Ihr größtes Vergnügen war schließlich, sich bei sehr kaltem Wetter warm zu halten; schon das Bewußtsein der Wärme sei für eine Frau etwas sehr Befriedigendes.
Dieser Traité trug mehr zu Émilies Berühmtheit bei als alles andere, das sie geschrieben hatte. Mindestens sechs Auflagen wurden noch zu ihren Lebzeiten gedruckt; das war damals sehr viel, und obwohl niemand die Anzahl der verkauften Exemplare kennt, weiß man, daß sie eine hübsche Summe daraus erzielte, was auch nicht häufig vorkam. Die englische Übersetzung besorgte sie selbst, und das Buch wurde auch in London gut verkauft. Ein mit Voltaire befreundeter Jesuit übernahm die holländische Übersetzung, und ein völlig Unbekannter übertrug die Schrift ins Schwedische.
Émilies Philosophie in diesem Traité war alles andere als tiefgründig, und manches hörte sich, gemessen an den Kriterien späterer Zeiten, geradezu absurd an. Man darf jedoch nicht vergessen, daß sie sich mit der Schrift an eine ganz begrenzte Leserschaft gewandt hatte, nämlich an wohlhabende Leute von Stand, vor allem an Damen, die wenig zu tun hatten. In gewissem Sinne hatte Émilie mit dieser Schrift einen neuen Typ von „Literatur" ins Leben gerufen. Andere, die den Erfolg sahen, suchten sie entweder nachzuahmen oder schrieben ähnliche Essays mit eigenen Ratschlägen. Es ist gewiß nicht übertrieben, wenn man feststellt, daß Émilie du Châtelet den Prototyp der Bücher mit Titeln wie „Glück — und wie man es erreicht" schuf, die später soviel Furore machten.

Émilie war glücklich in diesem Sommer des Jahres 1744. Ihr Verhältnis zu Voltaire war in ein ruhiges Stadium getreten. Niemals hatten sie so viel Harmonie gekannt und so wenig Streit. Nach mehr als einem Jahrzehnt des Zusammenlebens war ihnen nun ein zweiter Honigmond geschenkt, und aus all ihren Briefen an die Pariser Freunde sprach das Glück der Gemeinsamkeit. Es gab keine Klagen, und beide berichteten wiederholt von der Freude am Zusammensein mit dem andern.

Im Frühsommer kam Voltaires Nichte, Mme. Denis, auf kurzen Besuch nach Cirey. Ihr Mann war ganz plötzlich in Lille gestorben. Sie schien jedoch nicht allzu bedrückt, wohl weil sie ihn nie geliebt hatte, und Émilie lobte sie und sagte, sie betrage sich „durchaus vernünftig". Voltaire kümmerte sich — mit Émilies Einverständnis — um sie und unternahm lange Spaziergänge mit ihr in den Hügeln. Auch er fand sie sehr angenehm und lobte sie in seinen Briefen.

Die im Herbst 1744 beginnende Ballsaison versprach die größte in der Geschichte des französischen Hofes zu werden, und das wollte etwas bedeuten. Unzählige Feste waren im Zusammenhang mit den Hochzeitsfeierlichkeiten des Dauphins geplant, und außerdem wollte man die Genesung des Königs von einer schweren Krankheit feiern. Voltaires Anwesenheit für die Aufführung der *Princesse de Navarre* war noch nicht unbedingt erforderlich, doch er und Émilie hatten nicht die Absicht, die rauschende Saison zu versäumen. Sie verließen Cirey im September und quartierten sich, wie üblich, im Hause im Faubourg Saint-Honoré ein.

Kurz nach ihrer Ankunft kam Émilies Essay heraus und trug erheblich zu ihrem Ruhme bei. Bei Abendgesellschaften riß man sich um sie, und manche der Gastgeberinnen waren, wie sie belustigt feststellte, Damen, die aus ihrer Abneigung gegen den berühmten Gast kein Hehl machten. Sie ließ jetzt alle Arbeit ruhen — bis auf die tägliche Lektüre, die sie nicht als Arbeit ansah — und stürzte sich in den gesellschaftlichen Trubel. Ob sie hinsichtlich des Glücksspiels mit Voltaire eine Abmachung getroffen hatte, ist nicht bekannt; auf jeden Fall rührte sie in den sechs Monaten ihres Pariser Aufenthalts keine Karte an.

Voltaire war mit seinem Schauspiel immer noch unzufrieden und arbeitete täglich stundenlang an dem Konzept, doch auch er machte die Feste mit und begleitete Émilie überallhin. Man sah sie zusammen bei Diners und Soupers, an Galaabenden und in der Oper, die Voltaire insgeheim langweilig fand. Émilie ging mit ihm ins Procope, wo er sich den jüngsten Theaterklatsch erzählen ließ, und er begleitete sie ins Gradot zu den Gesprächen mit Naturwissenschaftlern und Mathematikern.
Bis zum Januar waren sie fast unzertrennlich; dann mußte sich Voltaire um die Aufführung der *Princesse* kümmern. Wie ihm dabei zumute war, geht aus einem Brief an seinen Freund Cideville hervor, dem er schrieb: „Bitte haben Sie Mitleid mit einem armen Teufel, der mit fünfzig noch den Hofnarren spielt und der sich mit Musikern, Bühnendekorateuren, Komödianten, Sängern und Tänzern herumschlagen muß — schlimmer als acht oder neun Elektoren, die einen deutschen Cäsar auf den Thron zu setzen haben. Ich eile von Paris nach Versailles und schreibe Verse in der Postchaise. Der König muß überschwenglich, die Dauphine hübsch, die königliche Familie vorsichtig gepriesen werden, man muß dem ganzen Hof gefallen — und der Stadt nicht mißfallen."
Richelieu war für den Ablauf der Feierlichkeiten verantwortlich und hatte zugesagt, das neue Theater, das nur für die eine Vorstellung der „*Princesse*" errichtet worden war, werde am 23. Februar fertig sein. Das war der festgesetzte Tag. Doch die Arbeiter waren mit der Arbeit zurück, und als eine weitere Verzögerung drohte, kam es zu einem der seltenen Krachs mit Voltaire auf einer Bühnenprobe. Sein Zorn legte sich erst, als Richelieu die Zahl der Arbeiter verdoppelte und auf diese Weise der Zeitplan eingehalten werden konnte.
Bei der Aufführung war die ganze königliche Familie und der gesamte Hof anwesend. Normalerweise hätte Émilie bei ihren Verwandten gesessen, denn bei Staatsaffären war es immer noch üblich, das Dekorum zu wahren. Doch Voltaire war einmalig, und das Schauspiel, der Höhepunkt der Feierlichkeiten, war überdies von König Ludwig dazu ausersehen, Friedrich und anderen Monarchen darzutun, daß nur der eigene Lehnsherr des Autors ihm befehlen konnte, ein besonderes Werk

für eine besondere Gelegenheit zu schreiben. Auch Émilie paßte in keine Norm und galt fast überall als der glänzendste weibliche Stern am Himmel Europas. Sie erlaubte sich also ebenfalls gewisse Privilegien. Sie und Voltaire saßen, gelassen und unbekümmert, in einer Loge direkt gegenüber der Königsloge, wo jedermann sie sehen konnte. Émilie trug keine Perücke, sie puderte ihr Haar selbst, das hatte sie von einigen Schauspielerinnen der Comédie Française gelernt. Sie war so reich mit Schmuck behängt, daß mehrere Angehörige des diplomatischen Korps, die sie nicht kannten, sie für ein Mitglied des Königshauses hielten.

Voltaire achtete kaum auf die Aufführung und noch weniger auf das Publikum. Seine ganze Aufmerksamkeit galt der königlichen Familie, und sein Mut sank, als er die Dauphine mehrfach gähnen sah. In der Pause ging er hinüber, um den Majestäten seine Reverenz zu erweisen, und die Dauphine beklagte sich über die Humorlosigkeit des Stückes. Sein Unbehagen stieg. Zu Émilie bemerkte er mißmutig, eine spanische Infantin mit nur geringer Kenntnis des Französischen sei wohl kaum imstande, den für ein erfahrenes französisches Publikum geschriebenen witzigen Dialog zu beurteilen.

Mehr Kummer machte ihm die Haltung des Königs. Ludwig XV. schenkte der Aufführung kaum Beachtung, er unterhielt sich mit den Höflingen in seiner Nähe, las die Botschaften, die ihm Sonderkuriere überbrachten, und machte ganz den Eindruck, als befinde er sich in einem der vielen unkonventionellen Wohnräume seines Schlosses.

Als jedoch das Stück zu Ende war, gab er das Zeichen zum Applaus, betonte, wie entzückt er sei, und belohnte den Autor so großzügig, wie es niemand erwartet hatte. Voltaire erhielt den Titel eines Historiographen Frankreichs, der für ihn geschaffen wurde und der mit einer lebenslangen jährlichen Pension von zweitausend Louisdor verbunden war. Ferner bekam er das exklusive Recht zur Benutzung eines „Appartements" in Versailles – ein etwas zweifelhaftes Vergnügen allerdings, denn es handelte sich dabei um einen kleinen dunklen Raum im hinteren Teil des Palastes, in der Nähe der Küche und mit dem Ausblick auf die königlichen Pferdeställe. Ferner wurde Voltaire eröffnet, er werde zum Kammerherrn ernannt werden, sobald eine Stelle frei sei; und dieses Versprechen löste Ludwig XV. im folgenden Jahr ein. Das war ein begehrter Posten, mit dem keinerlei Pflichten verbunden waren und der dem Träger weitere fünfzehnhundert Louisdor im Jahr einbrachte.

Alles in allem hatten sich also die arbeitsreichen Monate, die Voltaire für ein unbedeutendes Werk aufgewendet hatte, wirklich glänzend gelohnt. Er hatte — ebenso wie Émilie — das Leben in Paris genossen, und zum erstenmal seit langer Zeit war ihm die Geheimpolizei nicht dauernd auf den Fersen gewesen, um seine Wohnung zu durchsuchen und ihm sonstwie Schwierigkeiten zu machen.

Es war eine schöne Zeit gewesen, doch jetzt zog es Émilie heim nach Cirey. Sie hatte ein paar geometrische Versuche vor, die sie ausprobieren wollte, und dazu brauchte sie die Instrumente, die in der großen Halle installiert waren. Sie fand auch, sie habe Voltaire jetzt lange genug mit anderen geteilt; sie war gewiß nicht kleinlich gewesen, doch jetzt wollte sie ihn für sich haben.

Etwas erstaunt merkte sie, daß Voltaire noch zögerte, was sie seltsam fand, bis er ihr schließlich den Grund sagte, warum er gern noch etwas länger in Paris bleiben wollte. Seine Nichte, Mme. Denis, war soeben nach Paris zurückgekommen, nachdem sie in Lille den Nachlaß ihres verstorbenen Mannes geordnet hatte; sie war im Begriff, ein neues Haus zu beziehen, das der Onkel für sie gekauft hatte. Sie sei, sagte Voltaire, noch etwas verstört und ganz allein, sie brauche seine Hilfe.

Émilie willigte gern ein, und etwa einen Monat lang verschwand Voltaire täglich auf viele Stunden. Émilie überlegte sich nicht, daß Mme. Denis eigentlich immer sehr tüchtig gewesen war und beim besten Willen nicht hilflos und schutzbedürftig genannt werden konnte. Es fiel ihr auch nicht auf, daß eine junge Frau, die praktisch ihr ganzes Leben in Paris zugebracht hatte, jetzt Hilfe brauchte bei Fragen, die es nur in der Stadt gab.

Hätte Voltaire sich mit einer anderen Frau so viel beschäftigt, so wäre Émilie wütend eifersüchtig gewesen. Aber Mme. Denis war ja schließlich seine Nichte.

XVI

Im Frühling 1745, als Émilie du Châtelet im Begriff war, das idyllische Leben mit Voltaire in Cirey wieder aufzunehmen, kam plötzlich eine dringende Botschaft aus Chalons, wo ihr achtzehnjähriger Sohn zur Schule ging. Er hatte sich mit Pokken angesteckt.

Mancher typische Aristokrat aus jener Zeit hätte in einem solchen Fall zwar sofort einen Arzt zur Verfügung gestellt, wäre aber nicht selber am Krankenbett erschienen. Émilie jedoch fuhr sofort hin. Voltaire hatte gerade wieder eine größere Arbeit angefangen, den *Précis du Siècle de Louis XV.*, und sie bat ihn, diese nicht zu unterbrechen, doch er bestand darauf, sie zu begleiten. Ärzte, so schrieb er an Cideville, waren im allgemeinen eine hoffnungslose Gesellschaft: eingebildeter als Advokaten, unwissender als Hofbeamte und dümmer als Prinzen und Herzöge.

Es stellte sich heraus, daß der Patient tatsächlich ernstlich erkrankt war, und die drei herbeigerufenen Ärzte waren, wie Voltaire vorausgesagt hatte, wirklich unfähig. Sie stritten sich über die Diagnose, es kam zu großen Auseinandersetzungen über die medikamentöse Behandlung, und einig waren sie nur in der Voraussage, daß die Tage des Kranken gezählt seien.

Émilie erschrak, als Voltaire sämtliche Ärzte wegschickte und die Behandlung selbst übernahm. Er sollte recht behalten. Wie alle Hypochonder verstand er gar nicht wenig von Medizin, und zu jener Zeit, als die Wissenschaft es noch schwer hatte, den Aberglauben zu verdrängen, konnte er es vielleicht tatsächlich mit manchem Arzt aufnehmen. Es ist auch möglich, daß er gerade von Pockentherapie einiges verstand, denn mit dieser Krankheit hatte er sich seit langer Zeit beschäftigt. Vor zwanzig Jahren war Émilies Vater leicht an Pocken erkrankt, und Voltaire hatte ihm ausführlichen Rat erteilt. Man hielt ihn

auch für den Autor einer witzigen kleinen Schrift zu diesem Thema.
Émilie schrieb an d'Argental und später auch an ihre Tochter, Voltaire habe ihrem Sohn das Leben gerettet. Er verabreichte dem Jungen Laudanum, ein starkes Opiat, das das Fieber dämpfen sollte, und badete ihn jede Stunde in einer Mischung aus Brandy und Zitronensaft; dadurch sollten die Pocken geschwächt und die Ausbreitung der Infektion verhindert werden. Wie immer in Krisenzeiten bewies Voltaire auch jetzt erstaunlich zähe Kräfte; er pflegte — nur unterstützt von Émilie — den Patienten eine Woche lang, und der zukünftige Marquis du Châtelet erholte sich. Er wurde gesund, und sein Leben blieb ungefährdet — bis zur großen Revolution, als er auf dem Schafott endete, nur weil er ein Aristokrat war.
Voltaire und Émilie kehrten nach Cirey zurück und nahmen den Jungen mit. Dort blieben sie in erzwungener Isolierung vierzig Tage lang; sie durften niemanden besuchen, und niemand durfte zu ihnen kommen. Jeder, der mit einem Pockenkranken Berührung gehabt hatte, mußte vierzig Tage lang in Quarantäne leben, so verlangte es das Gesetz; und Ludwig XV., in tödlicher Angst vor der Krankheit, bestand darauf, daß es buchstabengetreu befolgt wurde.
Während dieser Zeit, am 12. Mai 1745, wurden die Engländer in einer größeren Schlacht bei Fontenoy von den Franzosen geschlagen. Der französische Befehlshaber, Maurice de Saxe, war des Lobes voll über einen Untergebenen, den Marquis du Châtelet, dessen Chancen für den Titel eines Marschalls von Frankreich damit erheblich gestiegen waren.
Das ganze Land jubelte, nur Voltaire war mißgelaunt und ungeduldig. Seine Stellung als offizieller Historiograph machte es notwendig, daß er der Nachwelt einen genauen und vollständigen Bericht von der Schlacht lieferte, und dazu mußte er Offiziere und Männer jeden Ranges auf beiden Seiten aufsuchen, und nun durfte er zu niemandem hingehen. Mehrere Freunde, auch Châtelet, schickten ihm eingehende Schilderungen von den Kämpfen, doch sie genügten ihm nicht. Rastlos und erfüllt von einem bei ihm ungewöhnlichen Patriotismus setzte er sich an den Schreibtisch und verfaßte ein langes Ge-

dicht, *La Bataille de Fontenoy*, das über Nacht berühmt wurde und es bis heute geblieben ist.
König Ludwig war begeistert, und ebenso der Marschall de Saxe. Frankreich reagierte, indem es mehr Exemplare von diesem Gedicht kaufte als von jedem anderen Werk Voltaires. Die pazifistischen Tendenzen Voltaires waren im Augenblick ebenso vergessen wie die Émilies. Beide vergnügten sich in den letzten Tagen der Isolierung damit, die enormen Tantiemen auszurechnen, die der Verkauf des Gedichtes einbringen mußte.
Als die vierzig Tage zu Ende waren, fuhr der junge Châtelet zurück zu seinem Vater an die Front, und Voltaire bereitete sich auf die sofortige Abreise nach Paris vor, um die Kommandeure zu interviewen, die der König zur Entgegennahme ihrer Ehrungen nach Paris bestellt hatte. Émilie wollte sich von Voltaire nicht trennen, obwohl sie gerade ein neues Buch über Newton plante; sie ließ ihre Arbeit liegen und begleitete ihn.
Zu ihrer Überraschung trafen sie in Fontainebleau auch den Marquis du Châtelet an. Émilie war hocherfreut. Sie hatte nie ihr Licht unter den Scheffel gestellt, wenn es sich vermeiden ließ; in diesem Falle wollte sie keinesfalls im Schatten stehen, sondern den Ruhm ihres Mannes mit ihm teilen. Sie ging also an seinem Arm in den Audienzsaal. Voltaire saß als Historiograph unter den Zuschauern und schrieb den Bericht: der Marquis, so hieß es, sei reich mit klingender Münze belohnt worden, ferner mit einem goldenen Schwert, das des Königs Wappen trug, und mit einer Anzahl „persönlicher Privilegien", was bedeutete, daß er zwar im Rang nicht erhöht wurde, aber fortan die Vorrechte eines Herzogs besaß. Mme. du Châtelet wurde in diesem Bericht – einem offiziellen Dokument – nicht erwähnt, da Voltaire nur beschrieb, was zur Sache gehörte.
Die „persönlichen Privilegien", die dem Marquis zugestanden worden waren, schienen Émilie etwas zu Kopf zu steigen. Immer hatte sie sich den Herzogstitel gewünscht, ihre Tochter war Herzogin geworden, und jetzt war sie soviel wie eine Herzogin. Sie durfte zum Beispiel in Gegenwart der Königin sitzenbleiben — und tat es auch. Das ging noch an. Nur tat sie es so ostentativ, daß sie ein paar hochgestellte Damen, darunter die

Dauphine und mehrere echte Herzoginnen, gegen sich aufbrachte.
Herzoginnen hatten das Recht, die Königin zur Messe zu begleiten, und Émilie dachte nicht daran, darauf zu verzichten. Sie ersuchte um einen Platz im Gefolge, der ihr auch zugewiesen wurde, und am nächsten Morgen fuhr sie mit den anderen vom Hauptgebäude des Palastes aus zur Kapelle am anderen Ende des Parks. Als sie aus der Kirche kamen, stiegen die Königin und die vier Herzoginnen in die königliche Kutsche, um zum Palast zurückzufahren, und jetzt begann der Eklat.
Zwei weitere Kutschen warteten auf die anderen Damen, Émilie die Juniorin des Gefolges, drängte sich an den Herzoginnen vorbei, bestieg den einen Wagen und machte es sich darin bequem. Konsterniert von ihrer Rücksichtslosigkeit, verzichteten die anderen Damen auf die Fahrt mit ihr und drängten sich alle zusammen in die zweite Kutsche. Émilie sah, was sie angerichtet hatte, und versuchte nun, ihnen zu folgen, doch die Damen behaupteten — sicher wahrheitsgemäß — im zweiten Wagen sei kein Platz mehr. Sie war also gezwungen, die Demütigung auf sich zu nehmen und ganz allein zum Palast zurückzufahren. Sie bat sofort die Königin und die verschiedenen Herzoginnen um Entschuldigung, die ihr auch gewährt wurde, doch für die Klatschmäuler war der Vorfall ein gefundenes Fressen, das weidlich ausgekostet wurde.
Jeder Frau mit einigem Sinn für Takt und höfisches Protokoll hätte diese Lektion genügt, doch Émilies Kopf war angefüllt mit Newtonschen Ideen und mit dem Triumph der eigenen neuen Position. Bei einem Diner in den Privaträumen der Königin wollte sie durchaus weiter oben an der Tafel sitzen und nahm daher auf dem Stuhl der Herzogin de Luynes Platz, die dem Haushalt der Königin vorstand und die Stellung einer „Maitresse des Robes“ hatte.
Die anderen Gäste wiesen sie sofort auf ihren Irrtum hin, und Émilie nahm, tiefrot im Gesicht, einen Platz weiter unten an der Tafel ein. Mme. de Luynes war liebenswürdig und humorvoll und nicht im mindesten gekränkt, so daß die kleine Episode keine bösen Folgen hatte; sie sorgte nur dafür, daß auch die reife Mme. du Châtelet jetzt überall als exzentrisch galt. Auch

vom König kam keine Rüge, denn Ludwig lag daran, daß nichts und niemand Voltaire kränkte. Der Monarch war gewiß kein Intellektueller, doch der Ruhm Frankreichs lag ihm mehr als alles andere am Herzen. Das wurde besonders deutlich, als eines Tages herauskam, daß der unberechenbare Voltaire einen außerordentlich freundschaftlichen Briefwechsel mit dem neuen, sehr liberalen Papst Benedikt XIV. führte.

Voltaire erschien eines Morgens bei Hofe und zeigte voller Stolz eine Goldmedaille, in die das Bild des Papstes eingraviert war. Sie kam von Benedikt, und als Voltaire, wie er berichtete, sich beschwert hatte, weil sie so klein sei, hatte ihm der Papst geschrieben: „Dies ist die einzige Größe, die wir haben herstellen lassen. Wir könnten Ihnen keine größere geben, auch wenn Sie Petrus selber wären."

Die katholischen Würdenträger in Frankreich waren entrüstet über diese Freundschaft, und die Empörung nahm noch zu, als Benedikt Voltaire erlaubte, ihm den *Mohammed* zu widmen. Ihm habe, schrieb der Papst, das Stück sehr gefallen, und er finde es unsinnig, in der Gestalt des Protagonisten den Heiland Jesus Christus sehen zu wollen. *Mohammed* sei auch ohne jede Analogie ein großartiges Schauspiel, das Jahrhunderte überdauern werde. Mit dieser Prophezeiung sollte er recht behalten.

Jetzt konnte man Voltaire so gut wie nichts mehr anhaben. Seine Verbindung mit dem Papst stellte ihn außerhalb jeder Kritik von seiten der Bischöfe; und wenn ihm die Geheimpolizei zu nahe trat, so mußte man fürchten, daß er einfach zu Friedrich von Preußen überging oder — noch schlimmer — zum feindlichen Hofe Georgs II. von England. Auch war nun seine Stellung so gefestigt, daß die zahlreichen Gegner, die ihn immer noch — wenn auch unhörbar — verdammten, seine Berufung in die Académie Française nicht mehr verhindern konnten. Es war für ihn die höchste Ehrung; er hatte sie mehr als alles andere ersehnt. Jedem Eingeweihten war es klar, daß er den nächsten freiwerdenden Sitz erhalten würde; und jedesmal, wenn ein Mitglied krank wurde, witzelte man in den Cafés, daß nun der Sessel für Voltaire neu bezogen werde. Als dann im Frühjahr 1746 tatsächlich ein Sitz frei geworden war, wurde

Voltaire ohne ernsthafte Opposition in die Académie Française gewählt.

Im ganzen vergingen die Jahre 1745 und 1746 für Émilie und Voltaire ohne große Ereignisse. Die Ehrungen, die dem Marquis du Châtelet zuteil geworden waren, Voltaires erhöhter Status und seine Berufung als Kammerherr sicherten ihnen einen guten Platz bei Hofe, und das war beiden sehr angenehm. Sie lebten jetzt ebenso lange und so oft in Paris wie in Cirey; im Herbst 1745 machten sie die Reise dreimal in drei Monaten. Voltaire kam immer noch für die Kosten des Haushalts auf, und Émilie hatte endlich Sparsamkeit gelernt; ihre Dienstboten klagten, sie zahle die niedrigsten Löhne in der ganzen Stadt — was vielleicht übertrieben war, denn andere Dienstboten behaupteten dasselbe. Sie führten ein reges gesellschaftliches Leben, wurden aber nicht mehr so häufig auf abendlichen Parties in der Stadt angetroffen. Lieber waren ihnen die nie endenden Feste in Versailles, im Sommerpalast des Königs oder in seinem Winterquartier in Fontainebleau.

Émilie nahm ihre Arbeit immer noch ernst; sie behauptete, nichts anderes sei ihr so wichtig, doch sie verlangsamte das Tempo, vielleicht ohne es selbst zu merken. Kleidung und Kosmetik nahmen sie immer stärker in Anspruch, wenn sie mehrmals wöchentlich nach Versailles oder Fontainebleau fuhr, und allein für die Reise brauchte sie jedesmal mehrere Stunden. Trotzdem hielt sie fest an ihrem Entschluß, ein weiteres Buch über Newton zu schreiben, und der wachsende Stapel mit den Notizen bewies, daß sie mit einem großen Werk rechnete.

Voltaire hatte, wie immer, eine Unzahl Eisen im Feuer: Schauspiele und Gedichte, Essays und sein geschichtlicher Abriß der Regierungszeit Ludwigs XV., das alles beschäftigte ihn täglich viele Stunden lang. Er konnte deshalb Émilie nicht immer begleiten, wenn sie zum Hof des Königs fuhr. Ihn interessierten auch Pracht und Zeremoniell viel weniger als sie, und er haßte es, sich mit Hohlköpfen zu unterhalten, während sie am Spieltisch saß.

Auch hatte er in Paris einige Aufgaben — darunter Mme. Denis. Er war, wie er Émilie klargemacht hatte, der letzte Arouet seiner Generation, seine Nichte hatte also sonst keine

Onkel und Tanten, die ihr beistehen konnten, und sie besaß, entgegen den meisten Zeitgenossen, viel Familiensinn. Voltaire lobte das, obgleich er sich sonst über bürgerliche Anschauungen immer lustig gemacht hatte.

In Paris hatte die junge Witwe jetzt ein eigenes kleines Haus gekauft, und jedermann — auch Émilie — nahm an, es sei mit dem von ihrem Manne hinterlassenen Gelde bezahlt worden. Es scheint kaum glaublich, daß Émilie die wahre Sachlage nicht erkannte: der Verstorbene hatte ja sein Leben gerade erst begonnen; bei seinem Tode war von einem noch so bescheidenen Vermögen noch gar keine Rede gewesen. Viele von Voltaires Freunden, darunter d'Argental und Cideville, waren ganz sicher, daß das Haus der Nichte von ihrem Onkel Voltaire bezahlt worden war. Nur Émilie, das mathematische Genie, schien hier nichts zu sehen. Sie hatte sich nie darum gekümmert, wo Geld herkam, und verschwendete oft mit vollen Händen, ohne einen Gedanken daran, wie es erworben worden war. Vielleicht also hatte sie wirklich keine Ahnung, daß Voltaire seiner reizenden Nichte das Haus gekauft hatte.

Und wenn sie es doch wußte, so kümmerte es sie vermutlich nur wenig. Schließlich war es das unbestrittene Recht eines reichen und berühmten Mannes, der vielleicht nicht mehr allzu viele Jahre vor sich hatte, seiner Lieblingsnichte etwas zu Liebe zu tun.

Louise Denis war keine Schönheit, und auch ihre eifrigsten Bewunderer hielten sie nicht für außergewöhnlich anziehend. Doch sie war schlank, was damals nicht häufig war, sie hatte dunkle Augen und Haare und kleidete sich mit unauffälliger Eleganz. Wenn jemand sah, wie geschmackvoll sie sich mit begrenzten Mitteln zu kleiden wußte, so ahnte er sicher nichts von dem großzügigen Onkel, der die Rechnungen für die diskret-eleganten Kleider beglich.

Was die Menschen, vor allem Männer, an ihr schätzten, waren ihre Klugheit und ihr Witz. Sie schrieb keine Bücher, sie komponierte und malte nicht, doch sie konnte sich ausgezeichnet unterhalten über künstlerische Fragen und auch über Politik, die Émilie stets langweilte. In musischen Kreisen war sie außerdem dafür bekannt, daß sie einen Humor besaß, der nur von

dem ihres Onkels übertroffen wurde. Sie war viel weniger aggressiv und stets bemüht, niemanden zu kränken, was sie bei vielen beliebter machte als Voltaire.
Die charmante junge Witwe zählte viele der heiratsfähigen Pariser zu ihren Bewunderern, darunter Schauspieler, Komponisten und Aristokraten. Sie behandelte alle gleich freundlich, ermutigte keinen und machte sich daher keine Feinde, was zu einer Zeit, da eine einzige unbesonnene Bemerkung oft zu einer Fehde führte, keine Kleinigkeit war.
Es gab Leute, die zu Louise Denis ins Haus kamen, weil Voltaire dort oft anzutreffen war und sie gern die Gelegenheit wahrnahmen, sich eine Weile mit dem berühmten Manne zu unterhalten. Es machte sich immer gut, wenn man sagen konnte: „Wissen Sie, Voltaire hat gestern nachmittag über Soundso etwas wirklich Verheerendes gesagt."
Zweihundert Jahre sollten vergehen, bevor die Welt erfuhr, daß Voltaire damals an Louise Denis ein nicht rein onkelhaftes Interesse hatte. Beide waren außerordentlich vorsichtig und diskret in allem, was sie sagten und taten; kein Mensch ahnte, daß sie eine Liebschaft begonnen hatten, die fast bis zu ihrem Lebensende dauern sollte. Noch immer sind Literaturhistoriker dabei, Briefe und andere Schriftstücke aus jener Zeit zu erforschen; es mag sein, daß man bald ein bestimmtes Datum als Beginn ihrer Affäre angeben kann, das heute noch unbekannt ist. Man darf jedoch annehmen, daß die beiden schon in der Zeit zwischen dem Herbst 1745 und dem Frühjahr 1746 recht häufig miteinander ins Bett gingen.
Voltaire fand sich in der Lage eines verheirateten Mannes mittleren Alters, für den seine Frau längst zur Selbstverständlichkeit geworden war; er liebte sie noch, auf seine Weise, wandte sich aber doch einer jüngeren Frau zu, die neue Spannung versprach. Voltaire und Émilie du Châtelet waren zwar nicht verheiratet, hatten aber ihre lange Verbindung so offiziell geführt, daß alle ihre Freunde von einer Trennung sehr überrascht gewesen wären. Man weiß von dem Ausspruch eines berühmten literarischen Paares aus der Mitte des 20. Jahrhunderts: Die Fesseln derer, die es vorziehen, offen zusammenzuleben, binden genauso fest wie eheliche Bande.

Zu jener Zeit galt es nicht als Blutschande, wenn ein Mann mit seiner Nichte schlief oder eine Frau mit ihrem Neffen. Es gab in Frankreich, Italien und den Niederlanden viele Ehen zwischen Onkeln und Nichten. Die meisten Bischöfe erhoben keinerlei Einwendungen gegen solche Eheschließungen, und die wenigen, deren Diözese dafür einen speziellen Consens verlangte, galten als hoffnungslos altmodisch.

Fortschrittliche Menschen wie Voltaire und Louise Denis wären nie auf die Idee gekommen, daß ihre Beziehung etwas mit Inzest zu tun hatte; der Vorwurf hätte sie tief getroffen und sicher ihren Zorn erregt. Ob sie glaubten, daß sie einander — schon zu dieser Zeit — liebten, ist eine zweite Frage. Voltaire betonte immer noch, er liebe Émilie, und versäumte in seinem Briefwechsel mit allen möglichen Leuten, von König Friedrich bis zu den literarischen Freunden, keine Gelegenheit, immer wieder seine unwandelbare Zuneigung für sie zum Ausdruck zu bringen.

Über Mme. Denis' Gefühle läßt sich, solange kein neues Material vorliegt, schwer etwas sagen. Ihre Geldgier wuchs in späteren Jahren beträchtlich an; zuweilen trieb sie Voltaire fast zur Verzweiflung durch ihre unaufhörlichen Forderungen. Es ist also wohl möglich, daß sie bei seinem Anblick schon damals in erster Linie an Geld dachte. Doch ist es ebenso denkbar, daß sein Interesse ihr schmeichelte und sie sich wirklich in ihn verliebte. Kein anderer Mann hatte eine solche Ausstrahlung von Charme, und Louise war zu der Zeit, als die Affäre begann, noch sehr jung und unerfahren.

Und Émilie — ihr ging es wie der älteren Ehefrau im Sprichwort. Sie hatte keine Ahnung, daß der Mann, den sie liebte, ihr untreu war. Sie und Voltaire verbrachten zwar zwischen 1745 und 1747 viel mehr Zeit in Paris als in den Jahren vorher, doch das lag einfach an den Umständen. Voltaire erfreute sich in dieser Zeit eines nie dagewesenen Wohlwollens der allerhöchsten Behörden. Soweit man wußte, hatte er auch nichts Böses oder Verleumderisches in der Feder, und es erschien nichts von ihm, das Staat oder Kirche erneut gegen ihn aufgebracht hätte. Die Geheimpolizei saß ihm also nicht länger im Nacken, und er hatte jetzt keinen Grund mehr, sich immer nur in der Nähe der Grenze aufzuhalten und mit gepacktem Koffer jederzeit zur Flucht bereit zu sein. Schließlich war Paris immer noch die Achse der intellektuellen Welt Frankreichs, wieviel er auch daran auszusetzen hatte; und sowohl er wie Émilie fühlten sich sehr wohl in Paris.

Nach Cirey fuhren sie trotzdem nicht selten und überließen sich dann wochenlang der Isolierung und der alten selbstgewählten Arbeitsweise. Vielleicht schliefen sie nicht mehr ganz so oft zusammen — in Émilies Briefen an den Herzog von Richelieu finden sich ein paar Andeutungen dieser Art —, doch nach fast anderthalb Jahrzehnten wird bei jeder Frau das Feuer etwas nachlassen, und sie wird nicht mehr ganz soviel Leidenschaft erwarten wie eine Frau, die eine neue Liaison oder eine neue Ehe eingeht.

Émilie hatte außerdem anderes im Kopf. Sie arbeitete noch ebensoviel wie früher, daneben aber genoß sie die Privilegien, die ihr Mann und Voltaire errungen hatten. Für eine Marquise war es ein nie endendes Vergnügen, sich als Herzogin behandelt zu sehen, und Émilie machten diese Dinge täglich von neuem Freude. Außerdem genoß sie die Früchte des eigenen Ruhms. Henry Beston, ein junger englischer Philosoph und Naturwissenschaftler, kam nach Cirey, um mit ihr zu arbeiten, und mehrere junge italienische Priester, alle hervorragende Mathematiker, erschienen ebenfalls auf dem Schloß und ließen sich von ihr unterweisen. Es war etwas nie Dagewesenes, daß Männer, die sich Wissenschaftler, Mathematiker oder Philosophen nannten, freiwillig eine Frau aufsuchten und sich von ihr belehren ließen.

Émilie genoß das alles in vollen Zügen. Sie machte weiterhin ausführliche Notizen für ihre Arbeit über Newton, und Voltaire — rücksichtsvoll und großzügig wie immer — verbrachte zahllose Stunden mit ihr, half ihr bei der Arbeit, machte mit ihr zusammen Experimente und führte sie in die fortgeschrittenen Theorien Newtons ein. Auch in der Gesellschaft hatte sie erreicht, was sie wollte. Die bekanntesten Wissenschaftler jener Zeit behandelten sie wie ihresgleichen und horchten respektvoll auf alles, was sie während der langen Diskussionen im Gradot zu sagen hatte. Voltaire hatte sie es zu verdanken, daß sie auch zum inneren Kreis der Theaterleute zugelassen war. Und bei Hofe hatte sie die Leiter bis zu einer der höchsten Sprossen erklommen, denn sie gehörte zu der ganz kleinen ausgesuchten Gruppe von Höflingen, die mit der Königin Karten spielen durfte. Diese Ehre wußte sie sehr wohl zu schätzen; sie achtete darauf, bei jedem Spiel mit der Königin einen kleinen Betrag zu verlieren — eine Geste, die Voltaire belustigt in seinen Briefen an Friedrich den Großen und an seine englischen Freunde schilderte.

Hätte Voltaire damals nachgelassen in seiner Aufmerksamkeit und zärtlichen Fürsorge, so hätte Émilie vielleicht etwas gemerkt; doch er benahm sich wie ein geübter Schürzenjäger aus einer seiner eigenen Komödien, und Mme. Denis stand ihm darin nicht nach.

Émilie war froh, in Louise eine verwandte Seele und eine Frau gefunden zu haben, mit der sie sich lange und ernsthaft unterhalten konnte. Mme. Denis wurde häufig in das Haus am Faubourg Saint-Honoré eingeladen, und Émilie erzählte stolz, der schlagfertige Witz der jungen Frau belebe die Unterhaltung in ihrem Salon. Eine Konkurrentin sah sie nie in ihr, zu keiner Zeit. Aus der Korrespondenz einer größeren Gruppe von Damen, die in Émilies Haus verkehrten, geht hervor, daß die Nichte des M. de Voltaire eine tadellose junge Dame sei, die niemals ihrer Gastgeberin widersprach oder mit ihr in Streit geriet. Kurz: Mme. Denis betrug sich wie eine liebevolle, pflichtbewußte junge Verwandte, und jahrelang wurde sie dafür von Émilie in vielen Briefen aufs höchste gelobt.

Voltaire gelang es also offensichtlich, seiner mehr oder minder „offiziellen" Mätresse die Wahrheit vorzuenthalten. Doch das anstrengende Doppelleben hinterließ seine Spuren. Ende 1745 erwachte plötzlich sein alter Jähzorn, und das Magenleiden verschlimmerte sich nach seiner Berufung in die Académie Française. Er begann ein halbes Dutzend neue literarische Fehden und frischte überflüssigerweise auch noch einen alten Streit mit dem berüchtigten Abbé Desfontaines auf. Dann beleidigte er einige seiner Académie-Kollegen und schrieb bösartig scharfe Kritiken über die Werke von Autoren und Philosophen in anderen Ländern. Nur die Engländer blieben von seiner Fehde verschont.

Viele der Angegriffenen schlugen zornig zurück, was ihn zu immer neuen Attacken anspornte. Ende 1746 versuchten mehrere Freunde — darunter auch d'Argental —, ihn zu beschwichtigen und aus den sinnlosen Streitigkeiten zu lösen, die — wie ihm d'Argental in mehreren ernsten Briefen versicherte — seinem Ansehen schadeten und nur ihm selbst und keinem sonst weh taten. Voltaire sah das auch ein, doch schien es ihm unmöglich zu sein, mit den Zankereien aufzuhören.

Mitten in dieser schon recht schwierigen Situation kam die Nachricht, daß Émilie und ihr Mann das Berufungsverfahren vor dem Appellationsgericht in Brüssel gewonnen hatten. Der Marquis du Châtelet, den die frohe Botschaft in seinem Hauptquartier in Bayern erreichte, war sich darüber klar, daß er diesen Erfolg Voltaires Vorstellungen bei Friedrich von Preußen verdankte. Er schrieb ihm einen Brief, in dem er ausdrückte, wie dankbar er ihm sei. Er wisse, daß Émilies Glück von ihm — Voltaire — abhänge, und er sei daher vor allem dankbar für die Gewißheit, daß die Verbindung von Dauer sei.

Voltaires Querelen mit seinen Kollegen wurden immer heftiger und immer unvernünftiger.

XVII

Die schmähliche Flucht, die Voltaire und Émilie im Frühjahr 1747 in Paris antreten mußten, ergab sich ganz plötzlich und war allein ihre Schuld. Im Grunde resultierte sie aus den lange angehäuften Spannungen, die auf einmal explodierten.
Voltaire war mit einer neuen Arbeit beschäftigt, dem Schauspiel *Semiramis*, das später als eins seiner besten Stücke gelten sollte. Wie immer, wenn er noch mitten im Schaffensprozeß steckte, war er gereizt und ungeduldig, und dazu kam offenbar ein Streit mit Émilie, weil sie gegen eine ihrer selbstgemachten Vorschriften verstieß. Sie saß eines Abends in Fontainebleau mit der Königin beim Kartenspiel, und anstatt vorsichtig zu setzen, wie sie sich vorgenommen hatte, spielte sie sinnlos hoch und verlor einen enormen Betrag. Voltaire schlenderte von einem Raum zum anderen und trat auch an ihren Tisch. Als er hörte, wieviel sie verloren und er daher jetzt zu bezahlen hatte, wurde er blaß vor Zorn.
„Sie sind wahnsinnig!" sagte er heftig mit unterdrückter Stimme in englischer Sprache. „Wissen Sie nicht, daß Sie mit diesen Frauen nicht spielen dürfen? Jede, aber jede hier schwindelt!"
Zum erstenmal im Leben brachte Émilie kein Wort heraus. Die Beleidigung der beiden Herzoginnen war schlimm genug. Aber niemand, der seine fünf Sinne beisammen hatte, konnte es wagen, Marie Catherine Sophie Félicité Leczinska, Königin von Frankreich, eine Schwindlerin zu nennen.
Voltaire hatte sich in ernste Gefahr gebracht, das war ihr sofort klar. Es war eine so tödliche Beleidigung, daß auch seine Berühmtheit ihn nicht vor einer schweren Bestrafung retten konnte, und wenn die Sache erst bekannt wurde, so würde es kein Monarch in Europa König Ludwig verargen, wenn er Voltaire für Jahre ins Gefängnis warf.
Als Émilie sich von ihrem Schrecken erholt hatte, sah sie, daß

sich die Mienen der Königin und der beiden Herzoginnen nicht verändert hatten. War es möglich — Voltaire hatte leise gesprochen —, daß sie die Bemerkung nicht gehört hatten? Oder verstanden sie nicht genügend Englisch? Andererseits: da sie äußerst wohlerzogen waren, warteten sie vielleicht nur, bis Voltaire den Raum verlassen hatte, um dann dem König das Geschehene zu berichten. Szenen bei Hof wurden — das wußte Émilie — um fast jeden Preis vermieden.

Auch Voltaire war erstarrt. Er hatte kaum ausgesprochen, als ihm seine unglaubliche Entgleisung klar wurde, doch da war es zu spät. Eine ungeschickte Entschuldigung hätte die Lage nur verschlimmert.

Émilie faßte sich zuerst. Sie schützte eine plötzliche Unpäßlichkeit vor und bat, sich verabschieden zu dürfen.

Lächelnd gestattete die Königin der Marquise du Châtelet und ihrem Begleiter, sich zurückzuziehen.

Noch bevor Émilie den Raum verließ, behauptete sie, sich zu elend zu fühlen, um noch am selben Abend die lange Rückfahrt nach Paris zu machen. Sie werde daher, sagte sie, den Herzog von Richelieu bitten, ihr und Voltaire für eine Nacht Quartier zu gewähren in seinem Schloß, das nicht weit von Fontainebleau entfernt lag. Sie vergewisserte sich, daß die Königin und die Herzoginnen genau verstanden, was sie sagte.

Als sie mit Voltaire zusammen den Wagen erreichte, verlor sie keine Zeit mit Vorwürfen oder Erklärungen ihrer Taktik. Es war buchstäblich keine Minute zu verlieren: jeden Augenblick konnte ein Trupp Musketiere vom Hausregiment des Königs erscheinen und den Arrestbefehl des Monarchen vorweisen. Auch nach Paris könne Voltaire jetzt nicht zurückkehren, sagte sie, denn es sei durchaus möglich, daß er dort beim Betreten seines Hauses verhaftet werde.

Voltaire war einem hysterischen Anfall sehr nahe und verlor vollends den Kopf, als auf der Fahrt der Wagen zu Schaden kam. Die Reparatur dauerte lange, und die Nacht war fast vorüber, als man die Reise fortsetzte.

Émilie blieb ruhig und gelassen. Sie war zuerst der Ansicht gewesen, Voltaire müsse umgehend nach Cirey fahren, doch dann hatte sie sich umbesonnen. Wenn der König Voltaire festnehmen lassen wollte, so würde man sofort Truppen nach Cirey senden, die dort dann schon auf ihn warteten. Er mußte jetzt Zuflucht finden bei jemandem, der genügend Einfluß hatte, um ihn aufzunehmen, bis Gras über die Sache gewachsen war. Der einzige Mensch, der ihr einfiel, war die Herzogin von Maine.

Das war ein glänzender Einfall. Anne-Louise de Bourbon-Condé war von königlichem Geblüt und zudem die Witwe des ältesten illegitimen Sohnes Ludwigs XIV., der durch ein Dekret des Sonnenkönigs legitimiert worden war. Sie war eine verrunzelte alte Dame, die sich gern als Intellektuelle hinstellte, und hielt einen eigenen Hof im Palast von Sceaux. Sie fürchtete niemanden auf der Welt, auch ihren Vetter Ludwig nicht.

Gewöhnlich machte Voltaire einen Bogen um Leute wie Mme. de Maine, die allen Dichtern und Schriftstellern zu Füßen lagen. Ihm mißfiel auch die frivole karnevalistische Atmosphäre ihres Miniatur-Hofstaats. Doch sie war immerhin eine sehr alte Freundin, und er mußte zugeben, daß Émilies Einfall gut war: die Herzogin würde ihn nicht nur aufnehmen, sie liebte auch Intrigen und Doppelspiel so sehr, daß sie ihn sicher mit Freuden bei sich verbergen würde.

In einem kleinen Dorf an der Straße, die Paris mit Fontainebleau verband, trennten sich Voltaire und Émilie. Er fuhr weiter nach Sceaux, und sie wollte ihm nachkommen, entweder dorthin oder sonstwohin, und ihm alles bringen, was er brauchte, Kleider, das Manuskript, an dem er gerade arbeitete, und alles andere. Er hatte nichts bei sich, als was er auf dem Leibe trug; auch das Geld war knapp, denn er hatte in Eile noch Émilies Spielschuld in Fontainebleau beglichen.

Doch er kam durch – wie immer. Er schickte einen Boten vorweg mit einer kurzen Nachricht über das Geschehene an Mme. de Maine und bat sie um Hilfe. Ihr Schloß lag an einem See tief im Walde, nur wenige Fahrtstunden entfernt von dem kleinen Dorf, doch Voltaire liebte Drama und Geheimnistuerei und brauchte zwei Tage für die Reise. Er wechselte mehrmals die Pferde, um eventuelle Verfolger abzuschütteln, und genoß das Abenteuer. Um zwei Uhr morgens kam er mit leerer Börse in Sceaux an.

Die exzentrische alte Herzogin erwartete ihn und ließ ihn in ein geheimes Appartement im hinteren Teil des Schlosses geleiten. Dort blieb Voltaire in der nächsten Zeit wohnen; er verließ sein Zimmer nur, um täglich gegen Mitternacht mit der Herzogin allein in ihrem Speisezimmer zu Abend zu essen. Sie hatte viel Spaß daran; der witzigste Mann der Welt war ihr Gefangener, und sie beide freuten sich an der Unterhaltung.

Émilie war inzwischen nach Paris zurückgekehrt und machte kummervolle Tage durch. Nach außen hin schien gegen Voltaire nichts geplant zu sein, doch fürchtete sie, daß Ludwig nur darauf wartete, Voltaires Aufenthaltsort zu erfahren. Sie erzählte also überall, er sei wegen dringender Geschäfte ins Ausland gefahren, und niemand außer d'Argental erfuhr die Wahrheit — nicht einmal Mme. Denis, soviel man weiß.

Émilie wollte dem Freunde nicht nachfahren; sie fürchtete, man werde ihr folgen. Deshalb wagte sie auch nicht zu schreiben. Ab und zu hörte sie, daß jemand nach Sceaux fuhr, doch traute sie niemandem so weit, daß sie ihm einen Brief mitgegeben hätte, denn bisher wußte kein Mensch, wo Voltaire sich aufhielt. Auch sie selbst hatte nie erfahren, daß er in Sceaux angekommen war; seit der Trennung in dem kleinen Dorf hatte sie kein Wort von ihm gehört.

Nach einigen Wochen nahm die alte Herzogin die Sache in die Hand und stellte mit Hilfe von Mittelsleuten fest, wie es um Voltaires Angelegenheit stand. Sie fand heraus, daß Königin Marie, die sehr wenig Englisch sprach, des Glaubens war, Voltaire habe eine unfreundliche Bemerkung über sie gemacht, deren Wortlaut sie nicht kannte. Die beiden Herzoginnen hatten angeblich nichts gehört; vielleicht wollten sie auch einfach nichts mit der Sache zu tun haben. Eins stand jedenfalls fest: Gefängnis drohte Voltaire nicht. Er verabschiedete sich daher von der Herzogin und versprach feierlich, bald mit Émilie zu einem „offenen" Besuch wiederzukommen.

Voltaire kehrte zurück nach Paris, und um die Stimmung in Fontainebleau festzustellen, fuhr er sogleich mit Émilie dorthin. Sie merkten sofort, daß die Atmosphäre deutlich verändert war. Die Königin verhielt sich kühl, der König distanziert, und selbst seine neue junge Mätresse, die reizende und sehr begabte Jeanne Antoinette de Pompadour, eine große Bewunderin Voltaires, vermochte es nicht, den Monarchen umzustimmen. Voltaire hat auch später nie wieder das volle Vertrauen des französischen Hofes gewonnen. Das Verhältnis zu Ludwig XV. blieb äußerlich freundlich, doch die deutliche Reserviertheit war nicht mehr zu überwinden.

Nach dieser deprimierenden Ablehnung fand Voltaire, es sei das beste, den versprochenen Besuch bei Mme. de Maine jetzt gleich abzustatten. Émilie hatte wenig Lust; nach Wochen der Angst und Sorge wollte sie mit ihm nach Cirey zurückfahren und sich dort in Ruhe etwas erholen. Es ist möglich, daß Voltaire wegen seiner neuen Bindung zu Mme. Denis keine Neigung zu einem längeren Alleinsein mit Émilie verspürte; jedenfalls bestand er darauf, daß sie nach Sceaux fuhren.

Sie kamen in der Nacht an, brachten das ganze Haus auf die Beine, und Émilie war vom ersten Augenblick an in übelster Laune. Sie beschwerte sich, weil die Herzogin, die auf Schicklichkeit hielt, ihr die Zimmer in einem von Voltaire entfernten Stockwerk angewiesen hatte. Sie beschwerte sich über ihr Zimmer, das in vier Tagen dreimal gewechselt wurde. Sie beschwerte sich über die Bettwäsche, die Schlampigkeit der Dienerschaft und – in Briefen an d'Argental, Cideville und andere – über die Dummheit der anderen Gäste. Sie schien es darauf angelegt zu haben, sich möglichst unliebenswürdig zu verhalten, und Voltaire folgte ihrem Beispiel. Sie hielten sich an ihren privaten Tagesplan, den sie immer auf dem Lande befolgten: Frühstück und Mittagessen nahmen sie in den eigenen Zimmern ein; sie arbeiteten den ganzen Tag und erschienen erst gegen zehn Uhr abends im Kreise der anderen Gäste. Dann wollte Émilie sich über Newton unterhalten, und zwar mit Leuten, die kaum den Namen kannten; und Voltaire, der es für ratsam hielt, die Arbeit an seinem Buch über die Regierungszeit Ludwigs XV. fortzusetzen, verbreitete sich über Militärheroen, was bei manchen der heiteren Gäste insgeheim ein belustigtes Lächeln hervorrief.

Der enorme Verlust, den Émilie bei dem unglückseligen Spiel mit Königin Marie erlitten hatte, schien sie zur Besinnung gebracht zu haben; sie lehnte kurz und unhöflich jedes Karten-

spiel ab, und Voltaire, dessen Ansichten über Glücksspiel man zur Genüge kannte, wurde gar nicht erst aufgefordert.
Meistens verbrachten die Gäste zwei oder drei Abende jeder Woche in den Häusern der wohlhabenden Aristokraten in der Nachbarschaft; doch Émilie lehnte auch das ab mit der Begründung, die Leute seien so langweilig, daß sich die Fahrt nicht lohne. Auch Voltaire blieb zu Hause. Dann wurde im Schloß ein Theaterstück gespielt. Voltaire nannte die Aufführung furchtbar. Das Stück sei schlecht, die Spieler — alles aristokratische Gäste des Hauses — seien Karikaturen, und eine Regie gebe es überhaupt nicht.
Nach Ablauf einer Woche stand nur noch die Herzogin auf freundschaftlichem Fuße mit den beiden übellaunigen Gästen. Voltaire schien zu merken, daß er und auch Émilie zu weit gegangen waren; er setzte sich an den Schreibtisch und warf eine Anzahl Verse — mühelos und witzig wie immer — auf das Papier, die ein Loblied auf Haus und Gäste sangen.
Ein paar Tage später erschien der Herzog von Richelieu. Er war auf dem Wege nach Genua zu seinen Truppen, und jeder im Hause war froh, als Émilie und Voltaire mit ihm zusammen abreisten. Sie wollten ihn einen Tag lang begleiten und sich von ihm berichten lassen, wie es jetzt bei Hofe um sie bestellt war.
Die Herzogin von Maine und ihre Gäste atmeten auf. Émilie hatte sich aus mehreren Zimmern Tische holen lassen, um ihre Bücher, Manuskripte und Schmucksachen unterzubringen. Voltaire hatte, wie jetzt herauskam, der Haushälterin strenge Anweisungen für seine Diät gegeben und das Küchenpersonal in zwei Lager gespalten. Die erste Hausschneiderin des Schlosses war in Tränen aufgelöst, denn Émilie hatte sie und zwei ihrer Gehilfinnen gezwungen, eine ganze Nacht durchzuarbeiten, um ein neues Kleid zu nähen, das sie tragen wollte, wenn Richelieu kam; es hatte ihr jedoch nicht gefallen und sie hatte es zerrissen.
Trotz ihrer Ungezogenheiten kamen Émilie und Voltaire später im Jahr noch einmal nach Sceaux. Sie wollten, wie sich herausstellte, zeigen, wie ein Stück richtig aufgeführt werden mußte, und hatten dafür das Textbuch einer Komödie mitgebracht, die

Voltaire soeben geschrieben hatte; sie hieß *Le Comte de Boursouffle.* Émilie in der Hauptrolle spielte wie immer mit viel Lust und Können. Voltaire übernahm die Regie und tobte, wenn die Amateurschauspieler bei den Proben die Dialoge nicht richtig herausbrachten. Als Krönung seiner Impertinenz schickte er dann zur Aufführung Hunderte von formellen Einladungen an Theater- und Literaturfreunde in Paris, die auch alle erschienen, mit ihren Wagen die Einfahrt verstopften und die Herzogin, die sie nicht kannte und von ihrem Kommen nichts ahnte, in Erstaunen versetzten. Sie nahmen alle Plätze in dem kleinen Theatersaal ein, so daß viele der privaten Hausgäste stehen mußten; sie aßen und tranken reichlich, leerten das Buffet, das die Herzogin für ihre Gäste hatte anrichten lassen, und stahlen beim Abschied eine Anzahl „Souvenirs", darunter mehrere wertvolle Statuetten und andere kleine Gegenstände.
Voltaire war von der Aufführung begeistert. Émilie hatte ausgezeichnet gespielt, das Stück war von Kennern enthusiastisch aufgenommen worden, und er hatte der Aristokratie gezeigt, wie man so etwas machte. Die Herzogin war weniger begeistert und bereute vermutlich, Voltaire so bereitwillig aufgenommen zu haben. Die Atmosphäre kühlte merklich ab, und zwei Tage später verabschiedeten sich Émilie und Voltaire und fuhren nach Cirey. Sie kamen nicht wieder nach Sceaux.
Zunächst hatte Émilie die Oberhand behalten. Sie kam so rechtzeitig mit Voltaire nach Cirey, daß sie die Ankunft des Jahres 1748 dort feiern konnten, und sie war bereit, sich der altvertrauten Routine zu überlassen. Doch Voltaire war verändert, und das merkte sie, ohne den Grund zu kennen. Voltaires Sekretär Longchamp, der seit einiger Zeit zum Haushalt gehörte, führte ein genaues Tagebuch, aus dem hervorging, daß die beiden sich heftig und unaufhörlich zankten. Voltaire machte eines Abends eine Szene, als Émilie zu spät zum Diner kam und sich damit entschuldigte, sie habe eine Verabredung mit Clairault gehabt, der im Hause zu Gast war. Ein andermal, als Voltaire während eines Wortwechsels heftig gestikulierte, schlug er versehentlich Émilie eine Tasse aus der Hand, die am Boden zerbrach. Er hatte sie ihr selber geschenkt und ließ sich nicht davon abbringen, sie ihr zu ersetzen, doch dann grollte er tage-

lang, weil sie zehnmal soviel gekostet habe wie die erste Tasse.

Kurz: die Romanze hatte Sprünge und Risse. Und doch kam es immer noch vor, daß bei irgendeiner Gelegenheit beide völlig ineinander aufgingen und über einem Thema, das sie interessierte, die Umwelt vergaßen. Longchamp schrieb einen langen Tagebuchbericht über die Nacht, als das Paar nach einem Besuch in der Nachbarschaft heimfuhr. Ein Schneesturm hatte die Wege holperig und unsicher gemacht, und schließlich schlug der Wagen um, wobei eine der Türen eingerammt wurde.

Man half den beiden Reisenden heraus; Voltaire, dem gar nichts geschehen war, schrie, er sei tot oder mindestens schwer verstümmelt. Einer der Kutscher war verletzt und wurde ins nächste Bauernhaus gebracht, das mehrere Meilen entfernt war. Der andere Kutscher machte sich auf die Suche nach ein paar Leuten, die den Wagen wieder aufrichten sollten. Voltaire und Émilie nahmen die Kissen und Decken aus dem Wagen und setzten sich oben auf einen kleinen Hügel. Sie führten für Notfälle immer Wein, kaltes Fleisch, Käse und Brot im Wagen mit; das alles nahmen sie jetzt heraus. Die Nacht war bitterkalt und ganz klar, und sie freuten sich, daß kein Stern am Himmel fehlte. Die ganze Nacht hindurch unterhielten sie sich über Astronomie und über philosophische Fragen des Weltalls. Für beide schien die Umgebung versunken zu sein, sie redeten wie zwei diskutierende Wissenschaftler und blieben dabei, wie der heimlich lauschende Longchamp — der beide nicht mochte — vermerkte, trotz der Kälte lebhaft und schlagend witzig.

Endlich kam der verletzte Kutscher zurück, es fanden sich Bauern, die den Wagen aufrichteten, und bei Tagesanbruch wurde die Reise fortgesetzt. Émilie und Voltaire schienen völlig unbekümmert; sie bedauerten nur eins: daß sie in der Nacht kein Teleskop gehabt hatten, um die Sterne zu beobachten.

Doch nicht alle Zwischenfälle verliefen so harmonisch, und es wurde immer deutlicher: das Idyll in Cirey sollte nicht mehr lange dauern. Daran waren drei Menschen schuld. Der erste war Stanislaus Leczinski, der zweimal König von Polen gewesen und zweimal entthront worden war. Den Monarchentitel hatte man ihm gelassen, er war jetzt Herzog von Lothringen und tat, als sei er von Frankreich unabhängig. Er stellte natürlich keine Gefahr dar für die französische Krone, denn er hatte gar nicht den Wunsch zu regieren, sondern ging in seinem luxuriösen Palast in Lunéville ausschließlich dem Vergnügen nach. Und außerdem war er der Schwiegervater Ludwigs XV.

Noch entscheidender für die Zukunft Émilies und Voltaires war seine Mätresse, Marie-Françoise Marquise de Boufflers, eine der schönsten, eindrucksvollsten und intelligentesten Frauen ihrer Zeit — aber ebenso eine der leichtlebigsten, und das wollte damals etwas bedeuten. Während der Jahre, die sie mit Stanislaus verbrachte, hatte sie mindestens vier weitere Liebhaber; die Gesamtzahl der Männer, die sie in ihrem Leben im Bett willkommen hieß, ist nicht bekannt.

Mme. de Boufflers war eine der wenigen großen Damen Frankreichs, die sich mit Mme. du Châtelet anfreundete — vielleicht weil es nicht viele gab, die sich mit Recht als ihresgleichen betrachten durften. Ihre Erscheinung war auffallend, die gesellschaftliche Stellung gesichert, und sie hatte eigenes Vermögen. Auch war sie nicht weniger intelligent als Émilie, obgleich sie für wissenschaftliche Fragen kein allzu großes Interesse hatte.

Der Dritte im Bunde war ein jesuitischer Priester, Père Menou, Stanislaus' Beichtvater. Er erschien unerwartet im Januar 1748 in Cirey und brachte den beiden Bewohnern eine sehr herzliche Einladung von Stanislaus, der, wie es hieß, glücklich wäre über ihren ausgedehnten Besuch. Der Priester überbrachte außerdem einen formlosen Brief von Mme. de Boufflers an Émilie, der die Einladung in noch dringenderen Worten wiederholte.

Voltaire war natürlich begeistert und wollte sofort fahren. Königliche Hoheiten waren seine Schwäche, und ein herzlicher Empfang in Lunéville würde ihn mindestens teilweise entschädigen für die frostige Atmosphäre in Fontainebleau. Sicher trieb ihn noch etwas anderes im Augenblick aus Cirey fort, wo er ja überwiegend mit Émilie allein war; das war Mme. Denis, an die er gelegentlich vorsichtige und doppelsinnige Briefe schrieb. Es war zwar nicht sehr wahrscheinlich, daß Émilie sich die Mühe machen würde, die Mitteilungen an seine Nichte zu lesen, aber anderthalb Jahrzehnte fast-ehelichen Lebens hatten

Voltaire Vorsicht gelehrt. Das Zusammensein mit der offiziellen Mätresse war jedenfalls weit weniger spannungsgeladen in der Umgebung eines geschäftigen Hofstaats als unter dem Dach des Hauses, das immer noch dem Marquis du Châtelet gehörte.

Émilies Reaktion war etwas komplexer. Sie war Mme. de Boufflers aufrichtig zugetan, und das Zusammensein mit einer Vertrauten, die sie für ranggleich hielt, lockte sie sehr. Auch ihr war die Zurückweisung in Fontainebleau nicht gleichgültig gewesen; und schließlich reizte sie natürlich der Glanz und die Pracht des Hofes, dem offenbar an einem Besuch der berühmten Mme. du Châtelet gelegen war.

Der prekäre Abstieg ihrer Beziehung zu Voltaire mag ebenfalls mitgesprochen haben, denn daß sie sich der Veränderung bewußt war, geht aus einem sowohl offenen wie zurückhaltenden Brief an Mme. de Boufflers hervor, in dem es hieß:

„Gerade Sie werden mich gewiß verstehen, wenn ich sage: niemals bleibt eine Liebe zwischen Mann und Frau für immer auf der gleichen Ebene. Ach — am Anfang unserer Liebe erreichen wir die höchsten Gipfel, und wenn wir — wie ich — Glück haben, so bleiben wir jahrelang auf dem Gipfel. Die Feuer der Leidenschaft brennen am hellsten auf den Höhen. Doch sie verzehren sich dort auch am schnellsten, und nach einer Weile steigen die Flammen weniger hoch, und die Hitze ist nicht mehr so stark. So war es von Anbeginn aller Zeiten zwischen Mann und Frau, und so wird es immer sein.

Ich habe davon gelesen, man könne die Flammen neu entzünden, damit sie die alte Höhe erreichen, doch das ist nichts als eine romantische These der Dichter. Verschwindet die Leidenschaft, so kann sie zwischen diesem Mann und dieser Frau nicht von neuem entfacht werden.

Meistens ist es der Mann, der zuerst anzeigt, daß er nicht mehr so intensiv zu lieben vermag wie die Frau. Zwar kommt es auch vor, daß wir Frauen es sind, die zu gähnen beginnen, und wenn das geschieht, so triumphieren wir, doch sind wir gleichzeitig betrübt ob des eigenen Mangels an Treue. Ich habe jedoch öfter beobachtet, daß der Mann zuerst abkühlt. Ich weiß nicht, warum dem so ist, doch bin ich sicher, es ist der Lauf der Welt, der metaphysischen wie der physischen Natur, die den Mann von der Frau unterscheidet. Das, was ist und sein muß, kann man nicht ändern, man muß es mit Grazie hinnehmen."

In Émilies Briefwechsel mit d'Argental und Richelieu finden sich weniger deutliche Hinweise auf die Veränderung ihrer Beziehung zu Voltaire. Die intellektuelle Bindung hatte sich keineswegs verändert, und auch die in vielen Jahren entstandene Kameradschaft war zweifellos noch vorhanden. Doch Émilie hätte töricht sein müssen, um nicht zu merken, daß Voltaires sexuelles Verlangen nach ihr geringer wurde, und stumpf oder unempfindlich war sie wirklich nie gewesen.

Erstaunlicherweise nahm sie die neue Situation mit Gelassenheit hin. Longchamp vermerkte, daß sie und Voltaire sich häufig zankten, was in Anbetracht der Spannungen wohl kaum verwunderlich war. Doch sie wurde nicht mehr hysterisch, wenn sie an die Aussicht der für immer gewandelten Beziehung dachte. Seit den Tagen, da schon der Gedanke, Voltaire könne den König von Preußen ohne sie besuchen, sie in Raserei versetzte, war sie innerlich erheblich gereift oder hatte zumindest gelernt, sich mit gewissen Dingen abzufinden.

Voltaire hatte Émilie immer noch aufrichtig gern, und diese Zuneigung verringerte sich nicht. Soviel geht aus seinen Memoiren hervor, wo es heißt:

„Meine Beziehung zu Mme. du Châtelet ist niemals unterbrochen worden; unsere Freundschaft und unsere Liebe zur Literatur blieben immer gleich. Wir lebten zusammen, sowohl in der Stadt wie auf dem Lande. Cirey liegt an der lothringischen Grenze, und König Stanislaus hielt damals seinen hübschen kleinen Hofstaat in Lunéville. Er war alt und fanatisch und hatte als Freundin eine Dame, die keins von beiden war. Seine Zuneigung war geteilt zwischen Mme. de Boufflers und einem Jesuiten namens Menou — dem interessantesten und dabei mannhaftesten Priester, den ich je kennengelernt habe. Über die Königin, die unter seinem Einfluß stand, hat dieser Mann es verstanden, dem König etwa eine Million Livres — fast 42 000 Pfund — zu entziehen; davon wurde ein Teil für den Bau eines prachtvollen Hauses für sich selbst und mehrere andere Jesuiten in Nancy verwendet. Das Haus erhielt jährlich

24 000 Livres — tausend Pfund —, und zwar je zur Hälfte zur Bestreitung des Lebensunterhalts und zu anderen beliebigen Zwecken.
Die Mätresse des Königs mußte sich mit weit weniger bescheiden, sie erhielt von Seiner Polnischen Majestät kaum genug für ihre Kleider; und trotzdem beneidete der Jesuit sie und war sehr eifersüchtig auf ihre Macht. Zwischen ihnen herrschte offener Krieg, und der arme König hatte täglich, wenn er von der Messe kam, alle Hände voll zu tun, um zwischen seiner Mätresse und seinem Beichtvater zu vermitteln. Schließlich faßte der Jesuit einen Plan: er hatte von Mme. du Châtelet gehört, sie sei hochgebildet und noch einigermaßen hübsch — sie sollte die Stelle von Mme. de Boufflers einnehmen. Stanislaus schrieb nämlich manchmal kleine Stücke, die nicht viel taugten, und Menou dachte, eine Schriftstellerin müsse besser als jede andere zu ihm passen. Mit diesem Vorhaben kam er nach Cirey, schmeichelte Mme. du Châtelet und erzählte uns, wie sehr Stanislaus sich freuen würde, wenn wir ihn besuchten. Dann kehrte er zum König zurück und berichtete ihm von unserem dringenden Wunsch, nach Lunéville zu kommen und ihm unseren Respekt zu erweisen.
Stanislaus wies Mme. de Boufflers an, uns zu holen, und wir fuhren hin und verbrachten das ganze Jahr in Lunéville, doch aus dem jesuitischen Projekt ist nichts geworden. Im Gegenteil: wir liebten und verehrten Mme. de Boufflers, vor allem Mme. du Châtelet schloß sich ihr sehr innig an, so daß Menou jetzt zwei Gegnerinnen hatte statt einer."
Diese dramatische Geschichte ist nirgends verifiziert, auch nicht in einem einzigen der Fakten. Für die angebliche Reise der Mme. de Boufflers nach Cirey, wo sie Voltaire und Mme. du Châtelet abholen sollte, findet sich keinerlei Anhaltspunkt. Hier hat anscheinend Voltaire von der Erlaubnis zur dichterischen Freiheit reichlich Gebrauch gemacht.
Beweisbar ist nur die Tatsache, daß Voltaire und Émilie nach Lunéville fuhren und an Stanislaus' überaus lustigem Hofe Anfang Februar 1748 ankamen. Sie blieben sehr lange, und die Freundschaft zwischen Émilie und der Gastgeberin festigte sich.

Zu Anfang verlief der Besuch wie die zahlreichen anderen, die das berühmte Paar in anderen Häusern gemacht hatte. Sie setzten ihren Tageslauf selbst fest, arbeiteten, wann es ihnen paßte, und ergingen sich auch sonst in den Exzentrizitäten, die man von ihnen erwartete. Sie führten mehrere Voltairesche Stücke auf, bei denen Émilie stets die Hauptrolle spielte, und genossen im ganzen den Aufenthalt sehr.
Doch ihr Leben war anders geworden. Voltaire hatte Sehnsucht nach Mme. Denis, und Émilie litt unter dem Wandel. Es war nicht zu verwundern, daß sie begann, sich anderswo nach einem Ersatz — vielleicht auch nach einer kleinen Vergeltung — umzusehen.
Und jetzt, fast wie ein Anhängsel an die große Romanze, trat ein anderer Mann in ihr Leben. Das war Jean François, Marquis de Saint-Lambert, ein Adliger von tadelloser Herkunft, mit wenig Talent als Dichter und Dramatiker, der trotzdem in mittleren Jahren in die Académie Française gewählt worden war. In der Gesellschaft galt er als Poseur. Wenn sich andere Herren elegant oder sogar auffallend kleideten, sah man Saint-Lambert nur in dunkler Kleidung, mit immer ernster Miene und seltenem Lächeln. Voltaire behauptete, er habe keinen Funken Humor, was vielleicht auch zutraf.
Im Privatleben neigte Saint-Lambert dazu, die Mätressen anderer Männer zu verführen. Eine Zeitlang hatte er 1747 ein Verhältnis mit Mme. de Boufflers gehabt, doch sie fand ihn dann langweilig und machte Schluß. Er war gewitzt genug, sie auch weiterhin mit Aufmerksamkeit zu behandeln, was ihm in Lunéville einen Platz sicherte, solange es ihm behagte. Später hatte er eine Liaison mit der Mätresse Rousseaus. Diese Verbindung und das Verhältnis mit Émilie haben vermutlich dazu geführt, daß die Nachwelt nicht viel von ihm hielt. Wenn ein Mann den beiden berühmtesten Autoren des Jahrhunderts, deren Urteil noch viele Jahre lang gültig bleibt, die Frauen wegnimmt, so muß er dafür bezahlen.
Als Émilie und Voltaire nach Lunéville kamen, war Saint-Lambert zweiunddreißig Jahre alt: ein großer, kräftiger und scheinbar sehr zurückhaltender Mann von gutem Aussehen. An dem kleinen Hof konnte man sich schwerlich aus dem Wege gehen,

und nichts deutet auch darauf hin, daß Émilie es versuchte. Sie gehörten beide zu einem sehr kleinen, ausgesuchten literarischen Kreis, und schon deshalb war es unvermeidbar, daß sie einander immer wieder trafen.

Die Rolle, die Mme. de Boufflers bei dieser aufkeimenden Romanze spielte, ist umstritten. Aus manchen — nicht ganz zuverlässigen — Berichten geht hervor, daß sie alles tat, um die Affäre zu fördern. Nach anderen, auch ihren eigenen Erzählungen, war sie überrascht, als sie hörte, daß die beiden miteinander schliefen.

Vielleicht ist keine der zwei Versionen ganz korrekt. Émilie war unglücklich, und es lag nahe, daß sie sich ihrer Freundin anvertraute. Ob Saint-Lambert sich schon um Émilie bemühte, weiß man nicht, und ebenso ist nichts darüber bekannt, daß Mme. de Boufflers Émilie erzählte, er sei ein sehr leidenschaftlicher Mann und durchaus imstande, sie für die erlittene Vernachlässigung zu entschädigen.

Saint-Lambert war zehn Jahre jünger als Émilie, aber er war ja nicht blind, sondern hatte schon früher bewiesen, daß er reizvolle Frauen zu schätzen wußte. Sie war zweiundvierzig und sah viel jünger aus, und er machte ihr sehr bald nach ihrer Ankunft deutlich den Hof, und zwar völlig offen. Jedermann war amüsiert — auch die kluge Mme. de Boufflers und Voltaire, der sich insgeheim die Hände rieb.

Émilie war nicht belustigt. Ein junger, kraftvoller und gutaussehender Mann warb um sie, und sie ging begeistert darauf ein. Bald nach Beginn der Affäre schrieb sie an Richelieu, sie habe alle ihre Probleme gelöst. Sie werde den Rest ihres Lebens mit ihrem liebsten Freund, Voltaire, verbringen, aber schlafen werde sie mit Saint-Lambert, den sie „den leidenschaftlichsten aller Liebhaber“ nannte.

Im Mai mußten sich die beiden Liebenden eine Weile trennen. Saint-Lambert wurde wieder zum Militärdienst beordert, König Stanislaus fuhr nach Paris, um seinen Schwiegersohn zu besuchen, und Émilie kehrte mit Voltaire nach Cirey zurück. Dort wollte sie, wie üblich, ihren Arbeiten nachgehen, doch stellte sie fest, daß sie sich nicht konzentrieren konnte, und Voltaire vermochte ihr nicht zu helfen. Während sie insgeheim lange und törichte Briefe an einen viel jüngeren Mann schrieb und ihm beteuerte, wie sehr sie ihn liebe, schrieb Voltaire ebenso heimlich Briefchen mit zwei- und dreideutigem Inhalt an eine sehr viel jüngere Frau. Zwei nicht mehr junge Verliebte benahmen sich wie unreife Jugendliche.

Im Juni wurde Saint-Lamberts Regiment nach Paris zurückversetzt, und Émilie fand es plötzlich dringend notwendig, sich in der Stadt geistig aufzufrischen. Voltaire bedurfte keiner Überredung, er kehrte gern zu Mme. Denis zurück. Émilie ließ vor dem Wiedersehen mit Saint-Lambert ein Geschenk für ihn herstellen, eine Uhr, die auf den Druck einer geheimen Feder ihr Miniaturporträt freigab.

Saint-Lambert war entzückt; er wisse das Geschenk besonders zu schätzen, schrieb er, weil es der Uhr gleiche, die sie vor einigen Jahren Voltaire geschenkt habe. Auch eine andere Gabe von ihr freute ihn: eine Flasche Haaröl gegen seine zunehmende Glatze.

Émilie befand sich mitten in einem inneren Tumult, doch war sie ihrem Manne immer noch eine gute Frau und achtete auf seine Interessen. Mit Hilfe von Mme. de Boufflers überredete sie Stanislaus, ihrem Manne ein großartiges Ehrenamt zu verleihen: Ende Juni wurde der Marquis du Châtelet zum Großmarschall der nicht existenten lothringischen Armee bestellt, was ihm jährlich zweitausend Louisdor einbrachte. Er war sehr froh darüber und schrieb seiner Frau einen langen Dankesbrief.

Im Juli fuhren Émilie und Voltaire wieder nach Lothringen, wo Stanislaus mit seinem Gefolge in Commercy einen Sommerpalast bewohnte. Saint-Lambert hatte Glück und erhielt Urlaub von seinem Regiment, und Émilie gab sich immer weniger Mühe, die Affäre mit ihm zu vertuschen, wahrscheinlich weil ihre Zimmer jetzt von Voltaires Suite weit entfernt lagen. Mme. de Boufflers war behilflich, Saint-Lambert Zimmer in Émilies Nähe zu verschaffen, und Voltaire tat noch ein übriges und wurde krank. Er war fast zwei Wochen ans Bett gefesselt, so daß Émilie vor überraschenden Besuchen sicher war.

Offenbar erholte er sich dann jedoch schnell; jedenfalls erschien er eines Abends spät in Émilies Zimmern und fand sie und

Saint-Lambert in einer eindeutigen Situation. In seiner Würde und Eitelkeit gekränkt, kehrte er empört in seine Zimmer zurück und befahl seinem Sekretär, sofort einen Wagen zu besorgen, der ihn nach Paris bringen sollte. Saint-Lambert war ebenso entsetzt; seine Ehre sei verletzt, sagte er zu Émilie, und er werde Voltaire am nächsten Morgen zum Duell fordern.

Für eine Weile kehrte Émilies Verstand zurück. Sie folgte Voltaire in seine Räume, indem sie Longchamp zwang, ihr zu öffnen, und verbrachte dann mehrere Stunden im Gespräch mit dem einstigen Liebhaber. Sie unterhielten sich zuerst auf Englisch, dann auf Französisch. Was sie ihm klarzumachen suchte war, daß sie beide sich lächerlich machen würden, wenn er jetzt voreilig handelte, und als Voltaire sich allmählich beruhigte, sah er ein, daß er im Grunde gar nichts verloren hatte. Er brauchte jetzt nicht einmal mehr allzu vorsichtig zu sein in der Affäre mit Mme. Denis. Am Ende lachte er und versprach, die peinliche Sache fallenzulassen.

Nach diesem Gespräch war es für Émilie nicht mehr schwer, auch Saint-Lambert zu beruhigen. Sie überredete ihn, das Duell zu vergessen, und sagte, Voltaire sei ein viel zu berühmter Mann und werde auf einen solchen Unsinn nicht eingehen. Doch am nächsten Tag wurden ihre Bemühungen um ein Haar zunichte gemacht. Voltaire hatte gerade einen langen Brief an Mme. Denis geschrieben; er ging durch einen der Korridore und traf dort Saint-Lambert. Huldvoll gewährte er ihm eine Entschuldigung, um die er gar nicht gebeten worden war, und Émilie mußte noch einmal ihre ganzen diplomatischen Überredungskünste aufbieten, um den neuen Streit zu beenden.

Dringende Geschäfte riefen Voltaire im Herbst nach Paris zurück. Émilie fand eine Ausrede nach der andern, um noch in Lothringen zu bleiben. Da Saint-Lambert zu seinem Regiment zurückgerufen worden war, verstand Voltaire nicht, warum sie noch bleiben wollte — bis er nach vielen Fragen endlich die schlimme Wahrheit erfuhr: Émilie war schwanger.

Da hatte man sie, die ganz triviale Groteske, aber mit sehr ernstem Hintergrund. Jahrelang hatte Émilie mit ihrem Manne nicht geschlafen; sie konnte daher das Kind nicht als legitim ausgeben. Voltaire dachte nicht daran, es als das seine hinzu-

stellen. Émilie war also sowohl der Lächerlichkeit wie der Schande ausgesetzt.
Ihre Lage war sogar, wie sie jetzt gestand, noch prekärer, als Voltaire ahnte. Sie hatte Saint-Lambert von dem Kind geschrieben, und er hatte es nicht für nötig gehalten zu antworten. Voller Angst hatte sie ihm vier weitere Briefe gesandt, und er hatte bis heute nicht geantwortet.
Voltaire dachte eine Weile nach. Das Kind habe keinen Vater sagte er dann, und müsse daher unter „Verschiedene Werke von Émilie du Châtelet" aufgeführt werden.
Émilie war nicht nach Lachen zumute. Sie sandte Mme. de Boufflers, die mit Stanislaus in Paris war, einen ausführlichen Bericht und fragte, ob sie zur Entbindung nach Lunéville kommen dürfe, weil sie Angst habe vor der Einsamkeit in Cirey.
Mme. de Boufflers, energisch und praktisch wie immer, unterbreitete die Sache König Stanislaus. Er ließ sofort Saint-Lambert kommen, der an der flandrischen Front stand, und hatte hinter verschlossenen Türen ein langes Gespräch mit ihm. Danach erklärte sich der junge Mann bereit, nicht nur die Vaterschaft anzuerkennen, sondern auch Émilie in der kommenden schweren Zeit zur Seite zu stehen. Stanislaus war zwar nur noch dem Namen nach ein König, doch er wußte seinen Einfluß zu gebrauchen, und er war ein Mann von hohen ethischen Grundsätzen.
Émilie und Voltaire fuhren nach Cirey und überbrachten die Neuigkeit dem Marquis du Châtelet, der seinen Urlaub dort verbrachte. Er nahm es hin — es blieb ihm ja auch nichts anderes übrig —, doch verargte es ihm niemand, daß er im Augenblick von Cirey genug hatte. Er kürzte seinen Urlaub ab und fuhr zurück zu seiner Truppe.
Nichts bewies besser Voltaires immer noch starkes Gefühl für Émilie als seine liebevolle Fürsorge in den schweren folgenden Monaten. Ausgerechnet jetzt kam von Friedrich dem Großen die Bitte, ihn in der nächsten Zeit zu besuchen, und die französischen Behörden übten ebenfalls einigen Druck in dieser Richtung aus. Doch Voltaire gab unmißverständlich zu erkennen — ohne den Grund zu nennen —, daß nichts ihn in der nächsten Zeit von Émilie trennen werde. Selbst Mme. Denis mußte vor-

läufig ohne ihn fertig werden; er schrieb ihr, er könne sie erst wiedersehen, wenn das Ereignis, von dem sie ja beide wüßten, eingetreten sei.

Stanislaus kam nach Lothringen zurück und erteilte Émilie die Erlaubnis, das Kind auf seinem Besitz zur Welt zu bringen, wo immer sie wolle. Im späten Frühjahr 1749 fuhr sie mit Voltaire zunächst wieder nach Lunéville und dann zusammen mit dem Gefolge des Königs nach Commercy, wo sich die beiden Gelehrten in ihre Arbeit vergruben. Voltaire schrieb an einer neuen noch unbenannten Tragödie und an weiteren Kapiteln der Geschichte Ludwigs XV., Émilie arbeitete an einer Übersetzung des Gesamtwerks von Newton, einem Projekt von mehreren Jahren. Außerdem kam ihr alter Freund Clairault nach Commercy, mit dem sie abstrakte mathematische Theorien studierte.

Im Hochsommer, als Émilies Entbindung näherrückte, fuhr sie mit Voltaire bereits vor Stanislaus und seinem Gefolge nach Lunéville. Im August kam Saint-Lambert hinzu, doch ein peinliches Zusammensein zu dritt blieb ihnen erspart, denn jetzt erschien auch Stanislaus mit Mme. de Boufflers und dem übrigen Hofstaat. Saint-Lambert, noch nicht ganz wieder in Gnaden aufgenommen, war in einem Hause untergebracht, das anderthalb Meilen vom Palast entfernt lag, und er erschien mehrmals jeden Tag, um Émilie zu besuchen. Er wurde in ihre Räume zugelassen, doch ihre Verliebtheit war vorüber. Voltaire war noch immer ihr nächster Freund, den sie aber nur abends beim Souper sah. Sie aßen allein für sich. Die übrige Zeit verbrachte sie mit Arbeit, die ihr über vieles hinweghalf.

Am 1. September 1749 wurde Émilie du Châtelet, 43 Jahre alt, eine Tochter geboren, als sie gerade mit ihrer Newton-Übersetzung beschäftigt war. Voltaire schickte die Nachricht an Pariser Freunde und machte sie natürlich höchst dramatisch auf. Émilie, hieß es, habe gerade an einer Gleichung gearbeitet und gar nichts von der Geburt gemerkt, bis das Kind da war. Da sie nicht wußte, was sie, bis das Hausmädchen kam, mit dem Baby anfangen sollte, habe sie es auf ein mathematisches Buch zur Seite gelegt und sei dann, weil das wohl so üblich sei, zu Bett gegangen.

Stanislaus, Mme. de Boufflers und der ganze Hof waren voller Freude, und Émilies Zimmer füllte sich mit Besuchern. Voltaire war immer dabei und beklagte sich in einem Brief an Mme. Denis, daß ihm viel Arbeitszeit verlorengehe. Émilies Räume waren so überfüllt, daß Saint-Lambert oft draußen auf dem Korridor warten mußte.

Am 5. September setzten Schmerzen ein, die Émilie zunächst für Verdauungsbeschwerden hielt; sie waren offenbar nicht sehr stark, denn die heitere Gesellschaft blieb an ihrem Bett. Am nächsten Tage wurde es schlimmer, die Ärzte wurden gerufen und stellten eine Magenstörung fest, hervorgerufen durch eine besonders schwere Speise, die der Koch zur Feier der Geburt des Kindes zubereitet hatte.

Am 7. September wurden Voltaire und Saint-Lambert an Émilies Bett gerufen. Sie schien zu schlafen oder bewußtlos zu sein. Mme. de Boufflers war ebenfalls gekommen und versuchte vergeblich, sie durch ein essiggetränktes Taschentuch, das sie ihr unter die Nase hielt, zu wecken. Ganz plötzlich hörte sie auf zu atmen, und die Ärzte erklärten, sie sei tot. Der Marquis du Châtelet, der am Vortage in Lunéville angekommen war, betrat in diesem Augenblick das Zimmer und hörte, daß seine Frau verschieden sei.

Voltaire verlor jegliches Gleichgewicht und stürzte schluchzend aus dem Zimmer. Er stolperte und schlug mit der Stirn gegen einen Balken, konnte sich nicht mehr halten und fiel eine Treppe hinunter. Saint-Lambert war dicht hinter ihm und beeilte sich, ihm aufzuhelfen. Bei aller Verstörtheit dominierte in Voltaire, wie stets, der Sinn für das Dramatische. „Auch meinen Tod, mein Freund, haben Sie auf dem Gewissen", sagte er laut und deutlich. Ein Diener erschien und führte ihn in sein Zimmer, doch vorher stieß er noch kräftige Verwünschungen aus gegen den unglückseligen Saint-Lambert.

In seinen Memoiren ging er nur kurz auf das Ereignis ein. „Mme. du Châtelet starb im Palast des Königs Stanislaus nach zweitägiger Krankheit; wir waren so verstört, daß niemand daran dachte, nach einem Priester, Jesuiten oder einem der sieben Sakramente zu schicken. Wir waren es, nicht Mme. du Châtelet, die den Schrecken des Todes spürten."

Doch der Kummer überwältigte ihn in diesen Tagen. Vierundzwanzig Stunden blieb er allein in seinen Zimmern; dann schrieb er einen kurzen Brief an Mme. du Deffand, in dem er sich bittere Vorwürfe machte wegen des scherzenden Tones, mit dem er seinen Freunden die Geburt des Kindes mitgeteilt hatte.

„Wenn es etwas gibt, das meinen furchtbaren Zustand noch verschlimmert, so ist es das Bewußtsein, ein Ereignis mit Heiterkeit begrüßt zu haben, dessen furchtbares Ende mir den Rest meines Lebens verdunkeln wird. Ich fahre mit M. du Châtelet nach Cirey. Von dort aus kehre ich nach Paris zurück, ohne zu wissen, was aus mir werden soll, und nur in der Hoffnung, bald mit ihr vereint zu sein."

Weder er noch sonst jemand interessierte sich im mindesten für das Kind, das sehr bald seiner Mutter im Tode folgte.

Noch von Lunéville aus schrieb Voltaire auch an d'Argental: „Ich habe nicht nur eine Geliebte, ich habe die Hälfte von mir selbst verloren — eine Seele, für welche die meine gemacht war, eine Freundin, die ich von Kind auf kannte. Der zärtlichste Vater kann sein einziges Kind nicht aufrichtiger lieben."

Stanislaus veranstaltete für Émilie ein Staatsbegräbnis wie für eine Königin. Es fand erst statt, als ihr Sohn — jetzt stellvertretender Regimentskommandeur — angekommen war. Am folgenden Tage fuhren der Marquis du Châtelet, sein Sohn und Voltaire nach Cirey. Dort schrieb Voltaire an Friedrich den Großen:

„Sie war ein großer Mensch, mit dem einzigen Fehler, daß sie eine Frau war. Eine Frau, die Newton übersetzte und kommentierte und eine freie Übertragung von Virgil machte, ohne in der Unterhaltung darauf hinzuweisen, daß sie diese Wunder vollbracht hatte. Eine Frau, die niemals von jemandem üble Reden führte, die niemals eine Lüge aussprach; ein fester und mutiger Freund — mit einem Wort, ein sehr großer Mensch, den andere Frauen nur an ihrem Schmuck als Frau erkannten: das ist der Mensch, den ich bis zum Ende meiner Tage betrauern werde."

Die Atmosphäre in Cirey, wo die Erinnerung an die vielen mit Émilie verbrachten Jahre auf ihn lastete, bedrückte Voltaire.

Jede Stunde dort sei eine Tortur für ihn, sagte er. Sorgfältig packte er seine Sachen, darunter viele Kisten mit Büchern und auch den größten Teil von Émilies persönlichen Gegenständen, und schickte sie in mehreren Wagen nach Paris. Wenige Tage später folgte er selbst und nahm Wohnung im Hause am Faubourg Saint-Honoré, doch verbrachte er die meisten Abende bei Mme. Denis, wo er den Trost fand, den er brauchte.
Émilies Tod rief in ganz Europa eine Sensation hervor, und viele Intellektuelle jener Zeit betrauerten das Hinscheiden der hochgebildeten Frau. In der Gesellschaft reagierte man auf eigene Weise, und in Versailles wurden viele witzige und scherzhafte Epigramme geschrieben. Eines, dessen Verfasser unbekannt blieb, ist bis heute überliefert: „Hoffen wir, daß dies die letzte ihrer Posen ist. In ihrem Alter im Kindbett sterben — das tut nur jemand, der um jeden Preis anders sein will als alle anderen."